U0666143

平湖李叔同纪念馆　编

滬上尋蹤

李叔同和他的旧居

王维军　著

文匯出版社

图书在版编目（CIP）数据

沪上寻踪 / 王维军著. — 上海 : 文汇出版社,
2021.1（2023.1 重印）
ISBN 978-7-5496-3417-0
Ⅰ. ①沪… Ⅱ. ①王… Ⅲ. ①李叔同（1880–1942）
—故居—研究—上海 Ⅳ. ①K878.2
中国版本图书馆 CIP 数据核字（2021）第 015132 号

沪上寻踪

著　　者 / 王维军
责任编辑 / 熊　勇
装帧设计 / 尚俊文化

出版发行 / 文匯出版社
上海市威海路 755 号
(邮政编码 200041)
印刷装订 / 四川森林印务有限责任公司
版　　次 / 2021 年 1 月第 1 版
印　　次 / 2023 年 1 月第 2 次印刷
开　　本 / 710 × 1000　1/16
字　　数 / 282 千字
印　　张 / 17.25

ISBN 978-7-5496-3417-0
定　　价 / 108.00 元

序

从 1898 年秋，李叔同携妻奉母由天津首次踏上十里洋场之上海滩；到 1918 年夏，李叔同入山杭州大慈，在虎跑定慧寺成为弘一法师，李叔同与上海的殊胜因缘，前后历经整整二十个春秋。在沪期间，李叔同或租居，或寄居，或携妻儿母亲举家而居，或与日籍娇妻别院静居，或专注学业事业另室独处，居所不定，屡有迁徙。

从现有研究成果来看，无论是林子青先生的《弘一大师年谱》，还是李叔同友生同好的回忆史料，对于李叔同在上海的居处大都以卜邻里和城南草堂两处为主，其他住处鲜有言及。即便是卜邻里和城南草堂两处居所，因时间久远，今人所知者亦往往是仅闻其名而不知其所处，若问其详，大都不甚了知。

百年来时过境迁，岁月更迭，昔人已去，斯楼安在？李叔同沪上旧居现况如何？或存？或废？各处寓所原址尚存否？或实？或讹？今人无有考证。为使来者对李叔同在沪期间的生活脉络有更清晰的了解，笔者自 2010 年起着手李叔同沪上旧居之课题调研，启动相关考证，查阅了清末民初与李叔同沪上居址相关的种种史料和档案，进行搜集、挖掘和研究，并对李叔同沪上各住所旧居遗址进行实地调查走访。陆陆续续，前后历近五年而完成。发现并整理出李叔同在沪期间曾经居住和生活过的十处居址、八处居所，并逐一调查梳理，还原真相，记录历史，告白今人。

从 2015 年调研完成到今天，已过五年。随着旧城改造的推进，五年前尚存的老宅旧里，如今，有些或许也已不再。好在有文字和图片可以稍稍唤醒那些快被遗忘了的记忆。岁月匆匆，时光如流，然记忆留痕，往事无法抹去。值此李叔同先生诞辰 140 周年之际，借此因缘，谨以李叔同沪上事迹、旧居之寻踪种种，集以成书，寄托切切思念之渺渺情怀。

2020 年 8 月 19 日

王维军

目　录

第一章　法马路卜邻里第三弄

第二章　小南门外青龙桥南垙城南草堂

第四章　西门外宁康里

第五章　望平街黄字 7 号

第六章　海宁路南林里四弄底

第七章　华兴坊一弄底

第八章　海宁路太安里二十号暨沈家湾海能路太安里二十号

第九章　海伦路

第十章　结　语

第一章　法马路卜邻里第三弄

事　迹

清光绪戊戌秋，李叔同离开津门。李叔同的儿子李端在《追忆先父李叔同事迹片断》中回忆："我家原籍浙江平湖。曾祖父时，寄居天津，经营盐业和银钱业。传至我祖父世珍，字筱楼，曾考举过清朝进士，并当过吏部主事的官。""我的祖父是 1885 年他 72 岁时故去的，那时，我父亲才 5 岁。""先父婚后第二年是戊戌，于康有为、梁启超变法失败后，先父即奉母携眷，南下到上海。现在知道，因当时先父曾刻过'南海康君是吾师'的私章，此行有涉嫌避祸的意思。但从前我的老保姆王妈妈对我讲，说我父亲当时的南下，是想从此后就在南方扎根立业，离开天津这个大家庭。"

1986 年 6 月 13 日广洽法师在天津大悲禅院为李叔同孙女李莉娟授皈依仪式后，在粮店后街李叔同故居前留影。第一排由左至右分别为李叔同孙女李莉娟，李叔同次子李端，广洽法师，李端夫人杜鸿俊；第二排由左至右分别为李淑娟（李莉娟之妹），龚望，林子青，李汶娟（李莉娟之姐）；第三排为李呈均

青年李叔同

李叔同夫人俞氏

1898年秋，李叔同携母王太夫人，带着新婚刚一年的妻子俞氏和保姆王妈，从天津南迁上海。徙居沪上后，融贯旧学新知的李叔同，年少才高，很快融入上海文化圈。入城南文社，举书画公会、习南洋公学、兴沪学会，在上海滩激扬文字，意气风发，二十文章惊海内。

初到上海的李叔同，携妻带母，何处落脚，居于何地？

友生回忆

李叔同初到上海之居所，据当时与李叔同在沪上结为金兰之好的天涯五友之一袁希濂所言，是在法租界的卜邻里。弘一大师圆寂后，袁希濂撰回忆文章《余与大师之关系》，发表在1942年12月1日出版的佛学刊物《觉有情》上，文中记述：“逊清光绪丁酉，余肄业上海龙门书院。是年秋闱报罢，余集合同志，于本书院每月月课外，假许幻园上舍城南草堂，组织城南文社，每月会课一次，以资切磋。课卷由张蒲友孝廉评阅，定其甲乙。孝廉精研宋儒性理之学，旁及诗赋。戊戌十月文社课题为《朱子之学出自延平，主静之旨与延平异，又与濂溪异，试详其说》。当日交卷，另设诗赋小课，散卷带归，三日交卷，赋题《拟宋玉小言赋》，以题为韵。是时弘一大师年十九岁，初来入社，小课拟小言赋，写作俱佳，名列第一，此为余与相识之始也。师俗姓李，名成蹊，号漱筒，亦号瘦桐，后更名广平，又更名息，字曰叔同，又字曰惜霜。原籍浙江平湖，世为天津盐商，家资甚富，其父入宛平学，与李文忠公鸿章为会试同年，年七旬而生师，盖庶出也。师本为富贵公子，自幼即敬老怜贫，疏财仗义，年少多才，新学旧学俱有根底。戊戌政变后，京津之士有传其为康梁同党者，乃奉母南迁。初赁居于法租界卜邻里。”

1943年，弘一大师圆寂一周年之际，其友生为纪念大师，撰文出版了纪念文集《弘一大师永怀录》，其友生文字中屡见“卜邻里”所记。

僧睿在《大师略传》中道：“师俗姓李，初名成蹊，继名岸，字息霜，号叔同。丧母后改名哀，字哀公，又易息翁。试验断食后改名欣，又名婴，别署甚多，将欲与法数百八同其目云。原籍浙江平湖，先世营盐业于北平，遂寄籍焉。父筱楼公，官吏部，与逊清合肥相国李文忠公及桐城文学家吴挚甫先生为同年进士，俱出瑞安孙渠田学士门下，为人乐善好施，风世励俗，表率一方。师之品格，多影响乃父。长兄早年见背，次兄长师十二岁，而先天羸弱，为恐夭亡，乃娶师之生母王太夫人。父年六十有八始生师，诞生时，雀衔松枝降其室，此枝至今灭度时犹悬诸床前，其珍贵可知。师生而颖异，读书过目成诵，志学之年，即知爱国，谓中华老大帝国，非变法无以图存。戊戌政变，与其眷属奉母南下，初凭居于上海法租界卜邻里。”

啸月《弘一大师传》中有：“光绪庚辰师生，时父年六十有八，母二十有余。母为人贤淑和睦，治家谨严，课子有方，笃信佛教。师处此家庭中，除庭训外，耳濡目染，默化潜移，无非慈悲喜舍之功德；其悯世悲俗之精神，早植于此时矣。师四岁失怙，惟母兄是依，天资颖悟，读书过目成诵。性情外倜傥而内恬醇，敬老怜贫，仗义疏财，有父风。多才艺，新旧学造诣俱深。志学之年，正光绪中叶，睹国事日非，爱国思想，勃焉以生。谓中华老大帝国，非变法无以图存。迨戊戌变政未果，京津有传其为康梁党者，致难安居，遂奉母携眷南下，寄居上海法租界卜邻里。”

林子青《弘一大师年谱》：“是年清光绪帝采纳康梁维新主张，下诏定国是。大师亦以老大中华非变法无以自存，赞同康梁主张。传曾自刻一印曰：‘南海康君是吾师’。八月，戊戌政变宣告失败后，康梁亡命国外。京津之士，有传其为康梁同党者，遂携眷奉母，避祸上海。初赁居于法租界卜邻里。”

李叔同好友和学生夏丏尊、姜丹书、刘质平、丰子恺等，在他们的回忆中都提到李叔同初到上海的居住地——法租界卜邻里。

《中外日报》纪事

除此之外，卜邻里到底在上海的哪个位置？有没有关于卜邻里地址更翔实的文字记载呢？

为此，笔者广搜清末民初报刊等文献资料，寻觅李叔同在上海滩留下的历史踪迹记载，在上海图书馆文献室资料库中找到清光绪二十五年八月二

十一（1899 年 9 月 25 日）《中外日报》上刊登有一则题为《后起之秀》的广告：

后起之秀

李漱筒，当湖名士也。年十三，辄以书法篆刻名于乡。书则四体兼擅，篆法完白，隶法见山，行法苏黄，楷法隋魏。篆刻则独宗浙派，成童游燕，鸿印留题，人争宝贵。今岁年才弱冠，来游沪渎，诗酒余暇，雅欲与当代诸公广结翰墨因缘。缀润如下：书扇五角，楹帖一元，堂副诸例，均详仿单，三日取件；篆刻石章，每件二角半，件交便览报馆、游戏报馆、九华堂、锦云堂代收。

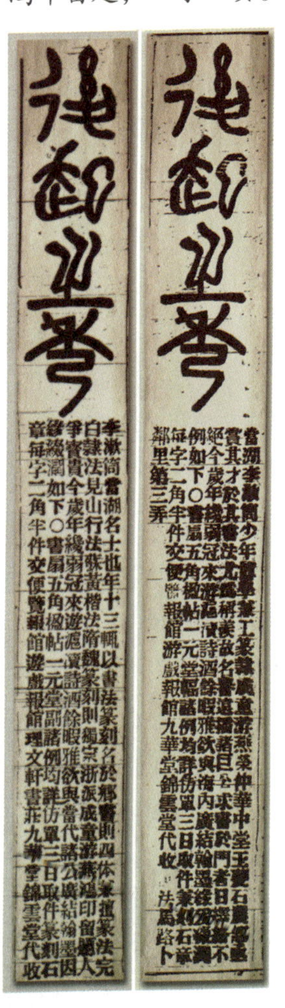

後起之秀

李漱筒當湖名士也年十三輒以書法篆刻名於鄉書則四体兼擅篆法完白隸法見山行法蘇黃楷法隋魏篆刻則獨宗浙派成童游燕鴻印留題人爭寶貴今歲年纔弱冠來游滬瀆詩酒餘暇雅欲與當代諸公廣結翰墨因緣潤如下○書扇五角楹帖一元堂副諸例均詳仿單三日取件篆刻石章每字二角半件交便覽報館遊戲報館理文軒書莊九華堂錦雲堂代收

後起之秀

當湖李漱筒少年博學兼工篆隸成童游燕榮仲華中堂王夔石農部[illegible]賞其才於其書法尤[illegible]稱羨故名[illegible]遠[illegible]著巨公求書於門者日[illegible]不絕今歲年纔弱冠來遊滬瀆詩酒餘暇雅欲與海內廣結翰墨[illegible]潤例如下○書扇五角楹帖一元堂幅諸例均詳仿單三日取件篆刻石章每字二角半件交便覽報館遊戲報館九華堂錦雲堂代收 法馬路卜鄰里第三弄

1899 年 9–10 月，上海《中外日报》连续刊载李叔同以“后起之秀”为题自订之润例

广告中所提“李漱筒”，是李叔同的别名。李叔同，名文涛，一生字号众多，僧号尤有二百多，俗名常用：成蹊、广平、叔同、叔桐、惜霜、息霜等，“漱筒”亦是其早期常用名之一。而广告中的“当湖”，即李叔同祖籍浙江平湖的古称，故有“李漱筒，当湖名士”之用词。《中外日报》上所刊这则广告，是李叔同的一则鬻书和篆刻润例广告。

笔者随后又一一仔细查阅了该报各期的内容，发现在这一年的九月和十月两个月间，《中外日报》相继刊登了二十多期题为《后起之秀》介绍李叔同的这则广告，且有多期将该内容登载在该报头版中间最醒目的位置。随后，笔者又对各期广告内容一一比较后发现：该报从 10 月 1 日起，这则《后起之秀》的内容在文字上略有更改，在广告内容的最后增加了联系地址：法马路卜邻里第三弄。

后起之秀

当湖李漱筒，少年博学，兼工篆隶，成童游燕，荣仲华中堂，王夔石农部亟赏其才，于其书法，尤为称美，故名誉远播。诸巨公求书于门者，日绎络不绝。今岁年才弱冠，来游沪渎，诗酒余暇，雅欲与海内广结翰墨缘，爰缀润例如下：书扇五角，楹帖一元，堂幅诸例，均详仿单，三日取件。兼刻石章，每字二角半，件交《便览报》馆、《游戏报》馆、九华堂、锦云堂代收。

法马路卜邻里第三弄

可以说，这是目前找到的最早、也是最为详细的有关李叔同沪上卜邻里旧居地址的原始文字记录了。

而为李叔同代理作品的九华堂也是沪上一家老字号字画店，开设于清光绪十三年（1887），位于上海二马路（今九江路）南，老板黄锦堂，以制作经营纸笺、印泥、扇面、名人书画及木版水印为主。该店在海内外书画界、收藏界颇负盛名，其制作的笺纸更是名家、学者所爱之物，许多名流都在该店定制私人用笺，其中用纯金粉在特制的纸上压花，再以朱砂墨印制而成的瀛海笺名极一时。海上画坛翘楚吴昌硕、任伯年、吴湖帆、吴待秋、吴华源、冯超然的作品，以及陈巨来和方介堪的篆刻等都曾由九华堂代理。

同样，九华堂的装裱亦名享天下。1926 年夏，弘一大师与弘伞法师拟去江西庐山，参加金光明法会，途经上海，往访江湾立达学园永义里丰子恺寓所。丰子恺在《法味》中回忆："暑假放了，我天天袒衣跣足，在过街楼上——所谓家里写意度日。友人 W 君新从日本回国，暂寓我家里，在我底外室里堆了零零星星好几堆的行李物件。有一天早晨，我与 W 君正在吃了牛乳，坐在藤椅上翻阅前天带来的李叔同先生的照片，PT 两儿正在外室翻转W君底柳行李底盖来坐船，忽然一个住在隔壁的学生张皇地上楼来，说'门外有两个和尚在寻问丰先生，其一个样子好像是照相上见过的李叔同先生。'下楼一看，果然是弘一弘伞两法师立在门口。起初我略有些张皇失措，立了一歇，就延他们上楼。自己快跑几步，先到室外把 PT 两儿从他们的船中抱出，附耳说一句'陌陌人来了！'移开他们的船，让出一条路，回头请二法师入室，到过街楼去。我介绍了 W 君，请他们坐下了，问得他们是前天到上海的，现寓大南门灵山寺，要等江西来信，然后决定动身赴庐山的日期。"丰子恺后来在《告缘缘堂在天之灵》中也曾记录过弘一法师此次沪上停留：

"你本来是灵的存在。中华民国十五年，我同弘一法师住在江湾永义里的

青年李叔同

租房子里，有一天我在小方纸上写许多我所喜欢而可以互相搭配的文字，团成许多小纸球，撒在释迦牟尼画像前的供桌上，拿两次阄，拿起来的都是‘缘’字，就给你命名曰‘缘缘堂’。当即请弘一法师给你写一横额，付九华堂装裱，挂在江湾的租房里。这是你的灵的存在的开始。后来我迁居嘉兴，又迁居上海，你都跟着我走，犹似形影相随，至于八年之久。”

可知，弘一大师为丰子恺寓所题写了宅名“缘缘堂”之后，丰子恺遂将此弘一大师书件送去装裱，而为其装裱的，就是当年李叔同初到沪上时，一度经营李叔同作品的九华堂。这也算是李叔同与九华堂的一段续缘吧。

《游戏报》纪事

此外，据弘一大师研究学者郭长海先生考证，清末《游戏报》曾刊有不少李叔同沪上早期信息。依此线索，笔者在各大图书馆查找《游戏报》旧迹，后来在复旦大学图书馆零星找到一些，又在南京图书馆古籍部查阅到该馆珍藏之1898年—1901年的《游戏报》，但亦残缺不全。

1900年4月16日之《游戏报》上刊有“醾纨阁主人四体润格”的消息，赞叹李叔同篆隶行楷皆精，尤擅大小篆，并注明李叔同当时沪上居所之地址：

醾纨阁主人四体润格

李君漱筒年少多才，工四体，书魄亦崭然有横绝一世之概。于大小篆尤能登峰造极。索书者日接踵于道。定润格于右：篆隶行楷，纨扇，半元；堂幅，八尺四元、六尺三元、四尺二元；横幅楹联同例。屏幅减半。名刺半元。镌刻石章，每字三角半。润资先惠，五日取件。件交四马路吉羊楼扇店，或交法租界南卜邻里三弄李公馆亦可。茂苑惜秋生，西湖天涯芳草馆主人同启

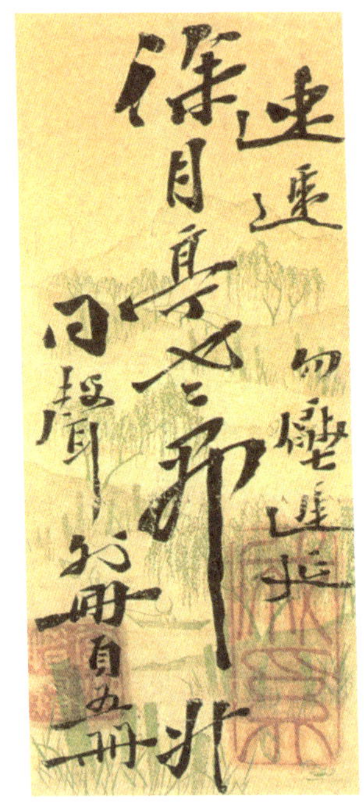

李叔同致徐耀庭函

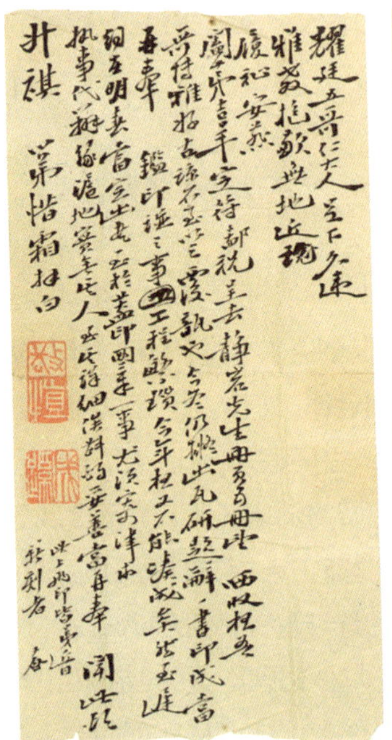

1899 年，李叔同在上海致函天津徐耀廷

醾紈閣李漱筒潤格

書例 篆隸行楷全例 堂幅八尺四元六尺三元四尺二元 橫幅楹帖全堂幅例 屏條照減半 名刺半元 紈摺扇半元雙行小楷烏金女扇加倍 以上點品均照加倍 篆刻例 石章每字四角半 餘另議 件交四馬路大新街口書畫公會蔣館

1900 年，上海《苏报》刊登“醾纨阁李漱筒润格”

这是茂苑惜秋生和西湖天涯芳草馆主人共同为友人醾纨阁主代撰的一则润例广告。文字中交代了醾纨阁主人李漱筒的住址：法租界南卜邻里三弄李公馆。

而醾纨阁主人正是李叔同的别号。1899 年李叔同在上海曾购得纪晓岚所藏汉代甘林瓦砚，视若珍宝，在 1899 年 10 月 24 日《游戏报》上就有他以醾纨阁主人之名号发布之告白，以“甘林汉瓦”为题，广征海内外名士为名砚作题，且拟将所集之文字结集刊印。天津博物馆藏有李叔同给天津徐耀廷的信札多通，其中一札内容中就有言及瓦砚题辞一事：

耀廷五哥仁大人足下：

久违雅教，抱歉无地。近谂履祉安燕，阖第吉祥。定符鄙祝。呈去静岩先生册页五册，望哂收。想吾哥博雅好古，谅不至以之覆瓿也。今冬仍拟出《瓦研题辞》一书，印成当再奉鉴。印谱之事，工程繁琐，今年想又不能凑成矣。然至迟约在明春，当定出书。至於盖印图章一事，尤须寄津求执事代办。

缘沪地实无其人。至其详细，俟斟酌妥善，当再奉闻。此颂

升祺

小弟惜霜拜白

此上两印皆弟近日新刻者。又啟。

李叔同的此次征题，共收获拜洪堂主人《甘林汉瓦歌》、茂苑惜秋生《甘林瓦研歌》、剑心簃主人《汉甘林瓦研四绝句》、椿庐主人《奉题醾纨阁主人汉甘林瓦砚七律二章》、退园遯叟《题汉甘林瓦砚行》、百侯逸民《题汉甘林瓦砚七古》、古吴韻秋阁主《青玉案用贺梅子体题汉甘林瓦砚》、秋圃老农《题汉甘林瓦砚调寄清平乐》、茂苑食砚生《汉甘林瓦歌》、鑑湖老渔《题汉甘林瓦砚》、坚白斋主人《甘林瓦砚七古》、拔剑斫地生《题醾纨阁汉甘林瓦砚》、大树将军后裔《题甘林瓦砚七古》、龙山樵叟《题汉甘林瓦砚七古》、越东樊仲乔《题汉甘林瓦砚》、丹徒金炉宝篆词人《汉甘林瓦砚歌为醾纨阁主人作》、茂苑好古斋主人《詠汉甘林瓦砚七言排律》、成志堂主人《题醾纨阁主人汉甘林瓦砚》、丹徒绮禅阁主《题甘林瓦砚七绝二首》、爱莲居《题汉甘林瓦砚》、黄山戈云甫《甘林瓦诗》、忏红道人《甘林瓦砚歌五古》、吴县偶庐主人凤曾叙《题甘林瓦拓本》、云间许鏻《甘林瓦砚铭效五六七言三体》、娄东宋贞《汉瓦砚铭》、常熟言敦源《题甘林瓦砚诗二章旧藏纪文达家》、承蜩馆主《题甘林瓦砚旧藏纪河间家》、王春瀛寅皆《纪文达甘林瓦砚歌》、刘宝慈筑笙《甘林瓦砚歌》、李澂浠《汉甘林瓦砚歌》、陶善璐《汉甘林瓦砚歌旧藏纪文达公家》、讱斋《甘林瓦砚歌》、稻香斋主人《瓦砚题辞》等应征之作共41篇，李叔同遂将征得之各篇题辞连同汉甘林瓦砚之拓本刊印成册《汉甘林瓦砚题辞》，册分上下卷，该书的内页上李叔同用的也是“醾纨阁主李成蹊”之名号。

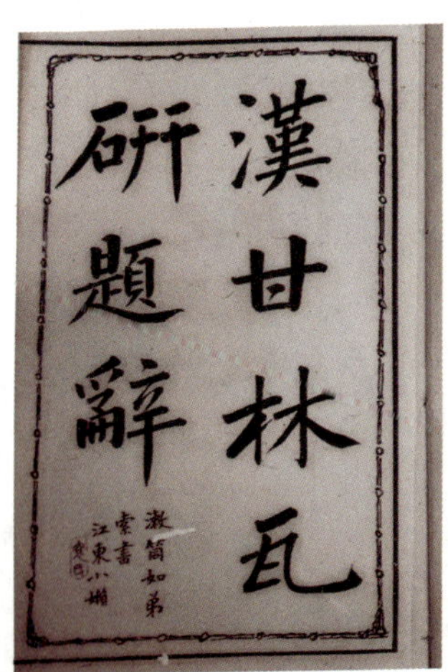

漢甘林瓦研題辭

澂簡如弟索書

江東小卅

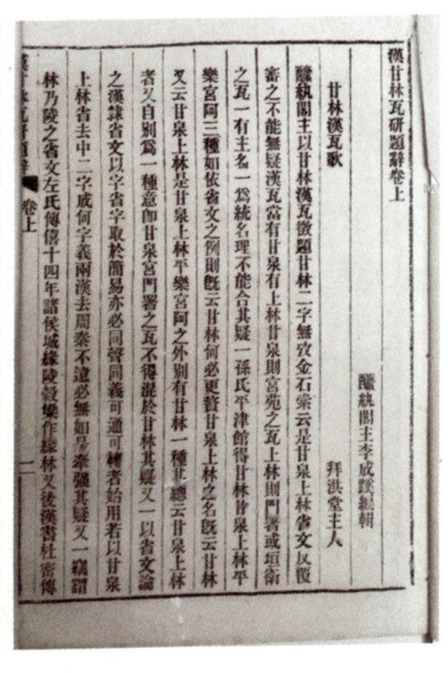

漢甘林瓦研題辭卷上

醾紈閣主李成蹊編輯

甘林漢瓦歌　拜洪堂主人

醾紈閣主以甘林漢瓦徵題甘林二字無攷金石索云是甘泉上林省文以徵
審之不能無疑漢瓦當有甘泉有上林甘泉則宮苑之瓦上林則門署或垣衛
之瓦一有主名一爲統名理不能合其疑一孫氏平津館得甘林甘泉上林平
樂宮阿三種如依省文之例則既云甘林何必更贅甘泉上林之名既云甘林
又云甘泉上林是甘泉上林平樂宮阿之外別有甘林一種其疑二云甘泉上林
者又自別爲一種意即甘泉宮門署之瓦不得混於甘林其疑又一以省文論
之漢隸省文以字省字取於簡易亦必同聲同義可通可借者始用者以甘泉
上林省去中二字成何字義兩漢去周秦不遠必無如是牽強其疑又一稱甘
林乃陵之省文左氏傳僖十四年諸侯城緣陵穀梁作緣林又後漢書杜密傳

漢甘林瓦研題辭　卷上　一

李叔同以醾纨阁主李成蹊之名编辑《汉甘林瓦砚题辞》

1900 年，沪上《苏报》亦曾刊有李叔同润例广告《醾纨阁李漱筒润格》："书例，篆隶行楷同例。堂幅八尺四元，六尺三元，四尺二元；横幅、楹帖同堂幅例；屏条照减半；名刺半元，纨摺扇半元，双行小楷写金女扇加倍。以上点品均照加倍。篆刻例，石章每字四角半。余另议。件交四马路大新街口书画公会报馆。"可见李叔同初至沪上时，"醾纨阁主"是其常用之号。

以上提及之《中外日报》和《游戏报》是清末上海著名的两家报业。《中外日报》是中国近代资产阶级改良派办的报纸，主办者汪康年，1898 年 5 月 5 日创刊于上海，原名《时务日报》，同年 8 月 17 日改名《中外日报》。此报主张社会改良，内容以记载中外大事、评议时政为主。

而《游戏报》则创办于 1897 年 6 月 24 日，办报人是《官场现形记》的作者、晚清著名小说家李伯元。报文内容上自列邦政治、下逮风土民情，谐文论辩、诗词曲赋、新闻传记、征文广告无所不有，文笔诙谐，或涉诸讽讥，或托以劝惩，以小见大，唤醒痴愚，它在近代新闻史上，最先模仿西方同类报纸，将文学与专论、社会新闻融为一体，是中国晚清小报中的巨擘。

而在《游戏报》上为李叔同作"醾纨阁主人四体润格"启文的茂苑惜秋生，原名欧阳淦，即欧阳钜源，又署惜秋生、蘧园，是《游戏报》的编辑，在李叔同编印的《汉甘林瓦砚题辞》中就收录有茂苑惜秋生的应征文："祖龙劫火重飞来，拨灰欲吊天台。寒云剥落惨金碧，残甎断甓生苍苔。当年文景承平后，别从游观夸苑囿。地上黄金尽可成，露台合笑先朝陋。离宫百五排碧城，羽林十二连绿营。舍人好逐投壶队，臣朔羞随执戟行。公卿几辈围场列，侍从如云四山人。千骑纵横奋兕呼，六宫缥缈当熊立。翼翼飞楼出建章，迢迢驰道接长杨。何人许射苏卿鹰，此地曾牵卜式羊。风禽雨兽互飘洒，威名不独蜚狐野。芝草房深颂白麟，蒲桃塞远歌天马。此时此瓦光彩生，晓日只傍觚棱明。积玉影围鳷鹊丽，涂金痕簇鱼鳞平。王业销沉何太急，未央长乐都萧瑟。警跸犹留豹尾粗，遗弓欲下龙髯泣。桥山黯黯余斜阳，铜仙堕泪天苍凉。殿前空说丽金爵，宫中只梦飞鸳鸯。一片青瑶作深黝，磨砻重出良工手。破碎龙尾堆烟云，模糊鸜眼涵星斗。隻眼已阅千沧桑，欲考年代嗟难详。题字为尔证鸿雪，手摹古篆留香姜。"

而与茂苑惜秋生同为李叔同作启的西湖天涯芳草馆主人，则是与李叔同共主"书画公会"的吴涛。许多人将西湖天涯芳草馆主人吴涛误同为钱塘天涯芳草馆主人吴梼，两者虽同号为天涯芳草馆主人，实为不同之两人。钱塘

創設書畫公會報啟

本會以提倡風雅振興文藝為宗旨專登書畫篆刻等件他項新聞概不登載以杜流弊願入會者本會即酬以各款利益各行欲登告白另有章程載明本報會設上海四馬路西大新街口楊柳樓臺舊址俟房屋裝修完美四月初旬出報詳細章程請至本會取閱外埠郵資自理主會蓉江小樓主人張楠總經理西湖天涯芳草館主吳濤副經理當湖惜霜仙史李成蹊雲間城南草堂主人許鏷〇本會附設閱報處一所四月中旬起購日本埠及北洋各埠華報不下三十種另備清茶每位五十文詳細章程本會閱看

1900年5月14日，《中外日报》刊登《创设书画公会启》，李叔同“当湖惜霜仙史李成蹊”之名，任书画公会副经理之职

天涯芳草馆主人吴梼，字丹初，号亶中，浙江钱塘（今杭州）人，曾留学日本，是清末民初著名的日文翻译家，并通过日文翻译了很多欧美作家的作品，笔者在1912年11月第二期的《佛学刊报》上读到过他翻译日人永井龙润的《佛教历史问答》，史料中未见与李叔同有何交往之信息。

而西湖天涯芳草馆主吴涛则与李叔同渊源颇深，前有吴涛在《游戏报》上为李叔同刊发“醾纨阁主人四体润格”，后有1900年4月与李叔同共创书画公会，吴涛时任公会经理，李叔同为副经理；彼此又一起创办《书画公会报》，并于4月22日正式出版；

创设书画公会报启

本会以提倡风雅，振兴文艺为宗旨，专登书画篆刻等件，他项新闻，概不登载，以杜流弊。愿入会者，本会即酬以各款利益，各行欲登告白，另有章程载明。本报会设上海四马路西大新街口杨柳楼台旧址，俟房屋装修完美，四月初旬出报。详细章程，请至本会取阅。外埠邮资自理。主会蓉江小楼主人张楠，总经理西湖天涯芳草馆主吴涛，副经理当湖惜霜仙史李成蹊、云间城南草堂主人许鏷。

本会附设阅报处一所，四月中旬起购日本埠及北洋各埠华报不下三十种，另备清茶，每位五十文，详细章程，本会阅看。

南京图书馆所藏1901年11月27日《游戏报》上刊有吴涛以天涯芳草馆主人署名的《花花世界道情》连载文。

据郭长海先生所撰《天涯处处有芳草，钱塘海阳是两家》一文中所言，在1900年8月31日的《游戏报》上刊有一首《弘一大师全集》中不曾收录的李叔同赠吴涛的词《苏幕遮·赠别天涯芳草馆主人》：“酒一杯，人千里。黄叶西风，转瞬秋来矣。日暮魂消南浦地。泪和愁情，化作寒江水。悲男儿，风尘里。生离死别，辗转情河已！同病相怜原幸事。可奈匆匆，又见离筵启。当湖惜霜倚声。”因南京图书馆所藏《游戏报》残缺不全，故未能找到该期；而在李叔同赴日留学时编印、1906 年正月二十正式发行的《音乐小杂志》“词府”一章中，李叔同选录有西湖天涯芳草馆主人吴涛的一组词《天涯曲·题天涯萍梗图》，并刊于章首，可见彼此交谊不浅。

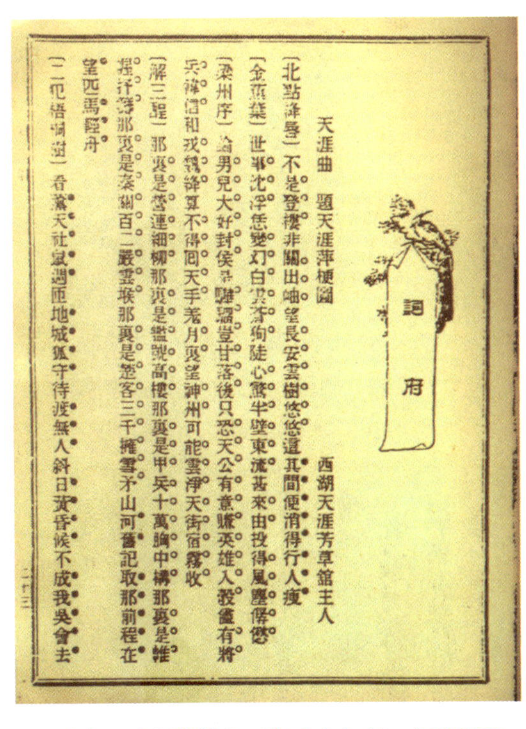
詞府

天涯曲　題天涯萍梗圖　西湖天涯芳草館主人

〔北點絳唇〕不是登樓非關出岫望長安雲樹悠悠這其間便消得行人瘦

〔金蕉葉〕世事沈浮總變幻白雲蒼狗陡心驚半壁東流甚來由投得風塵僝僽

〔梁州序〕論男兒大好封侯未雖謂豈甘落後只恐天公有意賺英雄入彀儘有將兵才和戎計算不得回天手看月裏望神州可能雲淨天街宿霧收

〔解三酲〕那裏是鶯連細柳那裏是蛩號高樓那裏是甲兵十萬胸中構那裏是雄提汗漫那裏是秦關百二嚴雲堠那裏是楚客三千擁雪矛山河舊記取那前程在望西馬蹬舟

〔一犯梧桐樹〕吞蒼天社豈遇匝地城狐守待渡無人斜日黃昏候不成我也會去

二十三

李叔同在其编纂之《音乐小杂志》中刊载西湖天涯芳草馆主人吴涛的词

花花世界道情　天涯芳草館主人稿

一霎陳摶不計年傻頭吃到豆沙邊冤

《游戏报》上刊登吴涛以天涯芳草馆主人署名的《花花世界道情》连载文。

小　结

以上李叔同友生回忆对李叔同沪上卜邻里居所皆做了交代，而《中外日报》《游戏报》两报之润例内容，更是对李叔同的卜邻里位置，具体到了“法租界南”和“第三弄”，这是以往其他资料中不曾见的。所以，李叔同初到上海之居所最完整的住址应该是：法租界——法马路——卜邻里——第三弄。

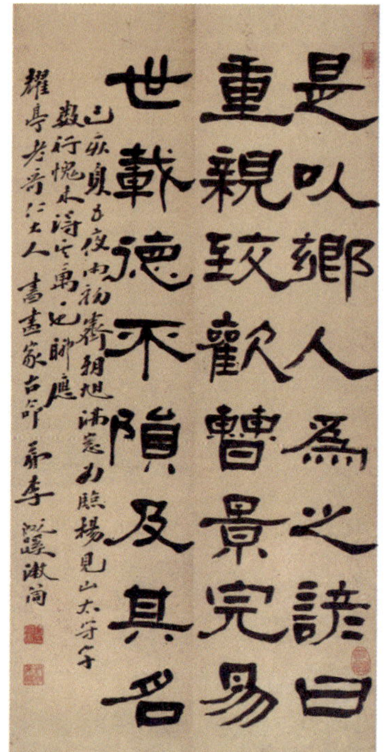

1899 年，李叔同沪上墨迹

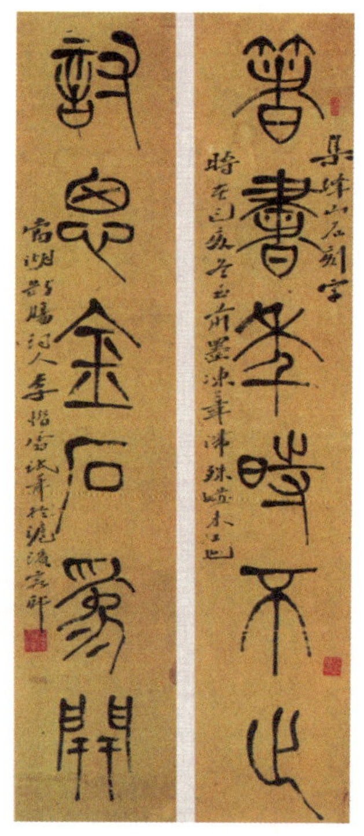

1899 年，李叔同篆书集峄山刻石联，落款：当湖断肠词人李惜霜；钤印：长相思、惜霜、江东少年

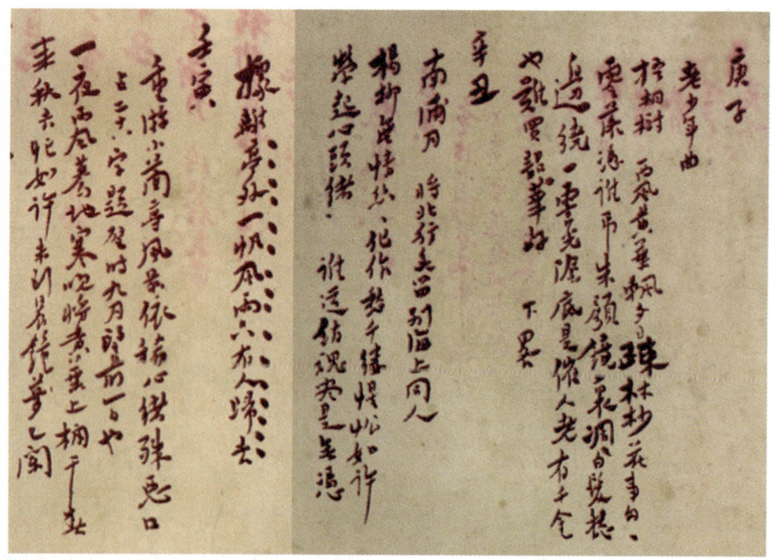

李叔同 1900 年作《老少年曲　梧桐树》：“梧桐树，西风黄叶飘。夕日疏林杪，花事匆匆，零落凭谁吊。朱颜镜里凋，白发愁边绕。一霎光阴底是催人老。有千金也难买韶华好。”1901 年作《南浦月　将北行矣，留别海上同人》：“杨柳无情，丝丝化作愁千缕。惺忪如许，萦起心头绪。谁道销魂，尽是无凭据。离亭外，一帆风雨，只有人归去。”

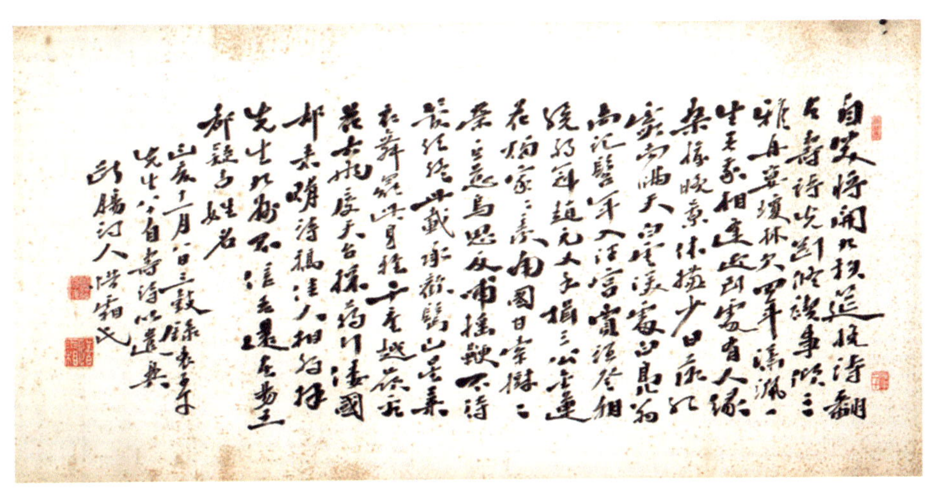

1899 年，李叔同沪上墨迹

寻　踪

现在，我们不妨循着法租界——法马路——卜邻里——第三弄这条线索，去寻找李叔同卜邻里旧居的前世今身。

上海法租界

道光二十二年（1842）8 月 29 日，清朝在与英国的第一次鸦片战争中战败。清政府代表在泊于南京下关江面的英军旗舰皋华丽号上与英国签署了中国近代史上第一个不平等条约《中英南京条约》，清朝政府开放广州、厦门、福州、宁波、上海等五处为通商口岸，准许英国派驻领事，准许英商及其家属自由居住，1845 年在上海设立了英租界。

此后，法租界、公共租界相继蚕食沪上，租界成了沪上一个特别的化外之区。

1849 年 4 月 6 日，即道光二十九年三月十四告示勘定上海法租界四周界址为：南至北门外城河（今人民路），北至洋泾浜，西至关帝庙、褚家桥（今西藏南路附近），东至广东潮州会馆（今永安路以西、四川南路以东地区），沿河至洋泾浜东南角，面积为 986 亩。

1899 年法租界扩展至东起黄浦江，西到今连云路，北到今延安东路，南到今新开河路、今人民路、淮海路和金陵中路，面积为 2135 亩；1914 年，

更延伸至 15150 亩。

19 世纪末叶的上海，最为繁华的市中心是公共租界，而最幽静的却要数公共租界以南的法租界。民国文人倪锡英在其 1938 年 10 月由中华书局出版的《上海》一书中曾这样描述李叔同初到上海时的法租界："整个法租界便像一个大园林，到处都有青葱的树林，美丽的花园，那里房屋的建筑，也是别具一格，如同名山胜地的别墅一般。假如以公共租界称为商业区域，那末法租界的确是最幽静的住宅区，那里有都市的一切便利，而没有都市的喧嚣，住在法租界内的人，便仿佛住在一个大别墅里，处处都能领略到田野园林的风味。"时为富家公子的李叔同，寓居沪上，择法租界而居，当在情理之中，且李家当时在上海尚有钱庄生意，故开支亦不是问题。

正如李叔同次子李端在《追忆先父李叔同事迹片断》中所说："还见过一本流水账，是先父和我祖母王氏、母亲俞氏等在上海居住时，由沪庄的账房给开的。记得上面写着：'三老爷用××''三老爷购家具用××''三老爷购××用××'等等。从此也可以见到，我们一家当时在上海的生活是较阔绰的。"

法马路

法马路建于清咸丰十年，即 1860 年，这是法租界修筑的第一条道路，因当时的法国领事馆位于该路东端的二号，故以法语 RueDuConsulat 名之，中文译为"领事馆路"，又称"公馆马路""法马路""法大马路"。

当时的法马路东起法租界外滩，即现在的中山东二路；西至现在的西藏南路；路面宽 13.3 米，该区域是法租界政治和经济中心。到了 1943 年，法马路更名为金陵路；抗战胜利后，于 1945 年 12 月又改名为金陵东路，沿用至今。法马路上有 139 号的恒源祥绒线店、156 号的鸿运酒楼、500 号的鹤鸣鞋帽店，以及宝大祥绸布店、协大祥绸布店、德兴面馆等沪上知名老店。

法马路沿街建筑亦很有特色，多以骑楼为主，富有浓郁的南国风韵，沿街二层以上的建筑皆出挑至街面，底层全为铺面，店前建有以立柱支撑的高大人行过道走廊，路人行走既可遮阳，又可挡风避雨，这种建筑形式多见于南宁、广州、厦门、泉州等岭南、两广、闽南一带，而沪上则见之甚少，此种"晴天不戴帽，雨天不撑伞"之骑楼风格在上海众多马路中成一道难得之风景。现在沿街店铺则以经营各种乐器为多，是上海知名的乐器一条街。

卜邻里

笔者按照清末李叔同时期旧上海老地图上的标识，再结合上海地名管理办公室资料库中查得的信息，比对后确定方位，在黄浦区的金陵东路，终于找到了曾经的卜邻里，也就是现在的金陵东路 389 弄。这是一条沿街的里弄，其区域位置在如今的浙江南路和福建南路之间，金陵东路与福建南路的交叉口；南与人民路相邻，东依福建南路，北靠金陵东路，西接笃行里；在宝兴里的斜对面；现属福南小区之一部分，位于福南小区之东端。查资料得知，现在的笃行里，其前身是得善里，1932 年得善里拆除旧房，建造三层砖木结构石库门房屋 25 幢，另建沿街带骑楼店面房屋 10 幢，改名为笃行里，故当时与李叔同所居卜邻里相邻的并非现在的笃行里，而是现已消失了的得善里。

金陵东路与福建南路交叉口即卜邻里所在

现场调研

经笔者现场调查，卜邻里——金陵东路389 弄，弄的正面通道与金陵东路（法大马路）相连接，弄口“金陵东路 389 弄”的门牌号已掉落不见，弄口筑有栅门，晨启夜闭，这是上海石库门里弄的惯例做法。

金陵东路 389 弄之卜邻里石库门建筑

从现况来看，整个卜邻里南北向不过六十来米，东西向三十米不到，与上海滩林林总总的各式里弄相比，卜邻里的规模显得较小，仅有石库门老房子八幢，入住着 18 户居民，门牌号分别是金陵东路 389 弄 1 号—18

卜邻里属福南社区

福建南路 130 弄是卜邻里东侧门

卜邻里所在居委会周志勇先生陪同采访

号；8幢房子按东、西两排并列，每排由南到北依次分布四幢；每幢都是联排石库门建筑形式，整体结构融合了中西建筑风格，既有中国传统建筑的围合封闭，又有欧式建筑的联排和阳台；既有中式的黑漆封闭大门，又有西式的门楣石雕。

从建筑构件来看，这些石库门采用的是清代老石库门通常使用的石料门框，而非 20 世纪二三十年代民国新式石库门的清水砖门框；但从外墙立面来看，用的却是新式石库门特有的红砖墙面和石灰勾缝工艺，而非旧式石库门的白灰粉刷外墙，加上世博会期间政府对建筑的外墙进行了修饰，所以从外观上看，各幢石库门建筑显得没那么老态，所以从结构上要准确判断该建筑的年代还需要更多的附加信息支撑。

除了金陵东路的主通道外，卜邻里的东面还有一道侧门，与紧邻的福建南路相通，东门的门牌号是福建南路 130 弄。

与金陵东路初建时称法马路一样，最初的福建南路称杜浪路（Rue Tourane），同治十一年（1872）改称图雷纳路。光绪二年（1876）又以横贯该路洋泾浜上的郑家木桥（南北横贯今福建路）为名，改名为郑家木桥路。

1914 年，郑家木桥在填洋泾浜筑爱多亚路（今延安东路）时被拆除，但郑家木桥作为路名却一直被保留了下来，直到 1943 年，郑家木桥路改名为永泰路，又因该路段位于福建路之南，1946 年又将其更名为现在的福建南路。

采访卜邻里所在居委会的老同志

找到了卜邻里，接下去要搞清楚卜邻里现在的石库门房子是否就是李叔同 1898 年刚到卜邻里时居住过的老房子。于是笔者找到了管理卜邻里的福南小区居委会，说明来意后，得到居委会周志勇先生的热情接待，并在其陪同下，一起登门寻访了几位民国时就居住在此的老同志。据了解，2008 年前卜邻里共有石库门房子十幢，当时为配合世博会城市建设，政府在拓宽道路时将卜邻里沿人民路的两幢房子拆除，所以，我们现在看到的只有八幢房。至于这些石库门房子的始建年代，有说是民国的，也有说是清朝的，众说纷纭，莫衷一是。在周志勇的帮助下，又找到了退休的原居委会张主任。据张主任回忆，她于 1997 年进社区居委会工作，2000 年时，居委会曾邀请部分老同志召开过一次里弄史座谈会，当时听老同志们说卜邻里有 70 年历史。若真如此，那卜邻里现存的八幢石库门老房子应是 20 世纪 30 年代的建筑，而非百年前李叔同所住的旧居了。

为此，笔者联系了上海市黄浦区公安局、规划和土地管理局、金陵东路派出所、黄浦区档案馆和上海市地名管理办公室等部门和单位，咨询之，希望得到更多与该建筑年代相关之准确信息，但都无果而终。

史料发掘

随即，笔者便求诸上海图书馆的各种上海方志。因清末民初紧邻卜邻里的郑家木桥路（现福建南路）一带曾以经营戏馆舞台为特色，有“戏馆街”之称，故以剧场资料为查找切入点，希望从中找到一些与卜邻里相关的线索。在《上海通志》第三十九卷“文化艺术”之第一章第二节“剧场电影院”中，笔者注意到有几段关于当时京剧戏馆“新剧场”的介绍：“新剧场，在公馆

法界羣舞臺合記

《申报》上刊登法界群舞台演出广告，剧场地址：法大马路卜邻里口，新剧场原址

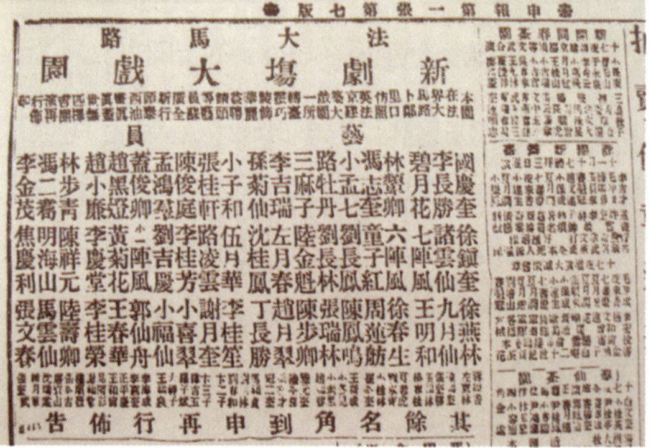

法大馬路
新劇場大戲園

其餘名角到申再行佈告

《申报》上刊登法大马路新剧场大戏院演出广告

法大馬路
新劇場大戲園

《申报》上法界大马路卜邻里口新剧场大戏院广告

马路（今金陵东路）卜邻里口。砖木结构，设座700余张。清宣统二年一月初三开业”“先后改为群舞台、群仙共和台、迎仙凤舞台、沪杭共舞台、天声舞台、沪江共舞台、法界共舞台（人称老共舞台）”“1929年，因卜邻里拆屋重建而拆除”。卜邻里口，即法马路（现金陵东路）与郑家木桥路（现福建南路）的交会处，现在是福建南路112号——上海市第一医药金陵东路连锁店，当年的新剧场应该就在这个位置。从这些资料中发现一条与卜邻里建筑年代相关的重要线索：1929年，卜邻里口的新剧场因卜邻里建设而被拆除。

顺着这条线索，笔者又翻阅了那个年代的《申报》《民国日报》等资料，挖掘下去后发现，原来这座“新剧场”承载着许多卜邻里的故事。

新剧场，又名法界共舞台，在法租界法大马路（今金陵东路）卜邻里口，由京剧艺人王鸿寿筹资创办，是沪上知名的早期京剧戏院之一。《上海文化艺术志》《上海通志》皆把新剧场的开业时间写为清宣统二年一月初三，其实不确。据笔者所查清宣统元年十一月二十日（1910年1月1日）《申报》，刊有“法大马路新剧场大戏院准于二十二日开演”之告示，故新剧场开业的准确时间应该是宣统元年十一月二十二日，即1910年1月3日，在此权作纠正。

新剧场后来转手由法租界督察长、青帮大亨黄金荣经营，并首倡男女共台表演，开风气之先，故改名为共舞台，生意亦愈加兴盛。

1923 年 12 月 7日至 9 日，梅兰芳携老生王凤卿、言菊朋，琴票陈彦衡等在卜邻里口的共舞台连演三天，演出剧目有《空城计》《武家坡》《取成都》《南天门》《八义图》《御碑亭》等，轰动一时，文献当有记载。

著名优伶露兰春也曾是共舞台的台柱，为黄金荣所追捧，后被黄霸占为妾。有次共舞台演出京剧《镇潭州》，露兰春反串小生演岳飞，黄金荣在台下捧场，露兰春一时分心，将一段戏文唱走了板，台下浙江督军卢永祥的公子卢筱嘉听后，喝起了倒彩，黄金荣不知卢公子的身份，闻声带着手下冲过去就给卢两个耳光，卢少爷岂肯罢休，几天后便带上全副武装的部队把正在看戏的黄金荣在大庭广众之睽目睽睽下拖押绑走，并关了起来，虽然此事后来在杜月笙的调停下和解了，但黄金荣在自己地盘上遭此一劫，面子尽失，从此退居二线，杜月笙则顺势而上。这些发生在卜邻里的故事，后来被导演王晶搬上银幕，成了电影《大上海》中的情节素材。

此后，黄金荣也无意再在共舞台经营，便将剧场所在卜邻里的这块地产转卖给当时上海最大的房地产商、英籍犹太富商沙逊的新沙逊洋行，自己另觅爱多亚路（今延安东路）新建荣记共舞台，也就是大家现今较为熟知的延安东路 433 号的共舞台，而原来法马路和郑家木桥路交会之卜邻里口的老共舞台，由于年代久远，则早已淡出了今天上海人的记忆，为人们所不知。

新沙逊洋行是英籍犹太人伊利亚斯·大卫·沙逊于 1872 年在印度孟买所创立，1877 年在上海设立分行，初期主要以经营鸦片和纺织品等贸易，兼涉地产。1917 年，伊利亚斯·大卫·沙逊的孙子维克多·沙逊全面接管新沙逊洋行，转而扩大房地产经营规模，成为与太古洋行、怡和洋行、英美烟草公司齐名的四大财团之一。笔者查阅了《上海房地产志》，在第二篇第四章之《租赁》一节中找到一份《1915—1931 年新沙逊洋行 8 条里弄增租情况表》。

表中就有新沙逊洋行卜邻里房租的增长情况统计数据，由此可知李叔同所居住的卜邻里公馆，也是新沙逊洋行的房产。新沙逊洋行从黄金荣手中购得老共舞台后，使得卜邻里及其周边地块皆归入新沙逊洋行名下，便对该区域重新规划，着手整体拆建，故有《上海通志》所记，1929 年，老共舞台“因卜邻里拆屋重建而拆除”。

为了确定李叔同旧居在卜邻里重建中是否被拆除，笔者又查寻新沙逊洋

1915—1931 年新沙逊洋行 8 条里弄增租情况表

单位：银元

里弄名称	1915 年	1919 年	1926 年	1931 年	1931 年比 1915 年的增涨率（%）
合计	144412	166497	308889	451438	212.6
广福里	25126	27352	69902	85018	238.4
广安里	28742	36823	61124	65826	129.0
乍浦里	5966	7923	11248	14384	141.1
金隆里	17308	19657	30965	37863	118.8
同兴里	20841	19677	29880	58986	183.0
卜邻里	23007	27261	43382	108985	373.7
德顺里	18424	222	50376	64848	252.0
德临里	4998	5795	12012	15528	210.7

行的相关资料，并得知新沙逊洋行建设的许多著名建筑，如外滩上建于 1929 年原名华懋饭店的远东第一楼沙逊大厦、建于 1932 年现江西中路 180 号都城饭店、现江西中路 170 号建于 1933 年的汉弥登大厦等建筑的相关原始档案，如今依旧在上海市城市建设档案馆中被很好保存着。

于是，笔者与上海城市建设档案馆档案室、办公室取得联系后，赶往位于宋园路 10 号的上海城市建设档案馆，对民国建筑档案进行查找调阅。

经过申请和审批等相关程序，在城市建设档案馆领导和陈冬琳等工作人员的支持帮助下，终于在档案数据库中分别找到了老共舞台所处卜邻里口的福建南路 112 号（原郑家木桥街 29 号）建筑的原始案卷“F00128B—D（03—05）0019320006”以及卜邻里所处的金陵东路 389 弄 1—18 号建筑的原始案卷“F00130A—D（03—05）0019300010”，得知老共舞台所在位置之现存建筑建于 1932 年，卜邻里现有八幢石库门建筑之建设年代是 1930 年，当时卜邻里整个建设项目，共建房屋 55 户，建筑面积达11616 平方米。而沿街建筑楼下建为店铺，楼上筑为民居。这也与调查采访时，居委会张主任在2000 年座谈会上听到“卜邻里有 70 年历史”的说法相吻合。

卜邻里建筑

小　结

经此考辨，可以得出以下三个结论：

（1）李叔同携家人初到上海的居住地是法租界法马路卜邻里第三弄李公馆，其址位于当年法大马路与郑家木桥路相交处，即现在黄浦区金陵东路与福建南路相交会之西南角，也就是现在的金陵东路 389 弄区域。

（2）李叔同 1898 年秋至 1900 年春所居住的卜邻里李公馆旧居已在 1929 年老共舞台停业后的拆除重建工程中被拆除，但该地块的卜邻里旧名一直被延用近百年，今虽改为金陵东路 389 弄，但原住民仍习惯称卜邻里旧名。

（3）卜邻里现存之八幢石库门建筑的建筑时间是 1930 年；与卜邻里旧居相邻的老共舞台拆除后新建沿街建筑，其建设年代是 1932 年。

虽然李叔同在卜邻里生活过的李公馆旧居建筑今已无存，但卜邻里旧址还在，卜邻里周边的路境还在，这些曾经的见证，依旧诉说着历史的沧桑，为我们留下许多缅怀、追忆和遐想的空间。

第二章　小南门外青龙桥南堍城南草堂

城南草堂是李叔同在沪上继卜邻里之后的第二处居所。李叔同何时从卜邻里第三弄搬至城南草堂的？其准确时间未有人细考，今试作探析。

事　迹

城南草堂

城南草堂是沪上南市许幻园的公馆寓所，因地处南门外，因地而名，故曰城南草堂。草堂屋后有左右楼，左为书画室，名曰天籁阁；右为藏书楼，贮堂主所藏《红楼后梦》《红楼补梦》《红楼复梦》《红楼绮梦》《红楼重梦》《红楼演梦》等《红楼梦》八种，且有玉壶山人所作《红线》《红玉》《红拂》《红夫》《红绡》《红瓶》《红桥》《红儿》“八红图”画幅八帧，悬于斯楼之壁。故草堂又有“天籁阁”“八红楼”之名。至于城南草堂的建筑时间，这在许幻园《城南草堂笔记·卷上》中有述：“丁酉秋，余奉继慈命，筑室于沪城之南，地颇静僻。出户不数武，有桥曰青龙桥，烟波十里，风帆往来，颇得林泉风景。余性恶喧哗，终日闭户读书，不问外务。冬月赏植，梅花数株，疏影暗香，令人意远。往往与两三知己，即景联吟，颇得佳句，存录《城南草堂外集》中。”其所撰《城南草堂图记》中又云“沪滨繁华，鸡犬桑麻，又是一番世界。人家多临水居，男妇皆朴重，盖犹有古风存焉。余性耽静僻，厌弃喧哗。于丁酉之春，筑草堂于此。庭植杂花，当盛开时，幽香满室，颇得佳趣。北临青龙桥，岸旁遍栽杨柳；东望黄浦，来往帆樯，历历在目。庚子孟秋，内子梦仙，为画草堂图，蒙海内大雅题句甚伙，因付制剧，以志墨缘，并附此图于集中，为记其缘起如此。云间幻园居士”，故建筑城南草堂之时间应是在 1897 年春秋间。

天涯五友

许幻园（1878-1929），名镤，以字行，上海华亭人；博学多才，工诗文，善文艺；家道殷实，为人慷慨豪爽，倡新学新知，是沪上新学界之活跃人物。1897 年，许幻园等一群士子学人自发组织了一个以交流诗词歌赋、切磋文章时评为内容的文学社团——城南文社，社址就设在城南草堂。初到上海的李叔同，与文社诸士性习相近，很快亦加入其中，以文会友，切磋心得。人以群分，更与社员许幻园、袁希濂、张小楼、蔡小香等意气相投、志趣契合，相见恨晚。袁希濂（1878—1950），字仲濂，上海宝山人，善书法，与兄希洛、希涛号为“宝山三袁”。蔡小香（1863—1912），名钟骏，号轶侯，别号逸鸥，上海江湾人，笃好金石书画诗文，藏砚逾百，乐以其书房“集砚斋”取名，为蔡氏妇科五世传人，设诊所于上海老闸桥万福楼后街（今北京东路 596 弄 17 号）。张小楼（1876—1950），名楠，以字行，又字小廋，自号蓉江小楼。江苏江阴人，善书画，并擅指书指画，是著名爱国民主人士李公朴之岳父。

1900 年，李叔同（左 1）与谱兄张小楼（左 2）、蔡小香（中）、袁希濂（右 2）许幻园（右 1）旧影

1900年春，李叔同与许幻园、袁希濂、蔡小香、张小楼，在城南草堂义结金兰。旧历二月十二，五人又借去徐氏园小宴余兴未阑，合拍小照一像，并各作诗词以记其事，且仿王瓞园海天五友图，名之曰：天涯五友图。其时许、李、袁、蔡、张“天涯五友”，彼此诗文唱和，激扬文字，在沪上文坛传为佳话。当时沪上知名的《中外日报》亦先后刊登李叔同的《后起之秀》、张小楼的《小楼主人真草隶篆梅兰竹菊润规》和许幻园、宋贞夫妇《城南草堂书画》等润例，称李叔同“书则四体皆擅，人争宝贵”、言张小楼“书画冠绝行辈”、道许幻园“诗书画三绝”。许幻园更爱慕李叔同的才华，特辟出其城南草堂之一隅，邀李叔同全家移居其间。于是，城南草堂便成了继卜邻里之后李叔同寓居沪上的又一住所。

袁希濂述:

在考辨城南草堂旧址前，不妨先对李叔同从卜邻里迁至城南草堂的时间作一考证。袁希濂在弘一大师圆寂后，撰回忆文《余与大师之关系》，内有相关时间的叙述：“逊清光绪丁酉年，余肄业上海龙门书院，是年秋闱报罢，余集合同志，与本书院每月月课外，假许幻园上舍城南草堂，组织城南文社，每月会课一次，以资切磋。课卷由张蒲友孝廉评阅，定其甲乙。孝廉精研宋儒性理之学，旁及诗赋。戊戌十月文社课题为‘朱子之学出自延平，主静之旨与延平异，又与濂溪异，试详其说’。当日交卷，另设诗赋小课，散卷带归，三日交卷，赋题‘拟宋玉小言赋’以题为韵。是时弘一大师年十九岁，初来入社，小课拟小言赋，写作俱佳，名列第一，此为余与师相识之始也。师俗姓李，名成蹊，号漱筒，亦号瘦桐，后更名广平，又更名息，字曰叔同，又字曰惜霜。原籍浙江平湖，世为天津盐商，家资甚富，其父入宛平学，与李文忠公鸿章为会试同年，年七旬而生师，盖庶出也，师本为富贵公子，自幼即敬老怜贫，疏财仗义，年少多才，新学旧学俱有根底。戊戌政变后，京津之士有传其为康梁同党者，乃奉母南迁。初赁居于法租界卜邻里，翌年己亥，乃迁于青龙桥之城南草堂，与许幻园同居。师于诗文词赋外，极好书画。其与江湾蔡小香、江阴张小楼、华亭许幻园及余，尤为莫逆，吾等五人遂结金兰之谊，誓同甘苦。翌年庚子三月，在上海福州路杨柳楼台旧址组织海上书画公会，为同人品茶读书之所，每星期出书画报一纸。”今人撰书凡言及李叔同迁居城南草堂之时间年代时，大多引袁文所述，认为李叔同是己亥年即

1899 年由卜邻里迁入城南草堂，其实不然。

李叔同自述：

1900 年 4 月 16 日（农历三月十七）《游戏报》上刊登的李叔同润例广告，其联系地址还是法租界南卜邻里三弄李公馆，也就是说，李叔同至少在该年的农历三月中旬还未迁居草堂，更不可能在 1899 年入住城南草堂。倒是李叔同 1914 年 7 月所作《题梦仙花卉横幅》诗中题注的文字“是画作于庚子九月，时余方奉母居城南草堂”，透露出迁居城南草堂的时间应是在 1900 年的九月以前。

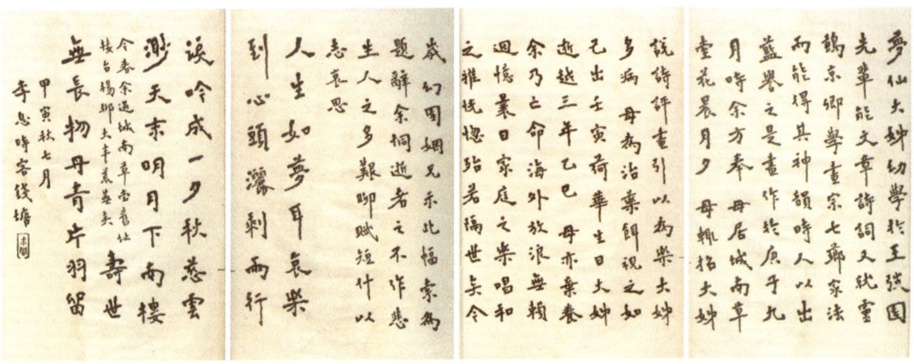

李叔同为许幻园夫人宋梦仙花卉画稿书题中自述“是画作于庚子九月，时余方奉母居城南草堂”

再观李叔同作于 1900 年夏《和宋贞题城南草堂图原韵》“门外风花各自春，空中楼阁画中身。而今结得烟霞侣，休管人生幻与真”一诗之题注“庚子初夏，余寄居草堂，得与幻园朝夕聚首。曩幻园于丁酉冬作《二十岁自述诗》，张浦友孝廉为题词云：‘无真非幻，无幻非真’。可谓深知幻园者矣。李成蹊”，以及李叔同应许幻园之请为《城南草堂笔记》所作跋中所言：“云间许幻园姻谱兄，风流文采，倾动一时。庚子初夏，余寄居城南草堂，由是促膝论文，迄无虚夕。”文中李叔同自述寄居草堂时间是庚子初夏，即 1900 年农历四月。

李叔同为许幻园《城南草堂笔记》书题

许幻园、蔡冠洛述：

又据草堂主人许幻园《城南草堂笔记·卷上》所记：“庚子春，漱筒姻谱仲，迁居来南，与余同寓草堂，因见正中客厅新悬某名士书之一额曰‘醾纨阁’，而右旁书室，尚缺匾额。余乘兴书‘李庐’二字以赠之。”另有蔡冠洛回忆可为之佐证，1931 年 10 月，弘一大师驻锡绍兴戒珠讲寺，李鸿梁、蔡冠洛、印西法师等前去看望，其时蔡冠洛提出“法师当代龙象，应化事迹，极为显著，宜于生前自定年谱，以示后人”，大师逊谢未遑，然亦告其早年行迹一二，蔡冠洛撰有《闽行前一夕谈》，文中记录大师自述：“庚子三月，初居沪渎小南门城南草堂。”从李叔同、许幻园两位当事人自述中可知，李叔同迁居草堂的时间应该是在 1900 年春夏相交之季，即 1900 年农历三月下旬至四月期间。

迁居时间之确定

由于袁希濂《余与大师之关系》一文写于弘一大师圆寂后的 1942 年 12 月，四十多年前之往事，回忆难免有误，应以当事者自述时间为准，故袁希濂己亥迁居之说有误，李叔同由卜邻里移居城南草堂的确切时间应是庚子春夏间。

草堂乐事

迁居草堂后的李叔同，与挚友相处朝夕，促膝论文，一如许幻园在《城南草堂笔记·卷上》中所言：“终日闭户读书，不问外务。冬月尝植梅花数株，疏影暗香，令人意远。往往与两三知己，即景联吟，颇得佳句。”彼此诗文相励，术艺交锋，促膝论文。许幻园数日成书三卷，李叔同亦有《李庐印谱》《李庐诗钟》《诗钟汇编初集》等相继刊行，海上闻名。

李叔同手稿《李庐印谱序》

李庐印谱序

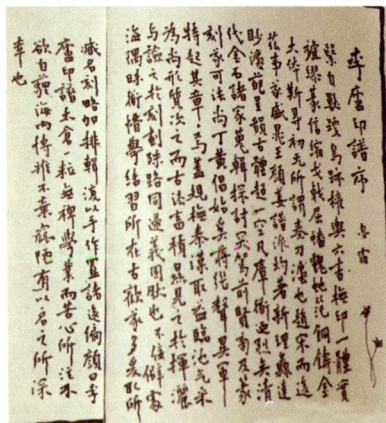

繄自兽蹄鸟迹，权舆六书。抚印一体，实祖缪篆。信缩戈戟，屈蟠龙蛇。范

铜铸金，大体斯得，初无所谓奏刀法也。赵宋而后，兹事遂盛。晁王颜姜，谱派灼著。新理泉达，眇法葩呈。韵古体超，一空凡障，道乃烈矣。清代金石诸家，搜辑探讨，突驾前贤；旁及篆刻，遂可法尚。丁黄倡始，奚蒋继声，异军特起，其章草焉。盖规抚秦汉，取益临池，气采为尚，形质次之。而古法蓄积，显见之於挥洒，与諗之於刻画。殊路同归，义固然也。不佞僻处海隅，昧道懵学，结习所在，古欢遂多。爰取所藏名刻，略加排辑，复以手作，置诸后编，颜曰《李庐印谱》。太仓一粒，无裨学业，而苦心所注，不欲自薤。海内博雅，不弃窳陋，有以启之，所深幸也。

李庐诗钟自序

索居无俚，久不托音。短檠夜明，遂多羁绪。又值变乱，家国沦陷。山邱华屋，风闻声咽。天地顿隘，啼笑胥乖。迺以余闲。滥竿文社。辄取两事，纂为丽句。空梁落燕，庭草无人。只句珍异，有愧向哲。岁月既久，储积寖繁。覆瓿摧薪，意有未忍。用付剞劂，就正通人。技类雕虫，将毋齿冷？赐之斧削，有深企焉。庚子嘉平月。

诗钟汇编初集序

己亥之秋，文社叠起，闻风所及，渐次继兴。义取盍簪，志收众艺。寸金双玉，斗角钩心。各擅胜场，毋美弗备。鄙谬不自揣，手录一编。莛撞管窥，矢口惭讷。佚漏之弊，知不免焉。尤望大雅宏达，缀而益之，以匡鄙之不逮云。当湖惜霜仙史识。

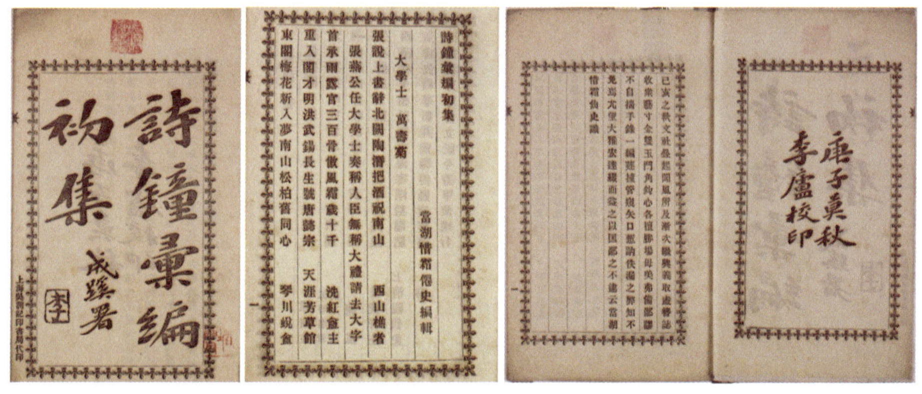

李叔同题签《诗钟汇编初集》

李叔同编辑《诗钟汇编初集》

李叔同《诗钟汇编初集》序

《城南草堂笔记》跋

云间许幻园姻谱兄，风流文采，倾动一时。庚子初夏，余寄居城南草堂。由是促膝论文，迄无虚夕。今春养疴多暇，数日间著有笔记三卷，将付剞劂。窃考古人立言，与立德、立功并重。往往心有所得，辄札记简帙，兼收并载。积日既久，遂成大观。如宋之《铁围山丛谈》、本朝《茶余客话》《柳南随笔》之类。今幻园以数日而成书三卷，其神勇尤为前人所不及。他日润色鸿业，著作承明。日试万言，倚马可待。则幻园之学，岂遽限于是哉。

时在辛丑元宵后，余将有豫中之行。君持初稿属为题词。奈行李匆匆，竟未得从容构想。爰跋数语，以志钦佩。

当湖惜霜仙史李成蹊漱筒甫倚装谨识

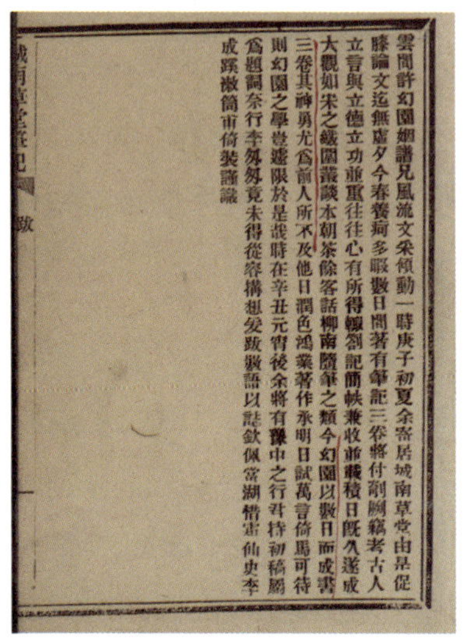

雲間許幻園姻譜兄風流文采傾動一時庚子初夏余寄居城南草堂由是促膝論文迄無虛夕今春養痾多暇數日間著有筆記三卷將付剞劂竊考古人立言與立德立功並重往往心有所得輒劄記簡帙兼收並載積日既久遂成大觀如宋之鐵圍叢談本朝茶餘客話柳南隨筆之類今幻園以數日而成書三卷其神勇尤爲前人所不及他日潤色鴻業著作承明日試萬言倚馬可待則幻園之學豈遽限於是哉時在辛丑元宵後余將有豫中之行君持初稿屬爲題詞奈行李匆匆竟未得從容搆想爰跋數語以誌欽佩當湖惜霜仙史李成蹊漱筒甫倚裝謹識

城南草堂筆記　跋

李叔同为许幻园《城南草堂笔记》作跋

其时，李叔同母亲王太夫人与许幻园夫人宋贞亦相契无间，处得极为融洽。宋贞，字梦仙，沪上才女，与许幻园同受业于长洲王弢（1826—1897）、元和江标（1860—1899），工诗文，擅金石，绘花鸟鱼虫，许幻园曾录宋贞旧稿杂文 6 篇、诗词 24 首、正草隶篆四体书 8 帧，仕女山水墨兰草虫画稿十余帧，印玩一卷，城南草堂倡和集一卷，集成《天籁阁四种》。梦仙体弱多病，李叔同母亲常常照顾左右，为治药饵，花晨夕月，说诗评画，互为乐趣，视同己出，故李叔同称其为大姐。梦仙曾有一诗题于《天涯五友图》上，赞叹李叔同的才华：“李也文名大似斗，等身著作脍人口；酒酣诗思涌如泉，直把杜陵呼小友。”

文友交谊

1900 年 5 月，李叔同又与许幻园、张小楼、袁希濂、蔡小香、吴涛等，在上海四马路大新街口杨柳楼台旧址组织成立书画公会，以提倡风雅，振兴文艺为办会宗旨，开一代风气之先，由张小楼任主会，出任总经理一职的就是前章所述在《游戏报》刊登李叔同润例之接洽者——西湖天涯芳草馆主吴涛，而李叔同其时以当湖惜霜仙史李成蹊之名与许幻园同任副经理职事。同时，公会还出版发行《书画公会报》，专业刊登书画篆刻作品，他项新闻概不登载，以杜流弊，开我国书画艺术专业报之先河。

李叔同文友间交谊，我们还可以从清代稿本周炳城《朗圃吟草》收录之诗文中窥得一斑。此诗集中录有李叔同、张小楼、袁希濂分别为周炳城《朗圃吟草》所作序文之手稿，及周炳城与李叔同等唱和之诗作，甚是难得，《弘一大师全集》及近人所编其他著述中皆未有收录。

周炳城（1864-?）号朗圃秋士，浙江乌程（湖州）人。早岁风流，中年落拓，业医济世。著有《朗圃吟草》四卷、《湖海诗萃》二十卷。在2012年11月国家图书馆出版社出版，由丁胜源、周汉芳所编的《回文集》第47卷中收录有周炳城的回文诗《咏菊》《初秋即事》。

《朗圃吟草》，共四卷，周炳城自撰序云："大块无心，而有我；我亦无心，而作诗。凡寓于目、闻于耳、触于心者，皆不期然而遇，则我之诗，亦不期然而作。不期然而作者，即大块之不期然而有我也，然则，我之诗，即我目中、耳中、心中之诗也。要必尊唐摹宋，以为每篇可入少陵之室，每首可登放翁之堂，则又非所志也，亦非所能也。夫唐宋之诗，唐宋人之诗也；元明之诗，元明人之诗也；国朝之诗，国朝人之诗也；我之诗，我之诗也，非他人之诗也，亦非唐宋元明人之诗也。然则，仍归诸不期然而然可也。时在光绪第一戊戌仲秋月既望日，乌程周炳城自识。"李叔同、张小楼、袁希濂、韩鸿藻、张兆熊、香梦词人等分别为诗集作序，海上忘机客张兆熊在序中赞曰："巨制短章，无体不备。有句皆新，为忘年友辈中之铮铮佼佼者。"香梦词人攸庵则数言以志："披读之余，觉长古诸篇，天风浪浪，海山苍苍。眩目尽金银台阁，奇丽无穷。置之唐人集中，几不能辨。近体诸作，古香拂纸，锐藻纷披，诚可远追李杜，近迈遗山。"张小楼作序《奉题朗圃吟丈诗草》："诗到白描转是才，好从天籁脱天胎。鸥波亭上春风笔，尽把性灵写出来。"袁希濂初作序《题朗圃先生诗集》以"狂言泻入凌云笔，压倒中唐李长吉"夸之，后仍觉意犹未尽，继而续撰《再题朗圃先生诗集》颂之；李叔同也撰以序文言以钦佩。

李叔同《朗圃吟草序》手稿：

"苕上朗圃词兄，早岁风流，中年落拓。春蚕吐恨，酒杯浇愁。鬓感蓬飞，词传侬懊。因言见志，即物兴怀。绮思纷披，丽藻奇郁。句可呈佛，心时杂茗上朗圃詞兄早歲風流中年落拓春蠶吐恨酒盃澆愁鬢感蓬飛詞傳儂懊因言見志即物興懷綺思紛披麗藻奇鬱句可呈佛心時雜仙彙而成篇共若干卷琳瑯耀彩珠玉交輝謹誌俚辭用申欽佩

庚子夏五當湖李成蹊識

李叔同为周炳城《朗圃吟草》撰序

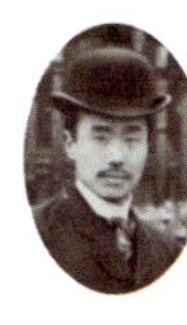

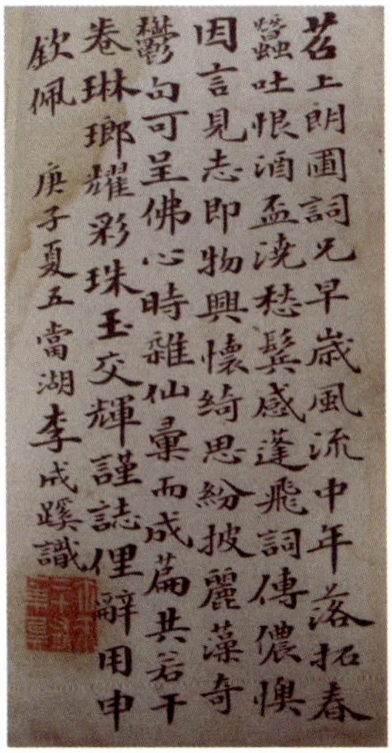

仙。汇而成篇，共若干卷。琳琅耀采，珠玉交辉。谨志俚辞，用申钦佩。”落款“庚子夏五，当湖李成蹊识”，钤白文朱印：尔来二十有一年矣。

李叔同所撰之序，不仅文字和手稿为新见，而且所钤“尔来二十有一年矣”之印亦是以往刊行之李叔同各种印谱和资料中未曾收录之初现新见，甚是难得。

《朗圃吟草》第四卷中，有诗数篇与李叔同及其友人相关。如写于丙申年(1896）的《丑月暨望喜晤幻园居士许建屏司马》《许建屏出示幻园自述诗嘱题因书其后》《海天三友图题词为张小楼布衣许幻园司马袁仲濂茂才作》《再题天涯三友图长歌》《有感时事忧愤难已即次袁仲濂见赠原韵》诸篇，细读诗文内容，我们从中可以获知一些以前未曾悉知的信息，早在 1900 年二月十二日李叔同、许幻园、袁希濂、蔡小香、张小楼摄“天涯五友图”前的 1896 年，许幻园、张小楼、袁希濂就曾以岁寒三友自居，摄有“天涯三友图”，一如周炳城为《海天三友图题词》和《再题天涯三友图长歌》中所云：“长啸昂头空古今，天涯摄影订同心。多情合詠温如玉，立意相期铸以金。习法英文殊志趣，论时务处见胸襟。春申浦上传佳话，哄动交游庆盍簪”，“三君同时客天涯，拔剑斫地歌悠扬。忧时愤世将变局，分习邻邦语文章。偶然会合结同心，摄影传神纸一张。欲争岁寒三盟友，清操贞心百练霜”，这段文缘今人也乏有知者。

在诗集的压轴篇，是周炳城写于己亥年（1899）酬和李叔同《七夕》诗原韵的《和惜霜仙史七夕有感用原韵》和《意犹未尽再次二绝句》，不妨一赏。

《和惜霜仙史七夕有感用原韵》:

银河风景望中真，枨触当年忆旧因，私语并肩传故事，长生殿里渺无人。

漏重星稀月影迟，匆匆相见恨何其。尘寰怨旷知多少，不独天孙感别离。

《意犹未尽再次二绝句》:

难偿百万怨尤真，薄倚支机话夙因。天上若多尘世恨，牛郎恐也白头人。

净洗甲兵底事迟，冲天杀气倍凄其，自家分合犹难主，哪有闲怜世上难。（近北方拳匪猖獗，而沪上人家多有迁居远离者，故戏及之）

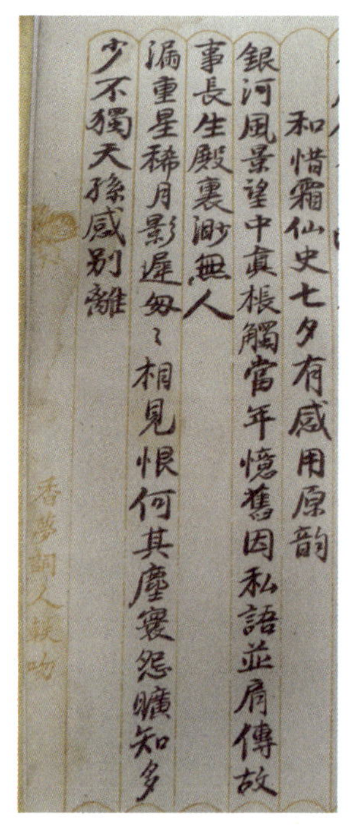
和惜霜仙史七夕有感用原韵
銀河風景望中眞悵觸當年憶舊因私語並肩傳故
事長生殿裏悄無人
漏重星稀月影遲匆匆相見恨何其塵寰怨曠知多
少不獨天孫感別離

周炳城《和惜霜仙史七夕有感用原韵》手稿

清光绪二十八年九月初一（1902 年 10 月 2 日）沪上《笑林报》上刊登有李叔同的一则《照红词客介香梦词人属题采菊图，为赋二十八字》：“田园十亩老烟霞，水绕篱边菊影斜。独有闲情旧词客，春花不惜惜秋花。”署名当湖惜霜。李叔同在诗题中所提及的“香梦词人”为何许人也，不见有传。而在周炳城《朗圃吟草》首页，我们看到为《朗圃吟草》题签的就是这位香梦词人，题签的落款是“筱龕”，钤白文朱印方章“香梦词人”；而为诗集作序者中也有这位“香梦词人”，其序文的落款是“古沪香梦词人拜题”，钤阳文方章“小龕”；且诗集所用的笺纸也是印有“香梦词人轶吻”的专用纸。在中国社会科学院文学研究所图书馆，藏有宣统元年（1909）六月上海小说进步社铅印本八回小说《新儿女英雄》，小说的作者就是这位号为筱龕的香梦词人。我们不妨从小说的弁言中去获得更多对香梦词人的了解：

香梦词人，豪侠士也。余于某岁遇之沪上，一见倾心，订为知音。每于职务之暇，把酒言欢，共论世事，酒酣耳热，抵掌高谭，大有拔剑斫地，不可一世之概。其胸襟之阔大，行为之豪爽，恒于酒后流露，不自觉也。词人又喜读《儿女英雄传》，一有暇晷，即执卷浏览，常不去手。恒谓余曰：“旧小说中，除《三国》《水浒》而外，惟《儿女英雄传》尚差强人意。《红楼梦》仅描写儿女痴情，而无英雄气概，非吾所喜也。他日当另撰一册，以见吾志焉。今岁秋初，忽来吾寓，以一卷相示，则所编之《新儿女英雄》也。余受而览之，见其写金玉贞之阿娜刚健，则无殊于十三妹;安天长之一举一动，则俨然一安水心;安贞清之文静纯孝，则又与安龙媒丝毫无异。吾于此乃知词人不特为人豪爽，而其文笔，亦复矫矫不群，直可与文铁仙相颉颃焉。爰书数语于其端，以志钦佩云。志轩识。

可见李叔同的这位朋友——香梦词人不仅工诗词，且善小说。1902年8月5日《春江花月报》上刊登一则《香梦词人书画助赈》广告，而撰文为香梦词人宣传的就是李叔同，彼此交谊可见不浅。在8月5日的这一期《春江花月报》上，还刊登有李叔同署名“惜霜”的诗句《和补园赠天韻阁主人元韻》。

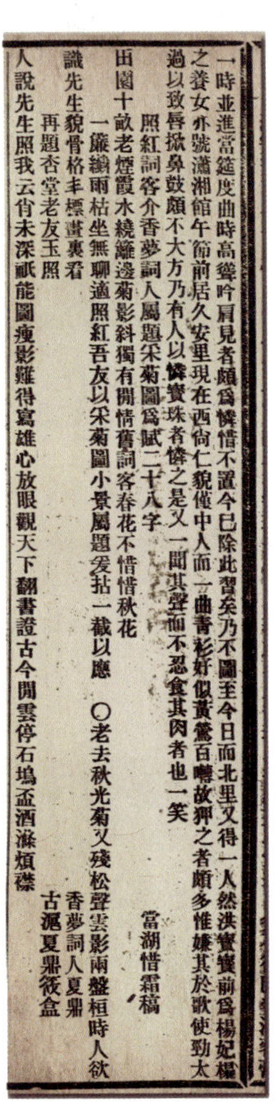

一時並進當筵度曲時高聳吟肩見者頗爲憐惜不置今已除此習矣乃不圖至今日而北里又得一人然洪寶寶前爲楊妃樓之養女亦號瀟湘館午節前居久安里現在西尙仁貌僅中人而一曲青衫好似黃鶯百囀故狎之者頗多惟嫌其於歌使勁太過以致唇掀鼻鼓頗不大方乃有人以憐寶珠者憐之是又一聞其聲而不忍食其肉者也一笑

照紅詞客介香夢詞人屬題采菊圖爲賦二十八字　當湖惜霜稿

田園十畝老煙霞水繞籬邊菊影斜獨有閒情舊詞客春花不惜惜秋花

一簾織雨枯坐無聊適照紅吾友以采菊圖小景屬題爰拈一截以應　○老去秋光菊又殘松聲雲影兩盤桓時人欲識先生貌骨格丰標畫裏看　香夢詞人夏鼎

再題杏堂老友玉照　古滬夏鼎筱盦

人說先生照我云肖未深祇能圖瘦影難得寫雄心放眼觀天下翻書證古今閒雲停石塢盃酒滌煩襟

1902年10月2日，沪上《笑林报》刊载李叔同所作《照红词客介香梦词人属题采菊图，为赋二十八字》

香梦词人书画助赈

香梦词人，夏君笑菴，海上名士也。雅擅词章，尤工书画。今拟以助赈，专书画扇子，每件收洋一角，以千件为度。件交《花月报》馆，或交大东门外北施家弄钱业公所东首夏第亦可。两礼拜取件，潮扇不应。

补园主人　　惜霜仙史同启

和补园赠天韻阁主人元韻

惜霜

慢将别恨怨离居，一幅新愁和泪书。
梦醒扬州狂杜牧，风尘辜负女相如。
马缨一树个侬家，窗外珠帘映碧纱。
解道伤心有司马，不将幽怨诉琵琶。
伊谁情种说神仙，恨海茫茫本孽缘。
笑我风怀半消却，年来参透断肠禅。
闲愁检点付新诗，岁月惊心鬓已丝。
取次花丛懒回顾，休将薄悻怨微之。

在李叔同的常用印中，有一方印他特别喜欢，使用频率甚高，就是以李叔同祖籍浙江平湖旧称冠名的“当湖惜霜”，这是李叔同的好友戈朋云为其所刻并相赠的。此印2.1cm见方，印文“当湖惜霜”为隶体，阴刻，边款刻阴文“戈朋云”，现藏于西泠印社印学博物馆。因李叔同早年在沪上致函天津徐耀廷的信封上就已钤有此印，故可以推断李叔同与戈朋云的相交至

李叔同沪上好友戈朋云为其刻印“当湖惜霜”

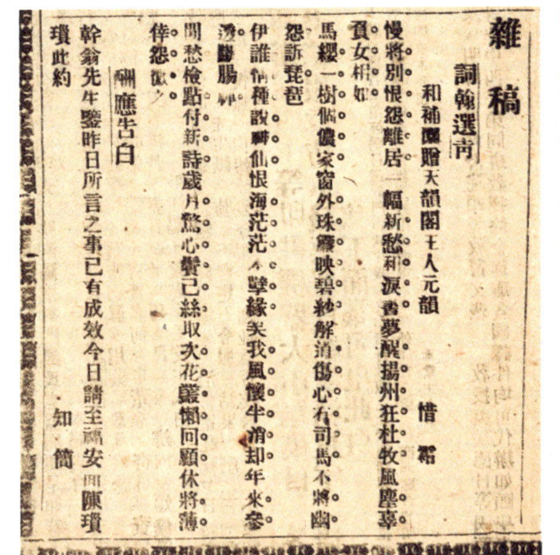

雜稿

詞翰選青

和補園贈天韻閣主人元韻　惜霜

慢將別恨怨離居。一幅新愁和淚書。夢醒揚州狂杜牧。風塵辜負女相如。

馬纓一樹個儂家。窗外珠簾映碧紗。解道傷心有司馬。不將幽怨訴琵琶。

伊誰情種說神仙。恨海茫茫本孽緣。笑我風懷半消却。年來參透斷腸禪。

閒愁檢點付新詩。歲月驚心鬢已絲。取次花叢懶回顧。休將薄倖怨微之。

酬應告白

幹翁先生鑒昨日所言之事已有成效今日請至福安面陳瑣瑣此約　知儂

1902 年 8 月 5 日沪上《春江花月报》，刊登李叔同署名“惜霜”的诗作《和补园赠天韻阁主人元韻》

少可追溯至 1899 年，也就是说李叔同来沪上不久便与戈朋云相交识，而此印当成于时。至于戈朋云其人其事，则信息乏匮，更未见今人有叙。而在《朗圃吟草》卷四中，笔者发现周炳城 1898 年所写的一首诗，诗名为《赠戈朋云》，可知其时李、周、戈等彼此已属同一文友圈中人。而沪学会期间，李叔同主事沪学会附属义务小学堂，戈朋云则操办中英学社，皆为教育界同人，相互多有交往。1905 年沪学会召开五月份月会，召集沪上各学堂代表集会，筹划抗议美国苛禁华工问题及开展抵制美货运动，提出停止与美商交易的办法，李叔同和戈朋云分别作为各自学校的代表参与活动并发言，要求美国尽除“禁工苛例”，赞成抵制美货。1905 年 5 月 29 日《中外日报》和 6 月 5 日的《时报》等当时的报纸皆有相关记载。

1901 年 5 月，《中外日报》刊出南洋公学增设特班的招生通告，李叔同以总分第 12 名的成绩考入其中，在该年 9 月正式成为蔡元培的学生。李叔同入学特班

香夢詞人書畫助賑

香夢詞人夏君笑菴海上名士也雅擅詞章尤工書畫今擬以助賑專書畫扇子每件收洋一角以千件爲度件交花月報館或交大東門外北施家弄錢業公所東首夏第亦可兩禮拜取件潮扇不惡　補緣主人惜霜仙史同啓

1902 年 8 月 5 日沪上《春江花月报》刊登李叔同启：《香梦词人书画助赈》

后，许幻园纳粟出仕，袁希濂入广方言馆，张小楼赴扬州东文学堂之聘，蔡小香忙于医事，救死扶伤。天涯五友各奔天涯。1902 年秋，各省补行庚子、辛丑恩正并科乡试，李叔同以浙江嘉兴府平湖县监生李广平的身份赴杭州应试，未酬；1903 年秋，再以浙江嘉兴府平湖县监生李广平身份赴河南开封应顺天乡试，未中。回沪后携黄炎培、穆藕初等志同道合者兴“沪学会”，主持义务小学，倡新学新知，破旧俗，立新风，编《国学唱歌集》，为沪学会撰文野婚姻新戏册，演文明新戏，广开社会风气之先，青春激扬，意气风发。

激扬文字

客居城南草堂期间，李叔同以李成蹊之名，曾频频参与格致书院课题应征，且屡屡获奖，名闻上海滩。

格致书院，是 19 世纪 70 年代由中外士商共同捐资建设，旨在传播西学，探索富国裕民、救亡图存治国之道的新型学校。格致书院的考试制度在王韬、傅兰雅的主持参与下，推行一种全新的以“季课”“特课”和“月课”为特色的“考课制度”，由主持者出考题，学生依题作文，考官阅卷采用只批不改的做法，以求存真；评定答题优劣则以有理、有据、有新意为标准，划分若干等第，然后张榜公布，奖励优秀者。“季课”始于 1886 年，每年四次；1889 年起，又在正课外添以春秋两考课，名为“特课”。1901 年 10 月起，又推出每月一次的考课，延至 1904 年上半年止。1904 年秋，书院因经费不足，停月考课，改为季考课。统请海关诸位道宪、南北洋大臣、两江总督及上海、宁波、天津道台等朝廷军政要员主持命题，考题内容多为西学传播和时事国是议论等，应征者不限上海一地，全国各地皆可参加。而考课题目和获奖名单则在《申报》《字林西报》上刊出，每次考课通告一经公布，全国各地反响热烈，应征者济济，动辄百数十人。

查阅 1898 年末至 1905 年间李叔同在上海期间的各期《申报》，从中整理出李叔同应征格致书院的各期课题，以及李叔同获奖课案的相关资料信息，统计出李叔同前后共有 12 次获奖，分别是：己亥夏季课案一等第 22名，壬寅十月课案第 7 名，壬寅十二月课案第 2 名，癸卯四月课案第 19 名，癸卯五月课案第 3 名，癸卯夏季课案一等第 42 名，癸卯苏松太道特课案超等第 15 名，癸卯秋季天津道课案超等第 1 名，癸卯十月课案第 18 名，癸卯十一月课案第 3 名，甲辰九月课案第 5 名，甲辰十月课案为第 3 名。为方便读者查阅，制作如下表格（课题统计中略去了算学课题，课案统计中仅收录李叔同获奖之信息数据，其他一并略去），供查阅参考。

序号	时间	课题及出处	课案及出处
1	己亥夏季课题	1899年11月2日（己亥年九月二十九）《申报》 问三十年来吾华人崇尚各种西艺，近今更甚於前，有先学习其语言文字以为阶梯者，有专赖译成华文之书籍以资考索者。或谓，日本仿效西法已尽得其奥窔，如先学日文，以为学西艺者先路之导，则不啻事半而功倍也，其说然否？试比较其迅速、利弊、得失之所在，而详言之。 十月三十日截止，余照曩例。	1900年12月12日（庚子年十月二十一日）《申报》，己亥夏季课案：超等16名（略），特等20名（略），一等28名，其中李成蹊为一等第22名。
2	壬寅十月课题	1902年10月31日（壬寅年十月初一）《申报》 策论：1.中英商约业经妥定画押，闻尚有后言，至民教不和之案更难处置，其如何使之相安？试条议以对。2.拟黄黎洲、卢梭合传。 算学（略）	1902年12月14日（壬寅十一月十五日）《申报》，壬寅十月课案：策论共20名，李成蹊为第7名。
3	壬寅十二月课题	1902年12月30日（壬寅年十二月初一）《申报》 策问：1.中国文字极繁，近时翻译西书知尚不敷用，问以何法添补，得弥其缺？2.拟陈子昂对利害三事。 算学（略）	1903年3月13日（癸卯年二月十五日）《申报》，壬寅十二月中西书院课案：策论共12名，李成蹊为第2名。
4	癸卯四月课题	1903年4月28日（癸卯年四月初二）《申报》 策论：1.中国汉三杰与近今所称意大利三杰，其勋业品行优劣若何论？2.拟中国殖民政策。 算学（略）	1903年6月10日（癸卯年五月十五日）《申报》，癸卯四月课案：策论共53名，李成蹊为第19名。

续　表

序号	时间	课题及出处	课案及出处
5	癸卯五月课题	1903年5月27日（癸卯年五月初一）《申报》 策论：1.西比利亚铁路告成与中国市政有何关系说；2.中西字学源流考。 算学（略）	1903年7月9日（癸卯年闰五月十五日）《申报》，癸卯五月课案：策论共66名，李成蹊为第3名。
6	癸卯夏季课题	1903年6月28日（癸卯年闰五月初四日）《申报》 宁绍台道官夏季课题： 1.元诏各道廉访使《作成人才以备选举》论；2.泰西与中国交涉，动云利益均沾；而中民之商於外国者，节节受制，宜如何申明约章，参证公法以卫远商而维政柄策。 卷缴上海虹口中西书院限月终截止。	1903年9月5日（癸卯年七月十四）《申报》，宁绍台道评定夏季课案：超等16名（略），特等24名（略），一等111名，李成蹊为第42名。
7	癸卯南洋大臣特课题	1903年9月21日（癸卯年八月初一日）《申报》 南洋大臣特课题 1.张骞、苏武论；2.广开蒙学以豫人材根本策；	1904年1月12日（癸卯年十一月二十五日）《申报》，苏松太道特课案：超等共20名，李成蹊为超等第15名；特等共30名（略）；一等共130名（略）
8	癸卯秋季天津道课题	1903年10月7日（癸卯年八月十七日）《申报》 1.开诚布公论；2.中西学术异同得失，试臚陈之策； 应试各卷缴与呈虹口中西书院，自出题日起至九月二十日截止。	1904年1月17日（癸卯年十二月初一）《申报》，天津道课案，超等共10名，李成蹊为超等第1名；特等共20名（略）；一等共77名（略）

续 表

序号	时间	课题及出处	课案及出处
9	癸卯十月课题	1903年11月19日（癸卯年十月初一日）《申报》 策论：1.近有赛珍会，又名博览会，肇於何时？始於何国？其旨意何在？可析言之欤；2.太史公《游侠列传》书后。 算学（略） 限本月二十日缴卷，下月十五日揭晓，卷仍缴虹口中西书院。	1904年1月2日（癸卯年十一月十五）《申报》，癸卯十月课案，共166名，李成蹊为第18名。
10	癸卯十一月课题	1903年12月19日（癸卯年十一月初一）《申报》 策论：1.苗疆改土为流，中国早垂为定制，乃当时如赵文定张文敏诸人訾为非策，其说可足证欤？2.论合群与自由之意义及其权限。 算学（略）	1904年1月22日（癸卯年十二月初六）《申报》，癸卯十一月课案，共54名，李成蹊为第3名。
11	甲辰九月课题	1904年10月9日（甲辰年九月初一）《申报》 策论：1.日俄战事胜负尚难逆睹，将来结局如何为上策，试推论之；2.夷齐让国说。 算学（略）	1904年11月21日（甲辰年十月十五日）《申报》，甲辰九月课案共72名，李成蹊为第5名。
12	甲辰十月课题	1904年11月8日（甲辰年十月初二）《申报》 策论：1.汉唐宋明党祸论；2.上海格致书院添设藏书楼序。 算学（略）	1904年12月24日（甲辰年十一月十八日）《申报》，甲辰十月课案共77名，李成蹊为第3名。

然而，考察以往种种史料收集之结果，都仅限于李叔同应征课题的题目名称和课案的获奖奖次，从未发现李叔同所撰课题的具体文章内容，故以往人们在赞叹李叔同“二十文章惊海内”的同时，又为无法更多地领略其文章内容独到之见解、精辟之论述而深感惋惜。不过，胜缘的是，笔者在整理创刊于1901年的清朝第一张官办报纸——《北洋官报》时，有幸发现了一篇李叔同当时以李成蹊署名，应征格致书院课题，并获得超等第一名的《开诚布公论》课卷全文，填补了李叔同应征课题文章内容之空白，聊补以往有题无文之缺憾。

癸卯八月，天津海关道为上海格致书院秋季考课出了二道策论课题，一是《开诚布公论》，二是《中西学术异同得失，试臚陈之策》，刊登在1903年10月7日（旧历八月十七日）的《申报》第二版上，要求应试课卷自出题日起至九月二十日前缴至虹口中西书院。而为格致书院出题的是时任天津海关道的唐绍仪。唐绍仪（1862—1938），字少川，广东香山县人，是清末民初著名政治活动家、外交家；1874年成为第三批留美幼童，赴美留学，后进入哥伦比亚大学学习，1881年归国，1895年任驻朝鲜总领事；1901年，袁世凯擢升为直隶总督兼北洋大臣后，重用唐绍仪为天津海关道。唐绍仪在任期间，办理接收八国联军分占的天津城区、收回秦皇岛口岸管理权等事务，成就斐然；1904年，清朝政府任唐绍仪为全权议约大臣，赴印度与英国代表谈判有关西藏问题。唐绍仪坚持民族立场，运用灵活的外交手段，力主推翻英国与西藏地方政府签订的所谓《拉萨条约》，挫败了英国妄图将西藏从中国领土中分割出去的阴谋。辛亥革命后，唐加入孙中山的同盟会，出任中华民国第一任内阁总理。李叔同的这篇《开诚布公论》深得唐绍仪的赏识好评，1904年1月17日（癸卯十二月初一）《申报》上刊登了此次经唐绍仪批阅后评出的超等、特等和一等奖获得者名单，在107名获奖者中，李叔同拔得头魁，获超等第1名；我们从征题截止日期可知，李叔同应征答卷撰写之时间应在1903年秋末。李叔同此篇《开诚布公论》则刊登在1903年12月18日（清光绪二十九年十月三十）第175册《北洋官报》第二页的“专件”栏目的首篇位置；而此次课案获超等第二名陆世澧的《中西学术异同得失策》则刊登在第176册《北洋官报》上。

李叔同的这篇策论虽然不长，只有五百来字，但短小精悍；通篇围绕论题，引用史例论据，提出观点，展开论述。文章中，李叔同以其开阔之视野和独到之见解阐述了“以法治国”，以及“执法者”在用法中应注意之诸种关系，并开宗明义道：“法也者，为治之大器也”“人之生必有群，群之合必有法”，认为一个国家的治理和规范，需要靠制度的力量和法律的规矩去约束和制约，如此才能确保国家的长治久安。接着，他话锋一转，又就执法者在“势不得不以法权奉诸于一人”的情况下，如何去用好执法权，提出了“彼之所为不利吾群，法所宜刑也”“彼之所为利于吾群，法所宜赏也”的用法理念，指出“法也者”是“万民之法”，执法者要在法的范围内行使法所赋予的权力，秉持奉法为民的理念。执法者的行为是在为万民立法，所以执法者要公平执法，秉公办事。法平则吏无奸，理公则民无怨。并言“诚心存乎人，公道存乎群”，执法者只有在执法中做到“开诚心，布公道”，言忠信，行笃敬，方能使“法虽严厉而刑者不怨，赏者不惊”“是故善执法者，懼夫疑忌之起也，有以泯其疑忌焉。虑夫群谊之亡也，有以固其群谊焉”。观其言论，不仅从法的层面，更多的是从治的高度来思考和分析问题，突破时人思想局限，去探索法制和法治的关系。其以法治国、公平公正理政之思想，即使在百年后的今天仍有深刻的现实意义和指导作用。该文章的发现，为我们研究清末李叔同的思想动态流变提供了参考和依据。

《北洋官报》是袁世凯倡办的、清政府第一张官报。1901 年 8 月，袁世凯在天津河北狮子林集贤书院旧址内创办了北洋官报局，出巨资从日本引进当时最先进的印刷设备，并聘请日本精铜版、石版、照相制版及印刷等技术人员出任报馆专业技师，报馆分编撰、翻译、绘画、印刷、文案、收支六股，共 150 多人。1901 年 12 月 25 日《北洋官报》在天津正式创刊，是一份清末最有影响的地方政府官报。其内容包括反映宫廷动态信息的“宫门抄”、解释皇帝诏令的“圣谕广训”直解、上谕、督宪批示、督宪辕门抄、专件、论说、奏议录要、本省公牍、时政纪要、各省新闻、各国新闻、算学问答、广告等栏目，内容所涉政治、学务、兵事、时事、士家工学商方方面面，虽以政府公报为主，但不一味地迎合政府，也比较系统地介绍外国社会的情况，介绍新思想、新知识，评论中国的不足之处，提出革新措施，起到了“开风气之先”的作用。《北洋官报》起初为隔日发行，1904 年 2 月 16 日起，改为每日出版。

现将刊登在《北洋官报》上的李叔同这篇策论全文摘录如下，以飨读者。

开诚布公论

津海关道课格致书院超等第一名　李成蹊

法也者，为治之大器也。然而法奚自始邪？人之生必有群，群之合必有法，法始于群约。其继也，由分而入专，由多而趋寡，势不得不以法权奉诸一人。夫以一人执法权，万民之疑忌因之而起，万民之群谊因之寖亡矣。是故善执法者，惧夫疑忌之起也，有以泯其疑忌焉。虑夫群谊之亡也，有以固其群谊焉。夫至于疑忌泯、群谊固，而法乃行诸上下之间而不悖。诸葛治蜀，史称其开诚心、布公道。吾以为此其所以能善用法欤。不然，诸葛夙治申韩法术，其治蜀也，以严厉称，万民宜啧有怨言矣。乃直戆如马谡而诛之，褊戾如杨仪、魏延而用之，不闻万民有异说，何也？盖其所以诛者，非有所深怒，必欲置之死亡也。亦曰，彼之所为不利吾群，法所宜刑也。其所以用者，非有所姑息，必欲加诸贵显也。亦曰，彼之所为利于吾群，法所宜赏也。法也者，万民之法。执法者，即万民立法之义，为一己用法之义。斯诚心存乎人，公道存乎群。法虽严厉而刑者不怨，赏者不惊。其关系密切有如此矣。后世执法者，罔识兹义。易一己奉群之义，为万民奉己之私，于是有束缚而无感格，有隔阂而无通融。上有专制之名，下有作伪之谤。法之所在，遂重为世所诟病。然亦思立法之源流若何，用法之权限若何，鉴彼诸葛开诚布公之遗迹，其亦知所取法哉。

北洋官報　二　第一百七十五冊

專件

開誠布公論

津海關道課格致書院超等第一名　李成蹊

法也者為治之大器也然而法奚自始邪人之生必有羣羣之合必有法法始於羣約其繼也由分而入專由多而趨寡勢不得不以法權奉諸一人夫以一人執法權萬民之疑忌因之而起萬民之羣誼因之寖亡矣是故善執法者懼夫疑忌之起也有以泯其疑忌焉慮夫羣誼之亡也有以固其羣誼焉夫至於疑忌泯羣誼固而法乃行諸上下之間而不悖諸葛治蜀史稱其開誠心布公道吾以為此其所以能善用法歟不然諸葛夙治申韓法術其治蜀也以嚴厲稱萬民宜嘖有怨言矣乃直戇如馬謖而誅之褊戾如楊儀魏延而用之不聞萬民有異說何也蓋其所以誅者非有所深怒必欲置之死亡也亦曰彼之所為不利吾羣法所宜刑也其所以用者非有所姑息必欲加諸貴顯也亦曰彼之所為利於吾羣法所宜賞也法也者萬民之法執法者即萬民立法之義為一己用法之義斯誠心存乎人公道存乎羣法雖嚴厲而刑者不怨賞者不驚其關係密切有如此矣後世執法者罔識茲義易一己奉羣之義為萬民奉己之私於是有束縛而無感格有隔閡而無通融上有專制之名下有作偽之謗法之所在遂重為世所詬病然亦思立法之源流若何用法之權限若何鑒彼諸葛開誠布公之遺蹟其亦知所取法哉

1903 年，李叔同撰文《开诚布公论》

辛丑北征泪墨

1900 年 6 月，八国联军攻陷天津，生灵涂炭，满目疮痍。当时李叔同的二哥李文熙率家人逃难河南内黄，并处理李家在当地的盐产家业等事务。1901 年正月，李叔同拟赴津后转程豫中看望仲兄李文熙。至天津后，闻时局不稳，土寇蜂起，行人惴惴，世乱道阻，便作罢赴豫之念。在天津小住半月后，复乘轮，归沪上城南草堂。

李叔同此次返津，先是寄居在城东“世进士第”、长芦纲总姚学源家。姚家是李叔同二嫂的娘家，李叔同二哥李文熙娶姚学源长女为妻，是姚家的女婿，因为李、姚两家的这份亲戚关系，李叔同儿时常到姚家私塾听讲，并拜姚家私塾先生赵元礼为师，故姚学源之子姚彤章、姚彤诰昆仲是李叔同少年时的文朋好友，且同为老师赵幼梅门下，加上姚李两家祖上世交甚好，李叔同到了天津便在姚家先作安顿。故友相逢，百感交集，彼此叙旧话新，感春来春去添愁，叹流光易逝催人。津门书家孟广惠后来在其“江南话别酒家春”一诗之跋语中亦曾有文字述及这段往事，“光绪辛丑春日与叔同盘桓多日”，忆彼时交流治印之学，思及种种。

在津期间，李叔同还结交了一些新朋友，如在津红十字会之日人上冈岩太及大野舍吉、神鹤吉、大桥富藏、井上信夫、塚崎饭五郎、稻垣几松等日本友人，李叔同自述与他们相谈契合，并与赵幼梅、王耀忱、大野、上冈等在育婴堂合留影一叶。

此次北上返津，耳目所接，世道离乱，人民哀怨，但见“新鬼故鬼鸣喧哗，野火磷磷树影遮”，李叔同触景生情，将每日见闻感触笔录成篇，书成词章诗句若干。回到沪上城南草堂后，将所记篇章略加修改，四月，编就《辛丑北征泪墨》一册。其中详述在津感触之种种，并将书册装订后寄天津，赠师赵幼梅。赵幼梅随即于四月十九日拟句《辛丑北征泪墨题词》：“神鞭鞭日驹轮驰，昨犹绿发今白须。景光爱惜恒欷歔，矧值红羊遭劫时。与子期年常别离，乱后握手心神怡；又从邮筒寄此词，是泪是墨何淋漓。雨窗展诵涕泗

青年时期李叔同（摄于上海）

垂，檐滴声声如唱随，呜呼吾意俦谁知!”回应李叔同。

辛丑北征泪墨

序

游子无家，朔南驰逐。值兹乱离，弥多感哀。城郭人民，慨怆今昔。耳目所接，辄志简编。零句断章，积焉成帙。重加厘削，定为一卷。不书时日，酬应杂务。百无二三，颜曰：《北征泪墨》，以示不从日记例也。

辛丑初夏，惜霜识于海上李庐。

光绪二十七年春正月，拟赴豫省仲兄。将启行矣，填《南浦月》一阕，海上留别。词云：

杨柳无情，丝丝化作愁千缕。惺忪如许，萦起心头绪。谁道销魂，尽是无凭据。离亭外，一帆风雨，只有人归去。

越数日启行，风平浪静，欣慰殊甚。落日照海，白浪翻银，精采眩目。群鸟翻翼，回翔水面。附海诸岛，若隐若现。是夜梦至家，见老母室人作对泣状，似不胜离别之感者。余亦潸然涕下。比醒时，泪痕已湿枕矣。

途经大沽口，沿岸残垒败灶，不堪极目。《夜泊塘沽》诗云：

杜宇声声归去好，天涯何处无芳草。春来春去奈愁何？流光一霎催人老。

新鬼故鬼鸣喧哗，野火磷磷树影遮。月似解人离别苦，清光减作一钩斜。

晨起登岸，行李冗赘。至则第一次火车已开往矣。欲寻客邸暂驻行踪，而兵燹之后，旧时旅馆率皆颓坏。有新筑草舍三间，无门窗床几，人皆席地坐，杯茶盂馔，都叹缺如。强忍饥渴，兀坐长喟。至日暮，始乘火车赴天津。路途所经，庐舍大半烧毁。抵津城，而城墙已拆去，十无二三矣。侨寄城东姚氏庐，逢旧日诸友人，晋接之余，忽忽然如隔世。唐句云：“乍见翻疑梦，相悲各问年”其此境乎！到津次夜，大风怒吼，金铁皆鸣，愁不成寐，诗云：

世界鱼龙混，天心何不平！岂因时事感，偏作怒号声。烛尽难寻梦，春寒况五更。马嘶残月坠，笳鼓万军营。

居津数日，拟赴豫中。闻土寇蜂起，虎踞海隅，屡伤洋兵，行人惴惴。余自是无赴豫之志矣。小住二旬，仍归棹海上。

天津北城旧地，拆毁甫毕。尘积数寸，风沙漫天，而旷阔逾恒，行道者便之。

晤日本上冈君，名岩太，字白电，别号九十九洋生，赤十字社中人，今在病院。笔谈竟夕，极为契合，蒙勉以“尽忠报国”等语，感愧殊甚。因成七绝一章，以当诗云：

杜宇啼残故国愁，虚名遑敢望千秋。男儿若论收场好，不是将军也断头。

越日，又偕赵幼梅师、大野舍吉君、王君耀忱及上冈君，合拍一照于育婴堂，盖赵师近日执事于其间也。

居津时，日过育婴堂，访赵幼梅师，谈日本人求赵师书者甚多，见予略解分布，亦争以缣素嘱写。颇有应接不暇之势。追忆其姓名，可记者，曰神鹤吉、曰大野舍吉、曰大桥富藏、曰井上信夫、曰上冈岩太，曰塚崎饭五郎、曰稻垣几松。就中大桥君有书名，予乞得数幅。又丐赵师转求千郁治书一联，以千叶君尤负盛名也。海外墨缘，于斯为盛。

北方当仲春天气，犹凝阴积寒。抚事感时，增人烦恼。旅馆无俚。读李后主《浪淘沙》词“帘外雨潺潺，春意阑珊。罗衾不耐五更寒”句，为之怅然久之。既而，风雪交加，严寒砭骨，身着重裘，犹起栗也。《津门清明》诗云：

一杯浊酒过清明，觞断樽前百感生。辜负江南好风景，杏花时节在边城。

世人每好作感时诗文，余雅不喜此事。曾有诗以示津中同人。诗云：

千秋功罪公评在，我本红羊劫外身。自分聪明原有限，羞从事后论旁人。

北地多狂风，今岁益甚。某日夕，有黄云自西北来，忽焉狂风怒号，飞沙迷目。彼苍苍者其亦有所感乎！

二月杪，整装南下，第一夜宿塘沽旅馆。长夜漫漫，孤灯如豆，填《西江月》一阕词云：

残漏惊人梦里，孤灯对景成双。前尘渺渺几思量，只道人归是谎。谁说春宵苦短，算来竟比年长。海风吹起夜潮狂，怎把新愁吹涨。

越日，日夕登轮。诗云：

感慨沧桑变，天边极目时。晚帆轻似箭，落日大如萁。风卷旌旗走，野平车马驰。河山悲故国，不禁泪双垂。

开轮后，入夜管弦嘈杂，突惊幽梦。倚枕静听，音节斐靡，飒飒动人。昔人诗云：“我已三更鸳梦醒，犹闻帘外有笙歌。”不图于今日得之。

舟泊烟台，山势环拱，帆樯云集，海水莹然，作深碧色。往来渔舟，清可见底。登高眺远，幽怀顿开。诗云：

澄澄一水碧琉璃，长鸣海鸟如儿啼。晨日掩山白无色，□□□□青天低。

午后，偕友登烟台岸小憩，归来已日暮。□□□开轮。午餐后，同人又各奏乐器，笙琴笛管，无美不□。迭奏未已，继以清歌。愁人当此，虽可差解寂寥。然河满一声，奈何空唤；适足增我回肠荡气耳。枕上口占一绝，云：

子夜新声碧玉环，可怜肠断念家山。劝君莫把愁颜破，西望长安人未还。

在城南草堂，李叔同于 1900 年、1904 年先后收获了他的两个儿子：李准和李端。母亲、妻儿、挚友伴着李叔同在城南草堂走过了他人生中最快乐的日子。

这样的快乐一直延续到 1905 年 3 月 10 日（农历二月初五）李叔同的母亲王太夫人离世时止。随后，李叔同告别上海，携眷扶柩回到天津，在为母亲办完丧礼后，8 月又离别祖国，踏上了东渡日本的留学之路。

1914 年 7 月，李叔同在浙一师任教时与昔日好友许幻园聚首杭州时曾言：“回忆曩日，家庭之乐，唱和之雅，恍惚殆若隔世矣。”直到晚年，当李叔同回忆起城南草堂的这段经历，依旧不无感慨地说，在城南草堂的这六年，是他在红尘俗世中最幸福的时光，此后就是不断的悲哀与忧愁，一直到出家。李叔同当时有一首小词《清平乐赠许幻园》：“城南小住。情适闲居赋。文采风流合倾慕。闭户著书自足。阳春常驻山家。金樽酒进胡麻。篱畔菊花未老，岭头又放梅花。”这些文字应该是李叔同在城南草堂这段时间真实心情之准确写照吧。

寻　踪

清晰了李叔同寄居城南草堂的时间，再对城南草堂的地理位置作一番考证。关于城南草堂的地址，现存文献有袁希濂“青龙桥城南草堂”之说，也有丰子恺回忆“大南门金洞桥畔”城南草堂之说，袁希濂是当事者，丰子恺也曾在弘一大师陪同下一起寻访过城南草堂旧址，故两位的记述皆当准确无误，当今各种著述亦皆以此两种叙述为例，屡见引用，而未见有更详尽介绍者。

《中外日报》线索

那么，关于城南草堂是否还有更详细的住址信息呢？笔者在上海图书馆近代文献资料库中查得 1899 年 5 月 29 日《中外日报》，报上刊有灵鹣阁主江标所撰宣传告白一则，题为《城南草堂书画》，赞誉许幻园、宋梦仙夫妇诗书画三绝，并介绍润例广而告之，文中所记城南草堂地址比袁希濂、丰子恺所述更为详细：“现寓上海小南门外青龙桥南堍许公馆”及该报 8 月多期同题中告示的“现寓上海小南门外青龙桥南首许公馆”。从中我们可以获得城南草堂最详细位置的三个关键词：小南门外，青龙桥，南首。

城南草堂书画

云间许幻园，司马彀园先生高足弟子也。有诗书画三绝之誉，德配宋梦仙女士，能作墨兰草虫，颇为诸名公所赏，两美既合，一时艳称，求书求画踵于其门。为定价如左：楷书执摺扇兼画一元，正草隶篆并泥金加倍，匾额堂幅屏条楹联另有润格。女士书画照上加倍。现寓上海小南门外青龙桥南首许公馆，又英大马路一言堂笺扇店及城内彩衣街永生祥笺扇店俱可代收。约半月取件，另加磨墨费一成。

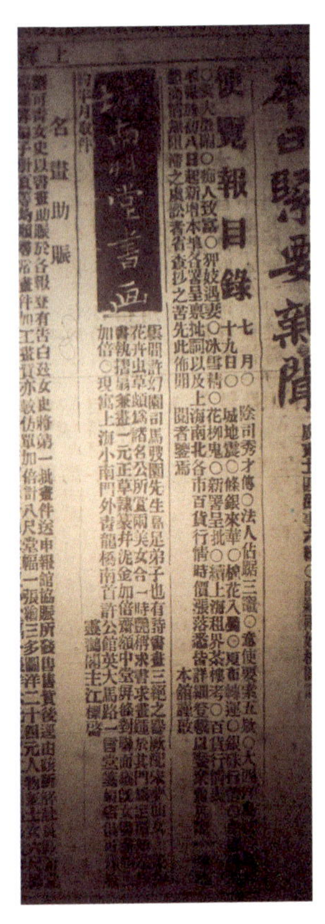

1899 年 5 月 29 日《中外日报》刊《城南草堂书画》

沪上史料寻踪

翻阅上海清末史料，19 世纪末，整个上海分为南市、闸北、江湾、吴淞、租界五个主要区域。南市是华界的商业中心，包括上海的老城厢和十六铺以南地带，东南与黄浦江相邻，西北与法租界相接。而李叔同迁居城南草堂的 1900 年，当时南市老城厢之城墙共有七座城门，分别是：朝宗门（大东门）、玉带门（小东门）、朝阳门（小南门）、跨龙门（大南门）、仪凤门（西门）、晏海门（北门）和障川门（新北门），小南门在大南门的东侧。

从《中外日报》上所刊“小南门外青龙桥南首许公馆”之“小南门外”的“外”字来分析，城南草堂应该不在城内，而在朝阳门外，因小南门和大南门彼此相邻不远，故亦有丰子恺之“大南门外”一说，方位都是对的，但

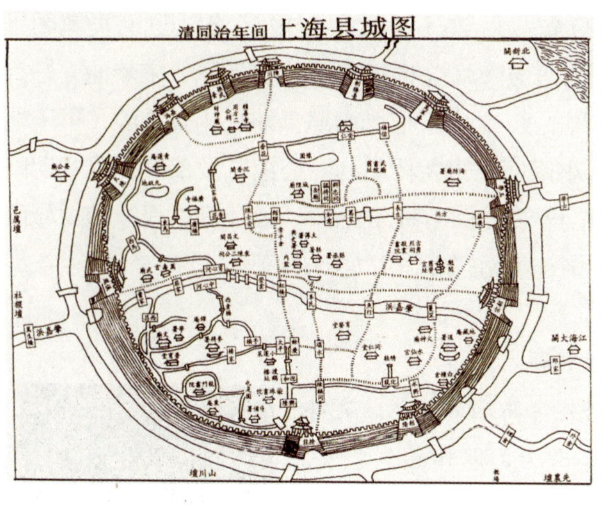

清同治年间上海县城图

以“小南门外”的表述更为准确。

清朝的上海老城厢水系相当丰富，浜多，桥多。有薛家浜、乔家浜、肇嘉浜、方浜、侯家浜、中心河等，而城南的主要水道乔家浜，其水源就得自于城外流经城南草堂边上的薛家浜水系。笔者在综合了清同治、光绪上海南市老城厢地图后，晓知薛家浜上诸桥之详细架况，自小南门（朝阳门）外，沿经薛家浜并横跨其上，距城门由近渐远的各座桥依次有小闸桥、里仓桥、外仓桥、小普陀桥、青龙金带桥、求新桥、马路桥、外薛家浜桥等。

至此，可以确定城南草堂的位置，应是在上海老城厢小南门（朝阳门）外、横跨薛家浜上的第五座桥——青龙金带桥之南首。

《图画日报》探迹

在对青龙金带桥资料挖掘过程中，笔者注意到环球社 1909 年 8 月16 日创刊于上海的《图画日报》。该画报每日一刊，每期 12页，分 12 个栏目，油光纸石印，前后共出版 404 期，是中国近代出版史上第一份日刊类画报，其善本现珍藏于上海图书馆。

《图画日报》曾连载《营业写真——三百六十行》《上海曲院之现象》《上海著名商场》《上海之建筑》等专题栏目，内容贴近生活，尤其是建筑类图画，风格写实，每幅还配有文字介绍，具有很高的史料价值。在一一翻阅了该报介绍清末沪上名胜古迹的《上海之建筑》栏目后，很幸运在《图画日报》第 61 号第 2 页上收获一幅描绘“青龙金带桥”旧貌时景的画，画面上虹桥跨流水，垂柳伴屋舍，俨然一幅城南草堂景致图，图之上方还有题跋：“青龙金带桥，一名青龙桥，在沪南薛家浜口，故亦名薛家浜桥。邑人葛成琪曾修之。沪地城厢内外各桥，名类俱二三字，其多至四字，如红阑干桥、穿心湖桥者，已不多见。故有四字、六字桥之谚。若五字桥名，则惟此一条。且沪南各桥，近因各处开辟马路，拆平者多。此桥犹石级巍巍，旧观未改。殊令过其地者，神往于当年建筑之工也。”

《图画日报》刊青龙金带桥

此图画为今人了解和研究当年李叔同所寄居之城南草堂的地理环境提供了直观、形象的信息，甚有参考价值。加上许氏《城南草堂笔记·卷上》所描述之“出户不数武，有桥曰青龙桥。烟波十里，风帆往来，颇得林泉风景”，城南草堂景致晓之一斑。

弘一法师自述

李叔同除了光绪年间六载勾留在草堂，民国期间也曾数度故地重访，追昔抚今。李叔同任职于杭州浙一师时，周末常常返沪看望在沪之日籍夫人，1914 年春返沪时，就曾旧地重游走访过城南草堂，我们从这一年 7 月李叔同在为许幻园夫人宋梦仙遗画题词时留下“今春余过城南草堂旧址，楼台杨柳，大半荒芜矣！”“人生如梦耳，哀乐到心头。洒剩两行泪，吟成一夕秋。慈云渺天末，明月下南楼。寿世无长物，丹青片羽留”的文字中，可以读到重访草堂后对世事无常的无限慨叹和送别友人的惆怅和忧伤。

1926 年，弘一法师与弘伞法师赴江西庐山金光明法会，道经上海，因等江西来信后再决定起身的日子，便驻锡在离青龙桥很近的小南门灵山寺。其时，大师应上海世界佛教居士林王一亭等之请，为信众开示《在家律要》，其内容后来刊登在 1927 年 4 月的第 17 期《世界佛教居士林林刊》上。又听说天台兴慈法师弘法讲经的超尘精舍就在小南门附近，适客居无事，弘一法师便一个人去寻访精舍。

说起超尘精舍，今人知之甚少，但若说法藏讲寺，不知者就不多了，如

今上海四大丛林之一法藏讲寺的缘起前身其实就是超尘精舍。

兴慈法师，天台宗第41代传人，1918年，兴慈法师应哈同夫妇之请，离开天台山中方广寺，来到上海哈同夫妇的私家园林爱俪园，讲授《天台四教义集注》。时有沪上沈映泉居士，听讲后深为感动，特在小南门青龙桥选舍修葺，取名超尘精舍，迎请兴慈法师留住精舍，讲经弘法，主持青年僧伽教育，培育弘扬天台教义的僧才。一时，四方信众闻讯纷至沓来，历经数年，终成气候。但因精舍屋狭，不能容众，便由海上王一亭等发起募捐，于1924年春，在吉安路购得土地5亩余，历经5年，建成现今上海唯一的天台宗道场——法藏讲寺。该寺现址在卢湾区吉安路271号。

1928年第89期《大云》之“附录”章中《法藏讲寺听经絮语》一文亦有记：“不亲与兴慈法师謦欬者垂十载，师天台产，时方主教青龙桥超尘精舍，朴讷不华，潜心经典……嗣赖诸大护法力，别建法藏讲寺于法新租界茄勒路。”而茄勒路就是现在的吉安路。

弘一大师在小南门遍寻超尘精舍不着，便改道重访城南草堂故地。有道是有心栽花花不开，无意插柳柳成荫，在城南草堂的门外却看到了超尘精舍的匾额，原来那超尘精舍就设在城南草堂。

重访草堂后的第二天，弘一大师去看望他的学生丰子恺，说起这段事，他兴奋地说：“这是很好的小说题材！我没有空来记录，你们可采作材料呢。”那房子“装修一如旧时，不过换了洋式的窗户与栏杆，加了新漆，墙上添了些许花墙洞。从前他母亲所居的房间，现在已供着佛像，有僧人在那里做课了。近旁的风物也变换，浜已没有，相当于浜处有一条新筑的马路，桥也没有，树也没有了”，连称：“真是奇缘！那时候我真有无穷的感触啊！”并约上丰子恺次日再去城南草堂。

丰子恺回忆

1926年8月4日，丰子恺在桐乡石门用《法味》一文记录下了这次寻访，以及弘一大师口述回忆的城南草堂和丰子恺所看到的城南草堂：

“他说那房子旁边有小浜，跨浜有苔痕苍古的金洞桥，桥畔立着两株两抱大的柳树……。自从他母亲去世，他抛弃了城南草堂而去国以后，许家的家运不久也衰沉，后来这房子也就换了主人。□年之前，他曾经走访这故居，屋外小浜、桥、树，依然如故，屋内除了墙门上的黄漆改为黑漆以外，装修布置亦均如旧时，不过改换了屋主而已……过了一会，他就换上草鞋，一手夹了照例的一个灰色的小手巾包，一手拿了一顶两只角已经脱落的蝙蝠伞，陪我们看城南草堂去。走到了那地方，他一一指示我们。那里是浜，那里是桥、树，那里是他当时进出惯走的路。走进超尘精舍，我看见屋是五开间的，建筑总算考究，天井虽不大，然五间共通，尚不窄仄，可够住两分人家。他又一一指示我们，说：这是公共客堂，这是他的书房，这是他的私人会客室，这楼上是他母亲的住室，这是挂‘城南草堂’的匾额的地方。”

吕伯攸记文

在读了丰子恺的《法味》后，吕伯攸随即写了《再记李叔同先生》，发表在 1927 年第 15 卷第 5 期的《小说世界》上，呼应和补充丰子恺的回忆：“等他由日本回来，许家早已门庭衰落；屋子也换了主人。那时他曾走访过故居，据说，那屋子旁边的小浜，那苔痕斑驳的金洞桥，一切都依旧，不过在墙门上换了一种髹漆罢了。今年——民国十五年——夏天，他因事到上海来，顺便想去访问一处讲经的地方，叫作‘超尘精舍’的，于是，他又跑到大南门去了。可是，找寻了许久，总找不到‘超尘精舍’。结果，他只得改道去看看他的故居城南草堂。那知他刚走到城南草堂门口，就瞥见高高挂着的一块横匾，很显明地标着‘超尘精舍’四个字。这真是奇缘啊！不过，旧时的小浜，已填成马路了，桥也拆去了，树也砍伐了。谁料到他的故居，也和他一样地皈依净业了。”

姜丹书叙闻

而与李叔同在浙一师共事七年的同事好友姜丹书，于 1937 年也曾写过《弘一律师小传》一文，刊登在《觉音》（第 20、21 合刊）上，其中也有一段与城南草堂相关的文字：“尝闻丰子恺言，民十七八间，上人暂居其瀛寓，偶话旧，忽欲寻访‘城南草堂’，子恺随行；至则故居犹存，而主人已易，草堂改为精舍；入则大恸今昔之悲，顿向佛座五体投地，叩头如捣蒜，肃穆之容，万籁为寂。凄凉之气，四壁寖寒。我佛有灵，当亦同下伤心之泪矣！既知屋已易人，乃求故主何在？心诚求之，其人斯得，嗟夫苍天！畴者慷慨好义之文坛盟主许幻园者，头已白，耳已聋，为人佣书，藉易升斗，以维生活。相接之下，又复大怆，久之，始破涕为笑，追叙前尘，恍如痴人说梦，此情

此景，陪坐之子恺，亦不禁涕之沾髯也！”姜丹书所记时间未必精确，然其事当是不虚。丰子恺、吕伯攸、姜丹书之叙述，为我们提供了城南草堂更多的信息，丰富了我们对草堂的认识和想象。

走近薛家浜路

城南草堂所在的老城厢南市一带现在属黄浦区行政区域内。带着寻找旧日草堂遗迹的冲动和不安，笔者走进昔日的老城厢，去感受李叔同曾经的岁月和岁月消逝留下的斑驳痕迹。冲动是因为听说那里的旧城虽正在改造，但许多老屋尚存，今日的沧桑旧迹，或许明天就成了不再的历史回忆，时间的紧迫让笔者频生寻访的冲动；不安是因为百年的历史变迁，风云变幻，旧居安在？遗址存否？这些始终困扰笔者，成心头挥之不去的忐忑。

再者，2010 年笔者与许幻园儿媳、著名魔术表演艺术家邓凤鸣老师相识，并结识许幻园孙子许超老师，交谈中许氏母子亦以寻访城南草堂一事相嘱托，故更当精进寻访考证。

在四号地铁线南浦大桥站下，沿着中山南路步行不久，便在现代化的大桥和林立高楼丛中找到了破旧的薛家浜路，两侧成片的棚户大都居住着全国各地来沪打工的小商小贩，路旁摆满各式小摊，有卖瓜果蔬菜的、日用百货的、小吃点心的，乱糟糟中倒也透露着热闹的市井生活气息。两边写满“拆”字的栉比旧屋中，偶尔也会夹带着有几幢略显洋气的石库门建筑，看着眼前已拆的废墟、正拆的残垣和将拆未拆的老屋，背景是一幢幢新建的摩天大楼，感觉时空在这个结点上穿梭着把历史重叠并缠绕在了一起，平生些许恍惚。

循着弯弯曲曲的薛家浜路，先找到位于薛家浜路上的黄浦区小东门街道

薛家浜路

薛家浜路街景

青龙桥居委会，说明来意，但工作人员都是年轻人，对所问历史言之不晓，这也在意料之中。又在居委会干部陪同下采访了几位长者，因都不是原住民，故问之也都不甚了了。

寻找青龙桥街

百年前的城墙、古桥、河浜都早已灰飞不再，但好在许多旧路老街今天依旧还在，不仅还在，而且许多旧式的路名街名还被沿用着，在上海城市的生命中传承不替，未曾湮灭。宝带弄、跨龙路、尚文路、仪凤路、福佑路、青龙桥街、大水桥弄、鸡毛弄、小普陀街、芦席街、陆家浜路、外仓桥街、里仓桥街、方浜路、小石桥街，诸此等等，在旧上海史料中常常读到的这些文字，在这里比比皆是，它们承载着数百年上海的历史，似乎已被默化为一种文化符号，依旧伴随着一代代上海人，穿梭在现今的生活里，扎根在人们的记忆中。一路上又请教了几位在冬日下晒着太阳的老人，虽对城南草堂和青龙桥皆无所知，但提供了青龙桥街的准确位置，按所指路线，终于找到了横跨在薛家浜路上的青龙桥街。

青龙桥街北段

薛家浜路和青龙桥街相交处

青龙桥街与薛家浜路相交成十字街口，薛家浜路将青龙桥街一断为二，分成南北两段。北段路：路之两侧，一边是青龙桥街 7 号 ~ 49 号；另一边则已被拆为平地；青龙桥街北端与芦席街相交成丁字路，不知道为什么，青龙桥街最北端是从 7 号开始的，并没有 1 号 ~ 6 号；南段路：路之两侧，一边是青龙桥街 75 号 ~ 103 号，另一边是青龙桥街 76 号 ~ 100 号，青龙桥街的最南端与多稼路相交，并与多稼路 215 号、217 号相邻。

走访原住民

在青龙桥街访问了几位正在聊天的老者，其中有一位居住在青龙桥北街年过八旬的原住民王老先生，其回忆道，早年听他的长辈们说现在的薛家浜路就是以前的一条水道，清末薛家浜填浜后便修筑成了现在的薛家浜路，而以前横跨薛家浜上的青龙桥，也因浜填成路而被拆，桥拆除后就在桥所在的位置修筑了这条青龙桥街，并将青龙桥南面一段路称为青龙桥南街，青龙桥北面一段路称为青龙桥北街。此说与《南市区志》中所记“民国元年填薛家浜筑薛家浜路”相符。而《中外日报》上记述的“青龙桥南首”应该就是现在的青龙桥街南街的位置了。现在的青龙桥街南街，我们还可以看到保存不错的如 76 号、90 号、100 号等石库门老房子。

观察青龙桥街 76 号和 90 号石库门建筑形制，其石库门之门柱、门楣、门券、山花雕饰图案等诸种建筑元素，都系欧式西洋风格，采用了三角形、圆弧形、长方形等西方建筑中常用的几何图案，石库门两边门框也运用了西方古典壁柱式建筑结构，从石库门外观和建筑石材的运

在青龙桥街采访原住民

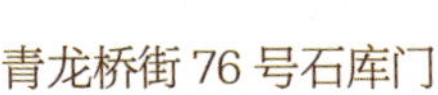
青龙桥街 76 号石库门

青龙桥街 90 号

用上，体现出 20 世纪一二十年代兴起的更趋西方化的新式石库门建筑风格。而许氏城南草堂则建于 19 世纪末，其时所筑石库门建筑大门外立面尚无此繁复西构，故这两处宅院可排除许宅之可能。

青龙桥街 100 号

再看青龙桥街 100 号，此石库门系条石门框，两扇黑漆大门面西而开，大门正对着窄窄的鸡毛弄，为避路冲，所以在大门旁可以看到靠墙竖着一块辟邪的“石敢当”石碑。因现在地面加高的缘故，石碑被埋了一大半，只露出一个八卦图和一个石字，但依旧执着地坚守在门旁路口。石库门的上方是一块阳文石雕门匾，颜其额曰：高阳世泽。

高阳！精神蓦然为之一震，那不就是许姓的郡望堂号吗？查阅中国姓氏起源，许氏出自姜姓，是炎帝神农氏的后裔，周成王时，大规模分封诸侯，其中商的旧地也分封了一些姬姓诸侯国和姜姓诸侯国，许国就是被周分封的姜姓诸侯国之一，其始祖为文叔，也称许文叔。春秋时，许国成为楚国的附庸，战国初为楚国所灭。许国亡国后，以国为氏，称许氏；又传因尧舜时代贤者许由而得姓，而许由又早许文叔 1100 余年，且一脉相承，故又有以许由为始祖。公元前 481 年许国为楚所灭后，其子孙分迁汝南（现河南）、高阳（现河北）等地，汝南郡和高阳郡后来也就成了许姓最主要的两个郡望，并以此向全国各地辐射，故许氏若溯其宗，一大主脉出于高阳，许姓族人亦常自称高阳后人。许姓的主要堂号有汝南堂、高阳堂等。现在海内外各地许氏宗亲常用的许姓堂联则有：“高阳世泽，洛水家声”“太岳家声远，高阳世泽长”“高阳世泽长，金石家声远”“高阳世泽传千古，尚书家声日月长”“绪承太岳源流远，派衍高阳世泽长”等，横批多用“高

青龙桥街 100 号路旁被埋了半截的石敢当

青龙桥街 100 号堂号高阳世泽

阳世家”“高阳旧家”“派衍高阳”等，浙江天台义里、水南等许氏大宗也都以高阳后人自称，许亦江所著《浙江省姓氏志·水南许氏》中有记。而青龙桥街100号石库门门额上的“高阳世泽”四字，不就清楚地交代了宅主许氏族人的身份吗！况且此处位置又与城南草堂之“小南门外青龙桥南首”相符。

这座外墙已被水泥灰沙粉刷得看不出岁月沧桑痕迹的建筑，就是百年来世人苦苦寻之不着的城南草堂吗？因地步较窄，为了看清建筑全景轮廓，便退后数步，站在鸡毛弄观青龙桥街100号全貌。但见整个建筑群为二层楼形制，侧立面山墙从北至南依次为半坡顶——硬山顶——半坡顶——硬山顶——半坡顶，开阔共有五间，石库门则位于居中之半坡顶立面的位置。

青龙桥街100号外观

拿出随身携带着的卷尺丈量，整个山墙立面宽约20米，至山脊高约8米，进深约12米，若以面西而开之黑漆石库门为轴线的话，则刚好将整个建筑群划为南北前后结构对称、形制相同之两部分建筑。

石库门条石门框宽1.5米，高约3.5米，“高阳世泽”门额宽约1.2米，高约0.3米。推开黑漆大门，进去便是一横长天井，围合成长5米，深3米的天井空间；

青龙桥街100号天井

以天井为中心，南北各一结构相同之单元建筑，楼下中间是客厅，宽5米，破旧的落地长窗和被踩磨成月牙形的门槛都还残存着，左右是厢房，客堂后面是通往二楼的木楼梯，再往后又是一小天井和厨房、杂屋等附属用房。简约而不张扬，封闭且又对称，外立面没有后期石库门经常运用的那种西洋线条和图案元素，属典型的早期中国传统风格石库门形制。

这一切，既与城南草堂建筑年代相符，也与丰子恺在《法味》中讲述当年跟随弘一大师寻访城地草堂时，“我看见屋是五开间的，建筑总算讲究，天井虽不大，然五间共通，尚不窄仄，可够住两分人家。他又一一指示我们，说：这是公共客堂，这是他底书房，这是他私人的会客室，这楼上是他母亲的住室”“屋内墙门上的黄漆改成了黑漆”的景象契合不二。

青龙桥街 100号石库门内现大多住着外地的租房客，建筑早已被隔断成一个个居家的小单元，有的成了棋牌室和制衣的小作坊、工场间，共有 17 户人家挤在一起，显得甚是杂乱，对这座房子的历史他们自然是无从知晓了。

攀谈间得知，这里还住着一户本地的老太太，可刚好不在家，出去了。于是先找了几户居住在附近的上海本地居民聊谈了起来，跟他们说起了许家和李叔同，可大都也不甚了了，说到了边上 76 号、90 号的石库门房子，都说那两幢石库门有明显的西洋风，从年代上看应该比 100 号更年轻。

张兰云老人叙述

在彼此交谈中等来了居住在青龙桥街 100 号的阿婆。阿婆姓张，名兰云，今年 83 岁，老人身体非常健康硬朗，里里外外都能一个人自理。张阿婆自年轻时嫁到住在这石库门里的蔡家，这一住就住了整整六十多年。说起这幢房子的东家，张阿婆讲：“这房子可是有年代了，比隔壁的西洋石库门都要老，房子的格局没有变，只是里面被隔得乱七八糟不像样了；我老公家姓蔡，我住进来时，这里没有其他住户，安静宽敞得很。听老辈们讲，这房子的东家姓许，许家自己不住在这里，也是租出去了，听老辈们说以前许家人来收过房租，解放后到 1958 年房子就都充公了。”

采访青龙桥街 100 号张兰云老人

张兰云老人的回忆，证实了我先前对“高阳世泽”是许家的判断，再次为城南草堂的考证提供了佐证。故现今之青龙桥街 100 号，无疑即当年许幻园、李叔同两家居住之城南草堂，应作如是观。而许幻园迁出城南草堂后，则移居至小南门外南张家弄西口及英大马路（南京路）南香粉弄 69 号，1915 年 5 月 26 日许幻园在粤华园宴请严修后，李叔同津门好友严修在当天的日记中有记。

查阅建筑档案

为了确保调研信息有效可靠，本人又与薛家浜路、青龙桥街所在之黄浦区公安局、建设局、档案局、居委会等部门联系问询，寻求此处老房子的原始房产登记资料信息。几经辗转，得知地处西钩玉弄的上海南外滩物业管理有限公司保存着青龙桥片区的老房子原始资料。遂又赶往沪上，一路寻找，终于在西钩玉弄 68 号找到了南外滩物业公司。在向工作人员反复说明来意后，诚请协助，希望得到查阅档案资料之方便。其过程虽颇多周折辛苦，耗费心力，但结果还算圆满。档案室原始资料印证了青龙桥街 100 号二层建筑系清末旧构，1958 年 8 月收归国有，且数十年来，所住居民对此宅院屡做隔断、涂刷、开窗、增户等皆有记录。

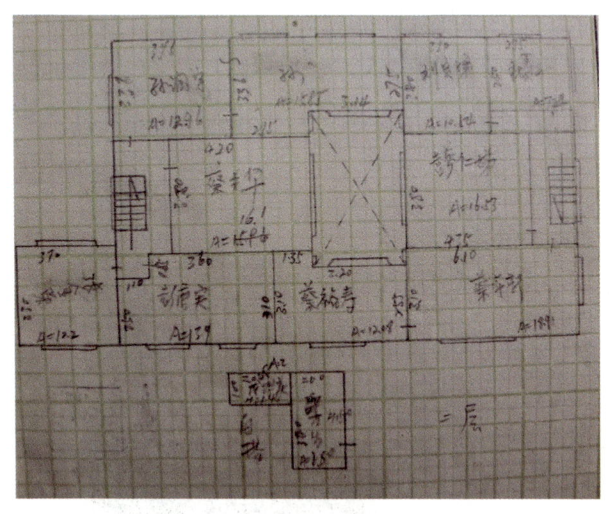

青龙桥街 100 号建筑档案

夏阿婆叙述

而兴慈法师虽自 20 世纪 20 年代末将超尘精舍从青龙桥城南草堂迁出，然香火绵延未熄。笔者在青龙桥街 100 号许宅南面的青龙桥后街 24 弄寻访到一位原住民夏阿婆，夏阿婆今年 90 岁，出生在青龙桥后街，并一直在此生活。据其回忆，民国时青龙桥街原有一座念佛堂，以后怎么没有了就记不得了，后来附近居民又在现在青龙桥后街 24 弄的位置自发搭建了一座屋子，里面供奉着菩萨，附近的居民都在这里烧香，新中国成立后拆拆改改就没了。夏阿婆还指着 24 弄一位居民家的厨房说，那就是当时残存下的老房子。顺着老人手指的方向望去，是一间低矮破旧的砖屋，透过驳落的白粉墙，旧墙的黄色底子还能隐约可见。据此分析，夏阿婆回忆的念佛堂应该就是兴慈法师在城南草堂办的超尘精舍了，而随着兴慈法师移锡法藏讲寺，超尘精舍便退出了城南草堂。

青龙桥街原来的念佛堂，白粉脱落后，泛出旧有的黄色墙面

采访 90 岁的夏阿婆

前尘旧影

在青龙桥街附近还保存着大水桥弄、青龙桥后街、鸡毛弄等老街旧弄。走不远，还可以看到小普陀街，当年李叔同参加沪学会，这里就曾穿梭过他意气风发的身影。沪学会是清末上海教育家叶永鋆、叶永锡于 1902 年发起，于上海县城内俞家弄宅，联络同志，研究学术。后因小南门外普陀禅寺有余屋若干，便迁至其中，设立会所，1904 年定名为沪学会，附设义务小学、体育会及各学科补习夜课，1906 年移至城外赵家湾，1908 年与教育研究会合为县教育会。1902 年 11 月 16 日，南洋公学学生因不满学校当局的压制，发生学生罢课风潮，全体学生二百余人毅然退学，时为南洋公学特班学子的李叔同和特班同学们也弃校而去，李叔同又回到了妻儿和母亲寓居的城南草堂。1904 年，李叔同与黄炎培、穆藕初等先进，成沪学会之中坚，倡新学新知，移风易俗，开演讲会，办补习班，创义务小学，实践戏剧、音乐之新风。其时，沪学会之会所即在小普陀街附近，离李叔同寓居的青龙桥之城南草堂

不过百余米。

探旧上海文史，就在城南草堂所在的青龙桥畔，还曾留下过“礼拜六”鸳鸯蝴蝶的片羽风痕呢。曾主编《沪江月》《横行报》，发表《绿窗泼墨》《枕绿小说集》等作品的该派主要作者张枕绿，于1922年4月至5月就曾在小南门外青龙桥1号主办良辰好友社，主编四开四版《良辰》文艺周刊，为本已承载了许多故事的青龙桥又添上一笔人文色彩。

小　结

至此，可以作出如下结论：1900年初夏至1905年夏，李叔同所寄居的“小南门外青龙桥南首”城南草堂许公馆，其原始位置是在上海老城厢小南门外薛家浜与青龙桥相交会处的桥之南堍；1912年薛家浜填浜筑路，将原浜水道填筑成了薛家浜路，现在薛家浜路的沿路走向，实是以前浜河的水路；而原本横跨薛家浜上的青龙桥在填浜后也被拆除，并在青龙桥所在的位置修筑了青龙桥街，青龙桥街又被薛家浜路划分为南北两段。故若按现在的地标，城南草堂的具体位置应该在黄浦区薛家浜路与青龙桥街交会的青龙桥街南段之青龙桥街100号。1900年春至1905年夏，李叔同在这里留下了他生命中最快乐的时光。

春秋代序，19世纪的青龙桥我们已无缘再见，今天的城南草堂历经近百二十年累易其主的搭建和改造，也早已破败成聚户群居的72家房客之所，没了昔日盛时之风华绝黛。

看着阳光洒在老宅身上的影子渐渐移动着，徘徊久久，不忍离去。时光在肆意地流淌，面对这座曾经承载过李叔同激扬文字、指点江山、放飞青春梦想的百年老宅，我不知道它还能这般静静地在此伫立多久，它的前世记忆还能延续几时。

此刻，耳畔和脑际充斥着李叔同《送别》的旋律，此起彼伏。无奈和凄美浸透了我的情绪，眼前的这一幢隐匿在喧嚣都市中已不起眼的许家老宅——城南草堂，勾起了太多的联想，不禁潸然，感岁月之不居，慨世事之无常。

随着上海市旧城改造速度的加快和城市现代化建设步伐的推进，今天的许家老宅、青龙桥街、薛家浜路，抑或明天都将灰飞不再，愿今日之调研考证，可以为明天之研究提供更多的资料实证和信息参考。

第三章
英徐家汇路南洋公学上院三楼特班宿舍

1901年至1902年，李叔同就读于徐家汇的南洋公学特班，其间，妻儿和母亲仍寓居城南草堂，而自己则从城南草堂搬到了学校的学生宿舍——南洋公学上院特班单人宿舍，与同学共住校内。

事　迹

南洋公学择地徐家汇

清朝时的徐家汇，其位置相当于现在的广元路以南、蒲汇塘路以北、徐虹北路以东、宛平路以西所围合之区域。因晚明文渊阁大学士、礼部尚书徐光启曾在此建农庄别业，去世后又安葬于此，其后裔便在此繁衍生息，故初其名曰“徐家厍”，因地处肇嘉浜、蒲汇塘与法华泾三水汇合处，后又得名“徐家汇”。

19世纪中叶，因清廷对西教的放宽和解禁，使得世代笃信天主教的徐光启后裔居住地徐家汇成了天主教在华信徒的聚会中心，法国天主教耶稣会江南教区便择地徐家汇建造耶稣会会院，徐家汇地区因之成为上海天主教教务中心和西方文化输入的重要窗口。

此后，一批以文传道的耶稣会会士相率入境，兴建教堂，创办学校，传播西方宗教文化，在徐家汇周围先后建立了数十所宗教性事业机构，包括教会办事机构、教育事业机构、文化科技医疗机构和社会慈善事业机构等。

在此背景下，道光二十七年（1847），中国第一所教会图书馆——徐家汇天主堂藏书楼；道光三十年（1850），上海第一所教会中学——圣依纳爵

南洋公学校门

公学（今徐汇中学）；咸丰元年（1851），中国第一座西方建筑式样的教堂——徐家汇旧天主堂，1910 年建成徐家汇新天主教堂；同治三年（1864），沪上第一座孤儿院——土山湾孤儿院、育婴堂、工艺院、印书馆；同治七年（1868），上海第一所博物馆——徐家汇博物院（今漕溪北路 240 号）；同治十一年（1872），我国第一座正式命名的天文台——徐家汇天文台（今蒲西路 221 号）；还有诸如震旦学院（今上海第二医科大学）、崇德女校（后改名为徐汇女中）、启明女中等一大批文化教育设施相继应运而生。李叔同曾经就读的南洋公学也于 1896 年在徐家汇择地创办。

公学设特班

南洋公学是由清末著名实业家、教育家盛宣怀创办，当时占地 120 亩，因经费来自招商、电报两局捐款，故名为“公学”，是一所我国最早兼有师范、小学、中学、大学等完整教育体制的学校。校分四院，即师范院、外院、中院和上院，其中的师范院是我国近代最早的新型师范学校；外院即附属小学，是师范院学生实习之所；中院相当于中学，上院相当于大学。外、中、上院学期各 4 年，学制相衔。

1901 年春，公学总理张元济奉盛宣怀之意，递《请设特班呈文》：“去岁变法，治下人心奋起，海内明达之士必多有志西学，亟宜于南洋公学设特班，以待成材之彦。他日学成，可备朝廷器使等因”“兹奉钧谕增设特班，广招隽出之材，俾跻大成之域”，拟在公学内设立特班，专门学习中西政治、文学、法律、道德等科，顺应清廷变法，诏开经济特科之形势，以储应选经济特科之才；并亲自起草了《南洋公学特班章程》十条，第一条云：“于上院之外，特设一班，以待成材之彦之有志西学。此名曰‘南洋公学特班’。”4 月 13 日，盛宣怀批复南洋公学设立特班：“据呈遵饬于南洋公学添设特班，专收学生淹通、年力强健各生肄业西学，并酌拟办法章程十条……查核所拟章程尚属妥协，应准如请，以学生三十名为额，以西学功课为重，功课分前后两期，各限三年卒业，岁需奖赏伙食一切经费洋二千元，即就南洋公学捐款内随时均拨。”要求特班所取学生“必须品学合格，为将来造就帧干大才之用”，并指示“先行登列各报，于四月内报名”，备选聘请蔡元培为主任教员，王丹瑶任监督及师范生赵从蕃为教员，地点是借用上院余房。

1901 年 5 月 1 日起，《中外日报》连续两月刊出五十多期南洋公学增设特班之招生广告，“本公学现在增设特班，专教成材之彦，各省学识淹通之士，无论有无出身，会习西文与否，均可觅具保人，赴本公学报名，限四月内截止。届时由督办轮船电报两局盛丞堂示告试期，惟素有嗜好或性喜便逸或须料理家事者幸勿枉临。一切规约，照原设师范班优待之例，惟不给膏火，一切购买书笔纸墨悉由自备。功课分初级、高等两课，初级：英文、算学、格致、化学；高等：地学、史学、政治、理财、名学，各学三年卒业，告假、退学均有限制，别具详细章程，可向本公学索阅”，在全国广招学子，以应经济特科之选，培储国家栋梁之材。

7 月，盛宣怀又行文照会公学新任总理沈曾植，再次强调特班办学宗旨：“系为应经济特科之选，以储国家栋梁之材。故宜专致政学，不必兼涉学艺，尤宜讲求中西贯通，希合公理之学，不可偏蹈新奇乖僻，混入异端之学。”

南洋公學招考特班

1901 年 5 月，沪上《中外日报》刊登南洋公学招考特班广告

师从蔡元培

渴求兴国安邦之道的李叔同闻招生讯后，即以浙江平湖李广平之名报考，并以总分第 12 名的成绩成为特班学子之一，师从蔡元培先生，并成其得意门生。蔡元培在《记三十六年以前之南洋公学特班》中引用特班学生彭清鹏所述，追忆前尘旧事：“招考两次，每次各取二十人，初试在南洋公学，复试在盛宅。所试皆国文，复试题为《明夏良胜中庸衍义书后》及《请建陪都议》。与试者大都不知第一题之出处，由督试员检示四库全书提要，乃勉强完卷。开学以后，陆续报到者三十八人，均寄宿校中。”

1901 年 9 月 13 日是特班的开学之日，蔡元培在当日的日记中写道：

“南洋公学特班生开学，见延为教习，今日到学。”蔡元培任教特班期间，在教学上创新方法，亲自为特班学生拟列了修学门类和学习书目，提倡以自学为主，培养学生自习和独立思考的能力，按期作业，授之以渔。

所学之课程

特班的功课其时分前后两期，前期为初级功课，后期为高等功课，有伦理、政理、政治史、理财、法律、地理、哲学、博物、卫生、文词学、算学(数学、代数、几何、平三角)、化学、外国语（英文、日文、拉丁文）等课程。

青年李叔同

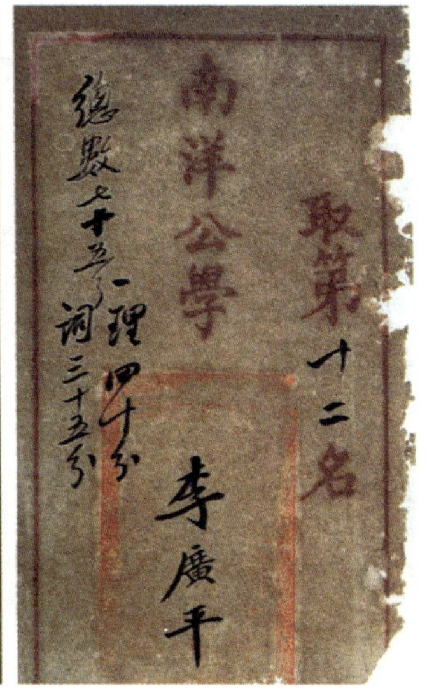

李叔同以第 12 名的成绩考入南洋公学

蔡元培根据特班办学宗旨，为特班生拟定学习方法。每天上午八点钟至中午十一点半，下午一点钟至四点半，共七小时课内学习，其中 3 小时课编纂，3 小时课讲义和 1 小时修辞之学。课外可随各人兴趣和爱好自学各科，学习后撰写学习心得札记，每篇心得的内容要求包括精要、心得、疑义三部分，以每周一交的形式，将所撰心得笔记交蔡元培批阅，蔡元培将自己的这种教学方法自称是“稍参书院式”。蔡元培后来在《我在教育界的经验》一文中写道：“我在南洋公学时，所评改之日记及月课，本已倾向于民权的提倡。”1902 年，管学大臣张百熙在奏折中亦有“京外学堂办有成效者”“以南洋公学为最”之赞誉之辞。

现藏于静安区华山路 303 弄 16 号蔡元培故居的蔡元培日记手稿中，记录了许多关于特班的信息，包括当时他为李叔同们所拟的课题题目，现摘录一二，与众分享：

1901 年 10 月 18 日课题：《记周士爱国（国指父母国）》（政治史）；《我国折狱，不设陪审员，而不免绅士请托，试详其流弊》（法律学）；《宋襄公不重伤不禽二毛之言合于公法否》（公法学）。

1901 年 10 月 25 日课题：《论土耳其受保护于英之利弊》（政治史）；《论罚锾》（法律学）；《论英国保护土耳其之得失》（公法学）；《日本维新名士多出于阳明学派说》（道德学）。

1901 年 10 月 31 日课题：《论信陵、平原、孟尝、春申四君与其国之关系》（政治史）；《律有自首免罪，以公理证明之》（法律学）；《拟外务部大臣移葡萄牙外部长书》（公法学）；《宋明道学家同出孔子而有宗教质性与哲学质性之不同，试概论之》。

1901 年 11 月 18 日课题：《宋儒论性有义理气质两种然否》（道德）；《游侠平议》；《殷法刑弃灰于道辩》；《评英特之争》。

1901 年 12 月 10 日课题：宪法学题：《论者谓民智未开，不能设议院，然否?》；行政学：《外人目我为君权无限辨》；法律：《揭唐律、今律之大不

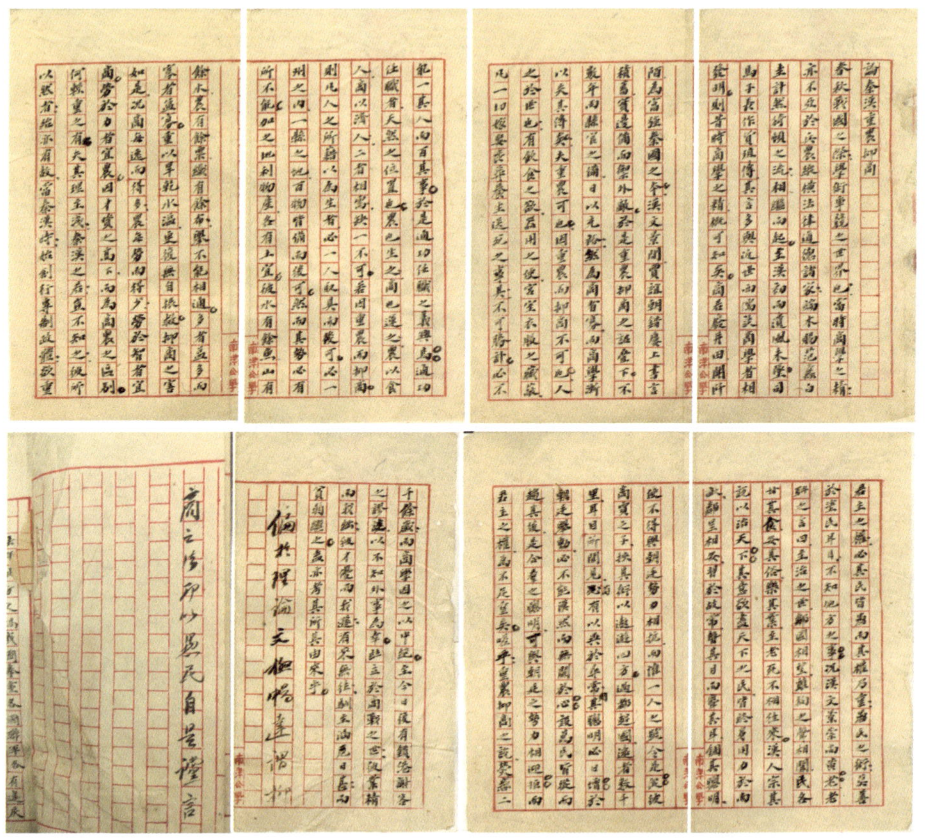

李叔同就读南洋公学时所作课题之手稿，末两行为蔡元培评语。

同而有关系者，评其得失》；理财学：《论国家彩票富签票之弊，并陈筹还外债之策》；外交：《论强国对弱国不守公法之关系》；哲学题：《希腊苏格拉底有知即德之说，试申引之》；教育学：《论教育之关系》。

1901 年农历九月月课题：《论秦汉重农抑商》（政治）；《论刑逼招供之非理》（国法）；《论法人占土耳其弥低偏海岛》（公法）；《说恕》（道德）；

1901 年农历十一月月课题：《拟中国地方自治之制》（宪法）；《论绅权之关系》（行政）；《论监禁罪犯当有以救之》（法律）；《欲以孔子之说组织一祖先教试条其大义》（哲学）；《论小学校当注重理科》（教育）。

1902 年农历三月月课题：宪法：《宪法精理著人民权利十三条，以我国现行法制比较其违合之度》；行政：《〈新民丛报〉公民自治篇举广东人自治之成绩，各依其例以所居本省之事证之》；法律：《论立法司法两权分立之理》；外交：《论国际公法之性质可以国家学中之民约论证明之》；理财：《论改定盐法及抵制洋盐进口之策》；哲学：《斯宾塞尔言谬误事中自有真理试以所知之事证明之》；教育：《普之胜法毛奇将军归其功于小学校教育试论其理》。

1901 年 12 月，李叔同按照蔡元培所出《论强国对弱国不守公法之关系》课题，作同名论文，言曰：“断无弱小之国，可以赖公法以图存者。即有之，虽图存于一时，而终不能自立。其不为强有力之侵灭者，未之有也。故世界有公法，惟强有力者，得享其权利。于是强国对弱国，往往有不守公法之事出焉。论者惑之。莫不咎公法之不足恃而与强弱平等之理相背戾。”呼唤弱国若要生存，唯有发自强自立之声。

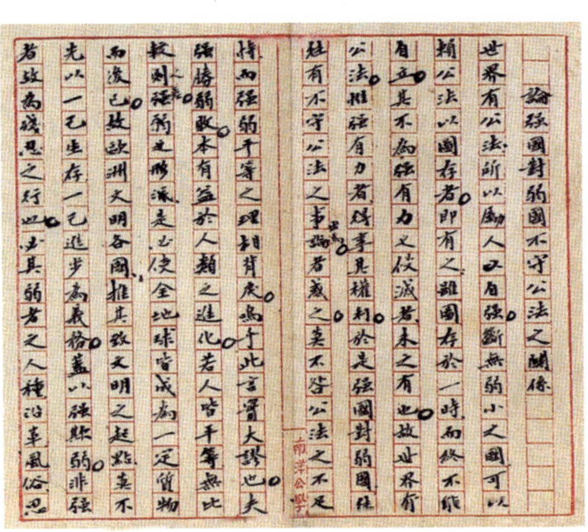
論強國對弱國不守公法之關係
世界有公法，所以勵人以自強，斷無弱小之國可以
賴公法以圖存者。即有之，雖圖存於一時，而終不能
自立。其不為強有力之侵滅者，未之有也。故世界有
公法，惟強有力者，得享其權利。於是強國對弱國往
往有不守公法之事出焉。論者惑之，莫不咎公法之不足
恃，而與強弱平等之理相背戾。烏乎，此言實大謬也。夫
強勝弱敗，本有益於人類之進化，若人皆平等無比
較，則強弱之形泯，是亦使全地球皆成為一定質物
而後已。故歐洲文明各國，推其致文明之起點，莫不
先以一己生存，一己進步為最務，蓋以強勝弱，非強
者故為殘忍之行也。以其弱者之人種沿革風俗思

李叔同就读南洋公学时课题手稿

我们从这些日课、月课的课题中，可对李叔同们当时的学习情况窥得一斑，亦对蔡元培力倡西学、传播文明、融合中西以及关注当下的教学思想了解大概。

学习英日语

为了广学新知，蔡元培倡导学生多多阅读宣扬西方先进文化思想之书籍，但当时西书价格甚贵，而日本在明治维新后，吸收了大量外国的新思想、新文化，并翻译了大批西方资产阶级政治学说和科学技术之书籍，且书价大都低廉，故若能通晓日文，通过日译之西书，就可遍读世界新书。所以，在蔡元培的影响下，李叔同等特班的学生们除了学习英文，还跟着老师也学起了日文，直至不仅能看能读，而且还能翻译日文书籍，蔡元培在 1901 年 11 月 11 日和 1902 年 4 月 28 日的日记中先后有“和文汉读法”课程、“全班学生始学和文汉读法”的记录。而李叔同于 1903 年所译日人所著之介绍国际法公权与私权的《法学门径书》（玉川次致著）和《国际私法》（太田政弘、加藤正雄、石井谨吾等合著），即当时学习之成果。

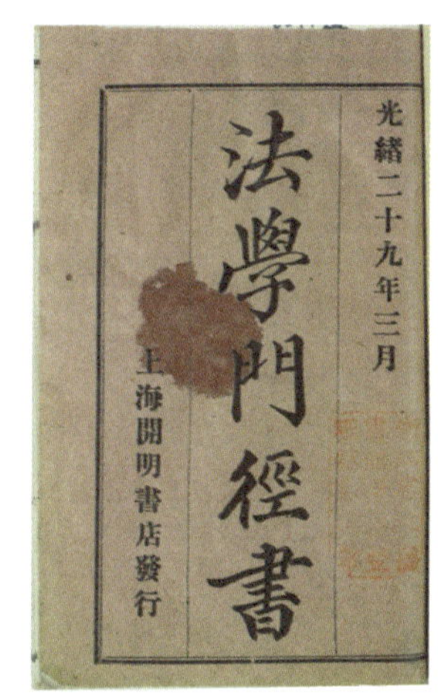

李叔同译《法学门径书》

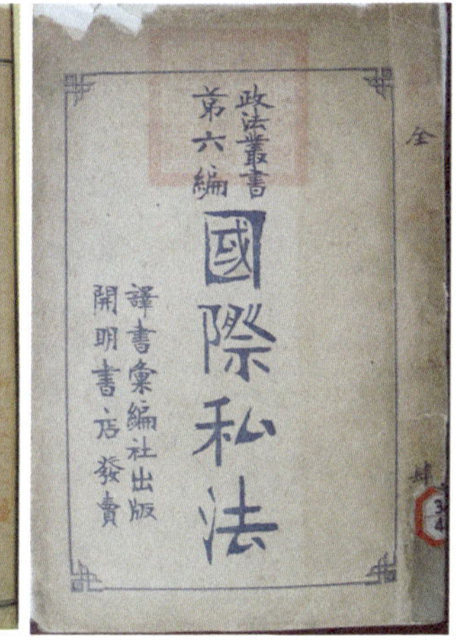

李叔同译《国际私法》

除学习外，蔡元培还为特班学生制定了“游息规则”，张弛有度，规定抛球、竞走等活动在操场上进行，若逢雨天，活动则改在饭厅、走廊等处散步，学生出入饭厅、操场皆当整齐，不可争先乱走，同学间不可争吵冲突等等，纪律严明。

师称高材生

关于执教南洋公学特班，蔡元培在其《我在教育界的经验》中还自述道：“我三十五岁（1901 年）任南洋公学特班教习。那时候南洋公学还止有小学中学的学生；因沈子培（曾植）监督之提议，招特班生四十人，都是擅长古文的；拟授以外国语及经世之学，备将来经济特科之选。我充教授，而江西赵仲宣君，浙江王星垣君相继为学监。学生自由读书，写日记，送我批改。学生除在中学插班习英文外，有愿习日本文的；我不能说日语，但能看书，

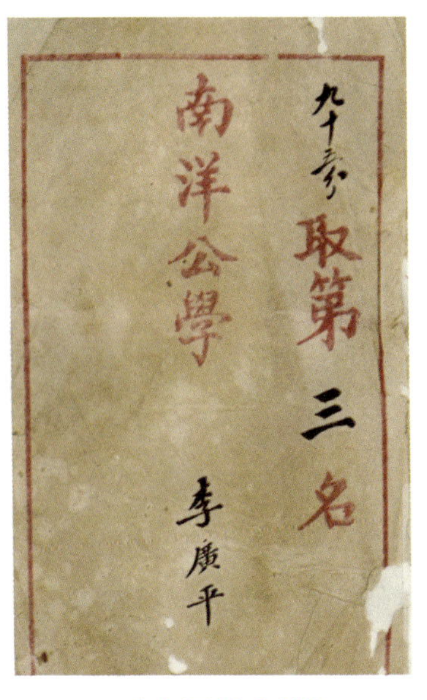

李叔同考试成绩

即用我的看书法教他们，他们就试译书。每月课文一次，也由我评改。四十人中以邵闻泰（今名力子）、洪允祥、王世徵、胡仁源、殷祖同、谢澄（今名无量）、李叔同（今出家号弘一）、黄炎培、项骧、贝寿同诸君为高材生。”当时出任特班英文教习的是吴纯之和冯玉帆，算学教习陆之平，前后两任监督分别是赵从蕃和王舟瑶。

蔡元培在1901年旧历十二月二十九日的日记中记录了当时特班中35名学生的名单，他们是：王世徵、胡仁源、王世谦、洪允祥、邵闻泰、刘伯渊、黄大钧、穆湘瑶、贝寿同、黄炎培、陈锡民、殷崇亮、李广平、谢澄、项骧、钟枚、林祖同、田潥、钟观诰、范况、储桂山、徐敬熙、魏斯灵、陆征瑞、吴宝地、周光庭、张承槭、朱履和、唐忠行、潘钰、钱诗桢、郭弼、程志姚、林松生、文光。

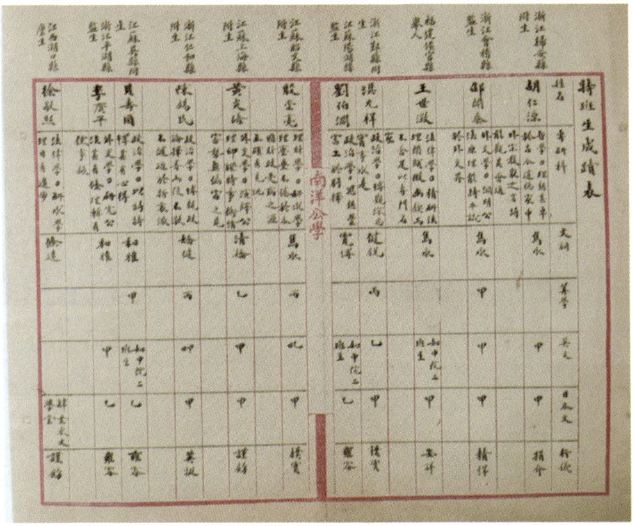

李叔同及特班学生成绩表

蔡元培在日记中还记下了每位学生的月课成绩，李叔同（李广平）开学第一个月的月课成绩是95分，列王世徵、胡仁源之后，位居第三名，故蔡元培对李叔同有“高材生”之评价。

1902年夏，为纪念特班开办周年，特班学生曾与老师一起合影留念，蔡元培在《记三十六年以前之南洋公学特班》一文中有记：“民元前十年之夏，曾摄影一次，胡君仁源为之记，其文曰：壬寅夏，为我同人入学一周年之期，休假前数日，共摄影于上院前廊之下，与其列者二十有六人，中立者蔡先生鹤卿，王先生枚伯，其后则李君叔同。”从所描述拍照时李叔同紧挨蔡师而站之位置来分析，蔡元培和李叔同师生间彼此关系应该走得很近。

兼学拉丁文

南洋公学注重外语学习，在特班期间，李叔同除了学习英语和日文外，还在蔡元培的带领下一起向马相伯学习拉丁文。

笔者曾在 1932 年 5 月 24 日《申报》上看到过一则马相伯语录——《蔡孑民读拉丁文》，其中就言及南洋公学时蔡元培们学习拉丁文的故事："那时蔡孑民、张菊生、汪康年三人都硬要读拉丁，我劝他们单读英文、法文，比较实用些。他们都不肯。说是拉丁是西洋文字之源，不可不读。于是不得不依了他们。后来教他们读罗马谢雪庐 Cicero 的文集，蔡、张、汪辈青年求学的热诚真可佩！吾还记得蔡孑民在徐家汇南洋公学教书，吾住在土山湾前面的楼房里，孑民每晨必从南洋公学步行而来，约摸有四五里路，从吾读拉丁，有时竟在五点钟的时候，天还没有亮，孑民已在外边低声喊叫：'相伯！相伯！'吾很希奇，老清早已有人来看吾，吾就开窗下望，原来，就是蔡孑民，吾急忙摇着手，对他说：'太早了，太早了。八九点钟再来吧！'蔡孑民这好孩子不得不败兴而去。"

有感于蔡元培的好学，马相伯又建议蔡元培在南洋公学中物色一些比较优秀的青年学生一起来学，于是蔡元培带着特班的胡敦复、贝寿同、李叔同、黄炎培、邵力子等 24 个学生跟马相伯学起了拉丁文。当时马相伯所住的土山湾天主教堂，住着一些法国神职人员，当他们听说这些中国学生居然也要学拉丁文，便嗤之以鼻，不以为然，断言不可能学会。但通过马相伯认真地教导和学生们刻苦地学习，四个月后，特班的这些学生居然个个不仅能写，而且能读，虽然有些发音还不甚准确，但这已足以让那些法国神职人员佩服称赞了。

青年李叔同

推广说国语

李叔同在南洋公学期间，受老师蔡元培的影响，还致力于国语的推广。蔡元培曾教导特班学子：今后学人，领导社会，开发群众，须长于言语，而方言非一般人通晓，应习国语。故特班学子遵照老师的叮嘱，课外自办国语学习小组，由李叔同充师施教。

李叔同在南洋公学特班时的同窗好友黄炎培，在 1957 年 3 月 7 日的上海《文汇报》上曾撰文《我也来谈谈李叔同先生》，记述道："特班同学很多不能说普通话，大家喜爱叔同，因他生长北方，成立小组请他教普通话，我是其中的一人。他的风度一贯地很温和、很静穆。"

李叔同对于国语普通话之推广，还不仅限于此，其时李叔同还撰写文章，就统一国语官话展开系统论述，指出，"英墟印度，俄吞波兰，佥以灭绝国语为首务"，若"邻毗之间，家各异言，室人告语，他人闻之，辄为瞠目"，则"既靡合群之力，无复爱国之想。澌灭之原，实基于是"，所以推广和学习国语官话乃"文明之进步系于是，国家之安危亦系于是。改良齐一，未可缓也"。文中写道："我国数稔以还，负床之孙，乳臭未脱，辄能牙牙学西语，趋承彼族，伺其颦笑，极奴颜婢膝之丑态，及闻本国语言，反多瞠目不接者"，对此等重洋文、轻国语的现象提出了尖锐批评，并就国语的推广提出"设官话学堂""学堂设官话学科"，主张在幼儿启蒙阶段即推广学习国语，认为"年愈稚，习语言愈易"；并就教授之法拟就"设官话师范讲习所""官话教科书当因地制宜""教科书编辑法""练习法"等一系列具体的实施意见，指出国语官音应"以北京官音为准，非指各地官音"，其灼见真知和远见卓识的超前意识，令人佩服。该文日后又以《我国各地交通不便，语言因以参差，今汽车汽船既未遍通，有何良策能使语言齐一欤》为题，署名李惜霜，被刊登于清光绪三十一年（1905）四月二十五日发行的上海《东方杂志》第二年第四期上，同期还刊登了李叔同的另一篇文章《学堂用经传宜于何时诵读，何法教授，始能获益》。

我国各地交通不便，语言因以参差，今汽车汽船既未遍通，有何良策能使语言齐一欤

李惜霜

语言之变迁，其与进化相关系欤！荒裔野人，匪语言词。蟠屈其指，作

式以代。蛮野之状，吾不论矣。独夫弱劣之族，呰窳寡识。国语歧异，每不相埒。又其甚者，邻毗之间，家各异言。室人告语，他人闻之，辄为瞠目。既靡合群之力，无复爱国之想。澌灭之原，实基于是。黑奴红种，其彰彰者。惟我祖国，语言杂遝；外人著述，颇有以是相讥讪者。輓近以还，踸踔之士，佥稔语言歧异之为我国大谬也，于是有改良语言之议。虽然，谋之不臧，获效靡自，余心恫焉。不揣梼昧，为撰中国语言齐一说。

语言岂历久而不变者欤？究语言之学，考世界国语所肇祖，奚不出自一干。乃递嬗递变，迄于今兹，其种类盖三千有奇矣。虽然，古昔之时，交通隔绝，其日趋于异也固宜。今则舟车交驰，千里俄顷。交通之利，邃古所无。向之由同而异者，今且有由异而同之势焉。特由异而同，其为变盖渐，匪吾人所及穷诘。然吾敢言，京垓年岁后，世界言语必有大同之一日也。我国国语，凡涉及新学术、新制造、新动植物，多假他国字音以为名，此亦一证。以一国言之，其变迁之迹，尤为凿凿可据。日本九州大阪，语言向与东京不相符。乃自交通频繁，不十余年，骎骎有划一之风。变迁之迅，盖有如此。若以我国言之，进步之迅，远不逮日本。然其迹亦有可按者。自邃古迄近世，黄河流域，若豫，若鲁，若燕，若晋，若秦，佥为帝都，举中原衣冠之士凑集焉。故其语言多相若。厥后，隋场浚运河，南北统一，而南方之语言一变。金陵为帝都垂四百年，长江之交通日繁，而南方之语言又一变。迄今长江流域与黄河流域之语言，相似者多，职是故也。自兹而外，若滇，若黔，若粤西，其民族土著盖鲜，来自他乡者居泰半，故语言变迁最著，无撑犁孤涂之病。若夫吴越南境，闽南粤东两省，輓近交通始盛，语言之变迁，犹未显著，故与他省较然不相似。以上所言，盖其大略。晰而言之，彼黄河、长江流域之语言，虽曰略同，岂无歧异者在？矧夫以全国计之，语言之歧异者，实居其多数也。语言歧异，为国之羞。齐一之法，夫何可缓！汽船、汽车，既未遍通，听诸天然，近效莫得。无已，其假诸人力乎！

假诸人力，必自教育始矣。教育之道有二：（甲）设官话学堂；（乙）学堂设官话学科。准兹二者，则乙为优。设官话学科于中学、小学，不若设于蒙学。年愈稚，习语言愈易，其利一；教育普及，其利二；习此可以兼通文法大纲，官话教科书中，单字依文法大纲排列。其利三；蒙学毕业入小学，即一例用官话，凡寻常应对，课堂授受，无须再用土白，其利四；此其学制也。若夫教授之法，近人论者盖鲜。然以华人授外人土白之例行之，则未可

也。今拟教授之法数端如左：

一、设官话师范讲习所。择通达国文而能操纯官音者，官音以北京官音为准，非指各地官音；言亦非指北京土音言。其间区别，通北京语言者，自能辨之。入堂讲习，授以教授之方法。盖精于语言者，未必长于教授。故师范讲习所必不可缺。

二、官话教科书当因地制宜。各省土音互异者无论矣。即一县之内，乡镇与城市，土音亦有微异者。宜专订教科书，无稍假借。盖教授官话，必用土音为之比较也。

三、教科书编辑法。大纲凡二：（甲）区别。区别为三类：一曰异音，即字同而音异者。如“黄”字，沪音作 wong，官音作 whong 之类是；二曰异字，分两种。意同而用字异者，如沪称“晓得”，官话作“知道”之类是；用字反背者，如有人持柬速驾，沪语则应之曰“就来”。官话则应之曰“就去”。“来”与“去”为反背词。此种异字虽少，然亦不可不知。三曰异文法，即句法微异者。如沪语“侬阿曾晓得”？官话作“你知道吗”？“阿曾”即“吗”字，皆有疑问口吻，唯一则列于中间，一则列于语尾之不同是。（乙）次序。每课次序，如英文法程序，最便初学。首列单字，括有异音、异字两类。其排列秩序，宜依通行文法为之分类。例如，第一课单字，皆列名词；第二课，皆列形容词。与英文法程单字排列法相同。唯排列既依文法例，则异音、异字两类，不妨掺杂，可以助学者强记之力。单字下列异文法。唯此种无多，不必每课皆列入。次列官话十数句，即用从前已读之字拼成者。教授时，教员口诵，由学者译成文理默出，如近日学堂课程中译俗之例。约翰书院中文课程有“译俗”一门，其法，由教员用土白诵文一首，学者译成文理默出。今则易土白为官话，是其稍异处。又次，列土白十数句，即用从前已读之字拼成者。教授时，教员口诵土白，由学者口译为官音。

四、练习法。习官话半年，寻常应对，即可通用官话。偶有讹误，无须苛责。练习既久，自能纯一。期年小成，二年大成。苟教授得法，虽中材以下，亦能臻此程度。（按：蒙学堂学期泰半四年，官话学科宜编入第三年蒙学课程内，每星期占二时。）

乌乎，英墟印度，俄吞波兰，佥以灭绝国语为首务。然则国语顾不重哉！文明之进步系于是，国家之安危亦系于是。改良齐一，未可缓也。我国数年以还，负牀之孙，乳臭未脱，辄能牙牙学西语。趋承彼族，伺其颦笑，极奴颜婢膝之丑态。及闻本国语言，反多瞠目不解者。沉沉支那，哀哀同胞，其将蹈印度之覆辙邪，抑将步波兰之后尘耶？乌乎，吾国民其何择！

学堂用经传，宜以何时诵读，何法教授，始能获益？

李惜霜

吾国旧学，经传尚矣。独夫秦汉以还，门户攸分，人主出奴，波未已。逮及末流，或以笺注相炫，或以背诵为事。鹜其形式，舍其精神。而矫其弊者，则又鄙经传若为狗，因噎废食，必欲铲除之以为快。要其所见，皆偏于一，非通论也。乃者学堂定章，特立十三经一科。迹其方法，笃旧已甚，迂阔难行，有断然者。不佞沉研兹道有年矣，姑较所见，以着于篇。知言君子，或有取于是焉。

（甲）区时。我国旧俗，乳臭小儿，入塾不半年，即授以《学》《庸》。夫《大学》之道，至于平天下，《中庸》之道极于无声臭，岂弱龄之子所及窥测！不知其不解而授之，是大愚也。知其不解而强授之，是欺人也。今别其次序，区时为三：一蒙养，授十三经大意。此书尚无编定本，宜由通人撮取经传纲领总义，编辑成书。文词尚简浅，全编约三十课。每课不逾五十字，俾适合于蒙养之程度。凡蒙学堂末一年用之，每星期授一课，一年可读毕三十课，示学者以经传之门径。二小学，授《孝经》《论语》《尔雅》。《孝经》为古伦理学，虽于伦理学全体未完备，然其程度适合小学。《论语》为古修身教科书，于私德一义，言之綦翔。庄子称“孔子内圣之道在《论语》”，极有见。《尔雅》为古辞典，为小学必读之书。读此再读古籍，自有左右逢源之乐。三中学，授《诗》《孟子》《书》《春秋》三《传》、三《礼》、《易》《中庸》。《诗经》为古之文集（章诚斋《诗教篇》翔言之）。有言情、达志、敷陈、讽谕、抑扬、涵泳诸趣意，宜用之为中学唱歌集。其曲谱取欧美旧制，多合用者。（余曾取《一剪梅》《喝火令》《如梦令》诸词，填入法兰西曲谱，亦能合拍。可见乐歌一门，非有中西古今之别。）如略有参差，则稍加点窜，亦无不可。欧美曲谱，原有随时编订之例，毋待胶柱以求也。《孟子》于政治、哲学佥有发明。近人有言曰：“举中国之百亿万群书，莫如《孟子》”，持论至当。《书经》为本国史，《春秋》三《传》为外交史，皆古之历史也。刘子元判史体为六家，而以《尚书》《春秋》《左传》列焉，可云卓识。三《礼》皆古制度书，言掌故者所必读。晰而言之，《周礼》属于

国，《仪礼》属于家，《礼记》条理繁富，不拘一格，为古学堂之普通读本。此其异也。若夫《易经》《中庸》，同为我国古哲学书。汉儒治《易》喜言数，宋儒治《易》喜言理。然其立言，皆不无偏宕，学者宜会通观之。《中庸》自《汉书·艺文志》裁篇别出，后世刊行者皆单行本。其理想精邃，决非小学所能领悟，中学程度授之以此，庶几近之。

（乙）窜订。笃旧小儒，其斥人辄曰："离经叛道"，是谬说也。经者，世界上之公言，而非一人之私言。圣人不以经私诸己，圣人之徒不以其经私诸师。兹理至明，靡有疑义。后世儒者，以尊圣故，并尊其书。匪特尊其书，并其书之附出者亦尊之，故十三经之名以立。而扬雄作《法言》，人讥其拟《论语》；作《太玄》，人讥其拟《易》。王通作《六籍》，人讥其拟圣经。他若毛奇龄作《四书改错》，人亦讥其非圣无法。以为圣贤之言，亘万古，袤九垓，断无出其右者，且非后人可以拟议之者。虽然，前人尊其义，因重其文；后儒重其文，转舍其义。笺注纷出，门户互争。《大学》"明德"二字，汉儒据《尔雅》，宋儒袭佛典，其考据动数千言。秦延君说《尧典》篇目，两字之说十万言。说"曰若稽古"四字三万言。甚至一助词、一接续词之微，亦反复辩论，不下千言。一若前人所用一助词、一接续词，其间精义，已不可枚举。亦知圣贤之微言大义，断不在此区区文字间乎！矧夫晚近以还，新学新理，日出靡已，所当研究者何限，其理想超轶我经传上者又何限！而经传所以不忍遽废者，亦以国粹所在耳。一孔之儒，喜言高远，犹且故作伟论，强人以难。夫强人以难，中人以下之资，其教育断难普及，是救其亡，适以促其亡也。与其故作高论促其亡，曷若变通其法蕲其存！变通其法，舍删窜外无他求。删其冗复，存其精义；窜其文词，易以浅语，此删窜之法也。若夫经传授受之源流，古今经师之家法，诸儒笺注之异同，必一一研究，最足害学者之脑力，是求益适以招损。今编订经传释义，皆以通行之注释为准，凡异同之辨，概付阙如，免淆学者之耳目。此订正之法也。

《孝经》《论语》皆小学教科书，删其冗复，存者约得十之六七。易其章节体为问答体（如近编之《地理问答》《历史问答》之格式是）。眉目清晰，条理井然，学者读之，自较章节体为易领会。唯近人编辑问答教科书，其问题每多影响之处。答词不能适如其的，不解名学故也。脱以精通名学者任编辑事，自无此病。

《尔雅》前四篇，鲜可删者，其余凡有冷僻名词不经见者，宜酌为删去。

原文简明，甚便初学，毋俟润色。《尔雅图》，可以助记忆之力，宜择其要者补入焉。

《诗经》作唱歌用，体裁适合，无事删润。

《孟子》亦宜改为问答体，删润其原文，以简明为的。近人《孟子微》，颇有新意，可以参证。

《尚书》原文，最为奥衍。宜用问答体，演成浅近文字。

《春秋》三《传》，唯《左传》纪事最为翔实。刘子元《申左篇》尝言之矣。今当统其事实之本末，编为问答体（或即用《左传纪事本末》为蓝本，而删润其文）。以为课本。其《公》《谷》二《传》，用纪事本末体，略加编辑，作为参考书。

近人孙治让撰《周礼政要》，取舍綦当，比附亦精，颇可用为教科书。近今学堂用者最多。唯论词太繁。宜总括大义，加以润色。每节论词，不可逾百字。

《仪礼》宜删者十之八，仅通大纲已足。《礼记》宜删者十之六。以上两种，皆用问答体。

我国言《易》《中庸》，多涉理障。宜以最浅近文理，用问答体为之。日儒着《支那文明史》《支那哲学史》，言《易》理颇有精义，可以参证。

问答体教科书，欧日小学堂有用之者。我国今日既革背诵之旧法，而验其解悟与否，必用问答以发明。唯经传意义艰深，条理紊杂，以原本授学者，行问答之法，匪特学者不能提要钩元，为适合之答词，即教者亦难统括大意，为适合之问题。（今约翰书院读《书经》《礼记》《孟子》《论语》等，佥用原本教授，而行问答之法。教者、学者两受其窘。）吾谓，编辑经传教科书，泰半宜用问答体，职是故也。

乌乎，处今日之中国，吾不敢言毁圣经，吾尤不忍言尊圣经。曷言之？过渡时代，青黄莫接。向之圣经，脱骤弃之若敝展，横流之祸，吾用深惧。然使千百稔后，圣经在吾国犹如故，而社会之崇拜圣经者，亦如故。是尤吾所恫心者也。不观英儒颉德之言乎：“物不进化，是唯母死。死也者，进化之母。其始则优者胜，劣者死，厥后最优者出。向所谓优者，亦寖相形而劣而死。其来毋始，其去毋终。递嬗靡已，文化以进。”我族开化早于他国，二千稔来，进步盖鲜。何莫非圣经不死有以致之欤！一孔之士，顾犹尊之若鬼神，宝之若古董，譬诸日月经天，江河行地。是亦未审天演之公例也。前途

茫茫，我忧孔多。撰《学堂用经传议》既竟，附书臆见如此。愿与大雅宏达共商榷焉。

乡试赴浙豫

李叔同在南洋公学就读期间，还曾以浙江嘉兴府平湖县监生李广平的身份，先后于1902年赴杭州参加浙江乡试和1903年赴河南开封参加顺天乡试，但均未中，这两次应试的相关原始资料，现在还保藏在西安交通大学和上海交通大学的历史档案中。

在西安交通大学馆藏历史档案2315号卷《南洋公学有关学生请免岁试及参加乡试、院试联系等文》中，有1902年6月，南洋公学《光绪二十八年送乡试底册》，在参加乡试的浙江籍学生名单中，李叔同名下的相关信息是："李广平，年二十三岁，浙江嘉兴府平湖县监生。曾祖忠孝，祖锟/锐，父世荣/世珍。光绪二十六年在湖北赈捐案内报捐。"

同档号案卷中，同样还保存着1903年7月，南洋公学《光绪二十九年送乡试底册存卷》，其中有李叔同名下信息："顺天乡试应试诸生计一名。李广平年二十四岁，浙江嘉兴府平湖县监生。曾祖忠孝，祖锟/锐（本生），父世荣/世珍（本生）。光绪二十八年由湖北赈捐案内报捐。"

该档号案卷中还保存着一份1903年7月21日（清光绪廿九年润五月廿七日）南洋公学提调兼代总办张美翊为李叔同参加顺天乡试开具的一份咨文，呈南洋公学督办盛宣怀批准。

《呈请给予李广平咨文应顺天乡试》

为申请咨送乡试事，窃据南洋公学师范生李广平面称：光绪二十六年闰八月由湖北赈捐局案内报捐监生，愿应本年顺天乡试，叩请给予咨文，前赴河南自行递呈。等语。查该生系浙江嘉兴府平湖县人，在院肄业，力求上进。此次既由湖北赈捐局案内报捐监生，有志观光，不惮远道，洵堪嘉尚。查与京师大学堂奏定章程，由本学堂咨送应试，免予录科事属相符。除由公学发给文凭外，理合申请鉴核，咨明国子监即将文件发由公学转交该生，俾得赍赴河南亲自呈递，实为公便。须至申者。

计开：李广平，年二十四岁，浙江嘉兴府平湖县监生。曾祖忠孝，祖锟/（本生）锐，本生父世荣/（本生）世珍。右申呈督办大臣盛。

光绪二十九年闰五月二十七日

提调兼代总办张（总理南洋公学关防印）

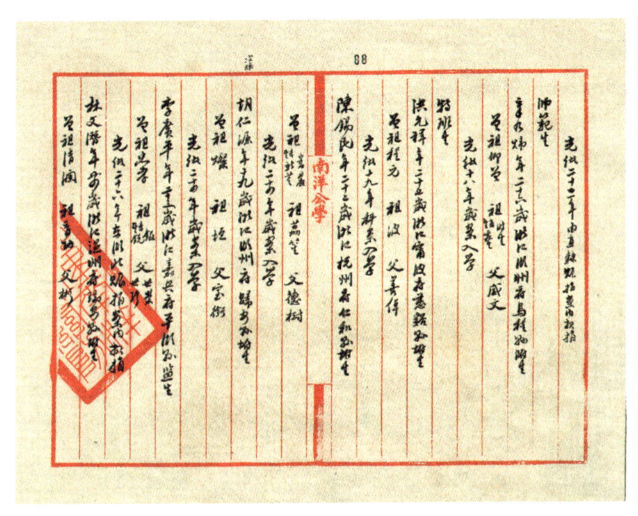

1902年，李叔同参加浙江乡试，南洋公学呈送的应试学生名册

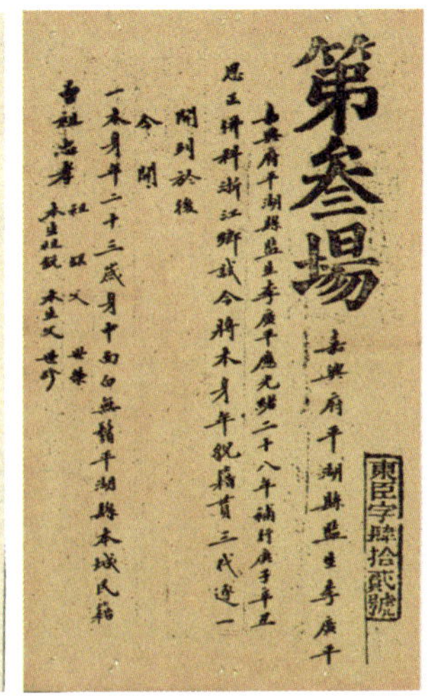

1902年，李叔同赴杭州参加浙江乡试，准考证上籍贯：嘉兴府平湖监生；形态描述：身中、面白、无须，平湖县本城民籍

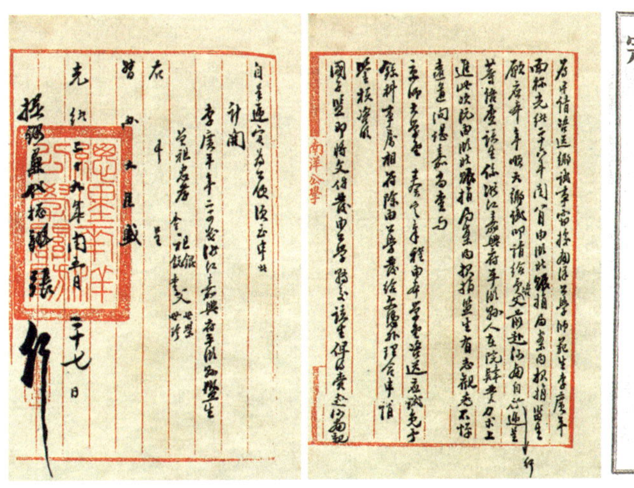

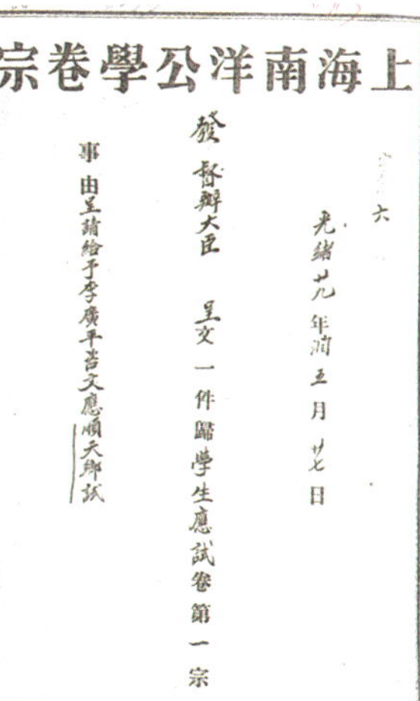

上海南洋公學卷宗

六

光緒廿九年閏五月廿七日

發 督辦大臣 呈文 一件 歸學生應試卷 第一宗

事由呈請給予李廣平咨文應順天鄉試

1903年，南洋公学《呈请给予李广平咨文应顺天乡试》卷宗

学潮引退学

1902 年 10 月，因南洋公学发生“墨水瓶事件”，李叔同结束了他在南洋公学一年多的学习生涯。

墨水瓶事件，是我国学运史上第一次学潮运动，也是我国学生反封建反专制斗争的第一页。其起因是当时南洋公学思想保守的校教务长郭振瀛在准备给中院五班上课时，发现在他的座椅上放着一只空墨水瓶，郭认为是学生在捉弄他胸无点墨，诘问无果后，在没经调查的情况下武断认定是无辜学生伍正钧所为。

1902 年上海《新民丛报》刊文《南洋公学学生出学始末汇记》

在郭的要求下，学校决定开除伍正钧和知情不告的五班学生，遂在校内引起学生众愤，学生们集体向校长汪凤藻提出抗议，但遭拒绝。17 日，学校二百余学生，列队操场，集会抗议，在学校没有回应的情况下，学生们高呼：“祖国万岁！”整队离校退学，李叔同和他的特班生们亦牺牲其保举经济特科之资格随各班学生一同退学。

1902 年《新民丛报》第 21 号《余录》栏目中刊发了此次学潮运动学生代表，也是李叔同特班同学贝寿同等的公启《南洋公学学生出学始末汇记——退学详记》，记录始末，并公布了退学学生名单。其中头班 13 人，二班 24 人，三班 16 人，四班 20 人，五班 23 人，六班 34 人，政治班 1 人，李叔同所在的特班 14 人，总计 145 人。虽然我们在这份退学学生名单中没有看到李叔同的名字，但经此学潮，南洋公学便停办了特班和政治班，李叔同也结束了他在南洋公学的学习生涯。

主持义务小学

离开了南洋公学的李叔同又回到了城南草堂，与母亲妻儿聚首，遂又活跃于圣约翰大学和沪学会。1904 年，李叔同加入沪学会，与黄炎培、穆藕初等先进办演讲会，兴文明游戏，书生意气，挥斥方遒。黄炎培在《我也来谈谈李叔同先生》中回忆道："叔同呢，从南洋公学散学以后，经过一个时期，在上海集合一般思想先进分子，择地租界以外——那时是 1904 年、1905 年——创设一个沪学会，经常召开演说会，办补习学校——也许是全中国第一个实习学校。"

沪学会期间，李叔同与诸同志见贫家子弟大多无力就读，当时虽亦有义务小学，但学额非常有限，难期普及，遂发悲悯之心，商量后决定在沪学会内附设义务小学、体育会和音乐会等，为贫寒子弟提供义务教育。

1905 年 3 月 10 日，李叔同母亲王太夫人离世，李叔同弃旧俗陈规，遵母训遗命，以节撙之资洋 200 元，捐作义务小学办学之经费。3 月 15 日招贫苦子弟学生 60 名，并不收一切书籍笔墨纸砚操衣等费；3 月 19 日，义务小学举行开学典礼，20 日正式开课，而主持沪学会义务小学校务者就是李叔同。为感恩李叔同母亲王氏捐资助校之博爱遗训，义务小学的学生们以追悼歌的形式唱颂赞叹："贤哉节母，柏操流芳。贤哉节母，国史褒扬。贤哉节母，遗命以助吾学堂。痛节母之长逝兮，荷钦旌之荣光。痛节母之长逝兮，增学界之感伤！痛节母之长逝兮，祝子孙其永昌。"此《上海义务小学学生追悼李节母歌》后来刊登在 7 月 24 日天津《大公报》上。

1904 年春，李叔同友人铄镂十一郎著小册《李苹香》，致函李叔同索序，李叔同"念李苹香为上海乐籍之卓著者"，又思量作者"君馔是册，亦非碌碌因人者"，故作序文，为读是书者告。

《李苹香》序

李叔同

向读龚璱人《京师乐籍说》，渊渊然忧，涓涓然思，曰："乐籍祸人家国，其剧烈有如是欤?"既而披欧籍，籀新理，乃知龚子之说，颇涉影响。曷言之？乐籍之进步，与文明之发达，关系綦切。故考其文明之程度，观于乐籍可知也。时乎文化惨淡，民智啙窳。虽有乐籍，其势力弱，其进步迟。卑卑之伦，固鲜足齿。若文明发达之国，乐籍棋布，殆遍都邑。杂裙垂髯，目窕心与。游其间者，精神豁爽，体力活泼，开思想之灵窍，辟脑丝之智府。说者疑吾言乎？易观欧洲之法兰西京师巴黎，乐籍之盛，为全球冠。宜其民族沉溺于兹，无复高旷之思想矣。乃何以欧洲犹有"欲铸活脑力，当作巴黎

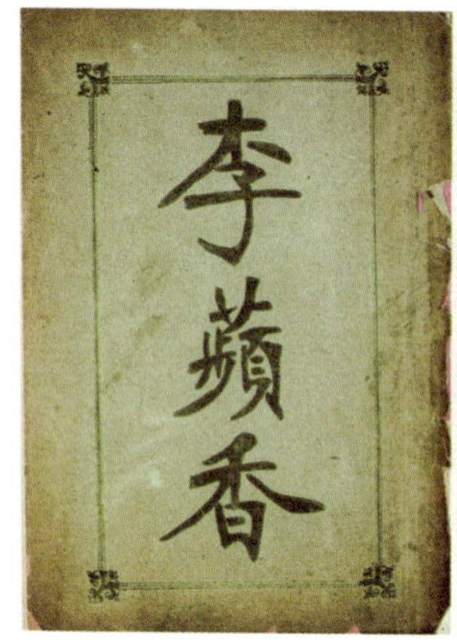

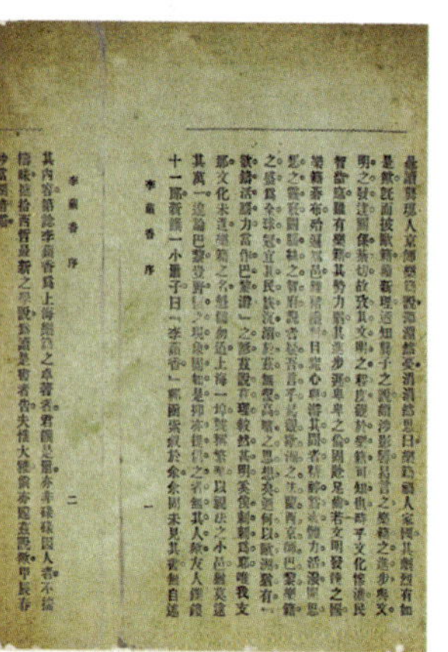

1904 年，《李苹香》由上海蒙化编译社出版，李叔同作序

游”之谤？兹说兹理，较然甚明，奚俟刺刺为耶！唯我支那，文化未进，乐籍之名，魁儒勿道。上海一阜，号称繁华，以视法之小邑，犹莫逮其万一，遑论巴黎！岂野蛮之现象固如是，抑亦提倡之者无其人欤！

友人铄镂十一郎，新撰一小册子，曰《李蘋香》，邮函索叙于余。余固未见其书，无自述其内容。第稔李蘋香，为上海乐籍之卓著者。君撰是册，亦非碌碌因人者。不揣梼昧，摭拾西哲最新之学说，为读是书者告。夫惟大雅，倘亦韪兹说欤！

甲辰春杪，当湖惜霜。

出版唱歌集

办学期间，李叔同还自编沪学会乐歌研究科教本——《国学唱歌集初编》，在当时被誉为“师范学校、中学校最善之教本”，开启风气，移风易俗；并开设书画、摄影、测绘等技能科，办数理、国文、英语、日文、音乐等补习会，广邀名流演说各种致富图强之要旨，倡新学新知，实践戏剧、音乐之新风，增进群众知识。

李叔同所编《国学唱歌集初编》，歌曲内容分为《扬葩》《翼骚》《修诗》《摛词》《登昆》《附录：杂歌十章》，由上海新马路昌寿里中新书局活版部印刷，中新书局国学会发行，总售处设在四马路望平街的时中书局，棋盘街广益书局经营，1905 年 5 月初版，是当时师范学校、中学校最新音乐课本和沪学会的乐歌教本。

《国学唱歌集》序

李叔同

《乐经》云亡，诗教式微。道德沦丧，精力𤓰摧。三稔以还，沈子心工、

1905 年，李叔同在上海编《国学唱歌集初编》

1905 年上海《时报》刊登李叔同《国学唱歌集初编》广告　副本

曾子志忞，绍介西乐于我学界，识者称道毋少衰。顾歌集甄录，佥出近人撰著，古义微言，匪所加意。余心恫焉。商量旧学，缀集兹册，上溯古毛诗，下逮昆山曲。靡不鳃理而会粹之。或谱以新声，或仍其古调，颜曰《国学唱歌集》，区类为五：

毛诗三百，古唱歌集。数典忘祖，可为于邑。《扬葩》第一。

风雅不作，齐竽竞嘈。高矩遗我，厥唯楚骚。《翼骚》第二。

五言七言，滥觞汉魏。瑰伟卓绝，正声罔愧。《修诗》第三。

词托比兴，权舆古诗。楚雨含情，大道在兹。《摛词》第四。

余生也晚，古乐靡闻。夫唯大雅，卓彼西昆。《登昆》第五。

抵制美货

在抵制美货的拒约运动中，李叔同亦积极响应。清光绪二十年（1894），美国政府与清政府在华盛顿签订《限禁来美华工保护寓美华人条约》，又称华工条约，约期十年。光绪三十年（1904）期满后，美国政府不仅不取消禁例，反而胁迫清政府签订了辱国损民的不平等续约，激起全国人民的愤怒，在上海商务总会会长曾铸的倡议下，全国各地纷纷成立拒约会，反对续约。

1905 年 5 月 29 日，沪学会也召集上海学界代表一百多人，开会商讨对策，李叔同作为义务小学之代表，纠集爱国之同志，出席会议抵制美国华工禁约，商定抵制办法六条，并代表沪学会附属义务小学签名号召各学堂用品不再购买美货。

李叔同在沪上饰演黄天霸扮相

李叔同在沪上饰演京剧《趴蜡庙》中褚彪（右）扮相

6月4日，在沪学会5月份工作例会上，李叔同再次联合学界同人签名函告商界抵制美货。穆藕初在《藕初五十自述》中回想沪学会过往经历，为后人作考镜之资："海上青年学子，愤国势之不振，学问之欠缺者，不乏其人，遂于甲辰夏有沪学会之组织。会内除定期集会，敦请名流演说各种致富图强之要旨……东城一隅，虽已设有义务小学便益贫民，但经费无多，学额有限，难期普及。故会内兼办义务小学，由李君叔同主持之。"

《时报》记旧事

沪上学者、上海书画出版社王中秀老师知笔者正搜集证资，遂向笔者提供线索，告知百年前《时报》刊有李叔同与沪学会诸多消息之报道，笔者通过上海图书馆历史文献部，查阅上图馆藏《时报》原件，借助这些原始资料我们对李叔同与沪学会有了更多的了解，现摘录部分与众分享：

1905年2月12日《时报》：沪学会之新年大会　初九日（即今日）下午二点钟，本埠南市董家渡沪学会举行新年大会，广请名士莅会演说，并闻初十日尚有文明游戏数种云。

1905年2月13日《时报》：沪学会之文明游戏　昨日南市董家渡沪学会举行新年大会，请马相伯先生演说，虽遇大雪，来客仍络绎不绝，闻今日无论晴雨，定于下午七点钟起举行文明游戏，来宾须携有该会入场券方可入内参观云。

1905年2月25日《时报》：沪学会广告

1905年3月9日《时报》：沪学会附属义务小学招考广告　本学校照半日学校办，广招学生六十名，分上、下半日为两班，每班三十名，专收贫苦子弟，凡年在十二岁以上十六岁以下者，皆可到本学校报名，考验合格者录取，惟报名时必须偕同家长或戚长到本学校作保证人，准于二月十四日（引者注：即3月19日）开学，束修不收。一切书籍笔墨纸砚操衣等，亦由学校发给，不取分文。欲知详细章程者，请到本学校索取。　南市董家渡天主教堂西沪学会附属义务小学校谨启

1905年3月13日《时报》：沪学会创设义务小学，沪学会创设于去岁夏间，沪上学界中人大半入会，会所在南市董家渡天主堂西曹家湾，今春就会中创设义务小学业已刊发章程，定于十四日开学，专收贫寒子弟，一律不收束修，摘录其简章如左……。

1905年3月17日《时报》：沪学会特设测绘速成科　敦请童季通先生教授，每礼拜日下午三句钟至五句钟，本会已备罗盘、平面桌、铁链等仪器，并择校场广地为练习之所……

补习会　科目凡十科。甲地理，乙几何，丙代数，丁笔算，戊国语，己英文，庚日文，辛军乐，壬单音乐歌，癸复音乐歌……入沪学会诸君，无论习壹科或兼习十科，均不收费……补习会准于二月十五日开课，学者请先报名。

沪学会特别告白：本会会友李叔筒先生，热心教育，侪辈同钦。近遭其节母王太夫人之丧，叔筒君谨遵遗命，以诵经礼忏、超荐亲魂浪费金钱，最为社会恶俗，即以撙节之资，捐助本会及附属义务小学校经费洋二百元，本会拜领之余，实深钦佩，书此为学会同人告，并以志感。

1905年3月30日《时报》：愿学照相者鉴　本会敦请万希三先生教授照相法，每礼拜日下午一时至二时，半年毕业。

毛笔画补习科　本会敦请叶晴岚先生教授，每礼拜日下午五时至六时，会友愿学者不收学费。

1905年4月9日《时报》：沪学会广告　今日二点钟开三月份月会，敦请客员狄君、陈君、雷君到会演说，并由会长马湘伯君演说。四点钟后提议事件，务请会中同人早临为盼。再总理龚子英君有事往苏，所有开会报告等事，请李叔同君代理。

1905 年 5 月 27 日《时报》：沪学会增设体育部广告　本会敦请钱孟材先生（成城毕业生）教授体操，以礼拜三、礼拜六晨七时至九时为期（前一时操演，后一时释义），一年卒业……。

1905 年 5 月 29 日《时报》：上海沪学会议定抵制美约实行办法　昨日下午五点钟南市董家渡沪学会邀集上海各学堂代表人，筹议学界上对付美国苛禁华工问题，到者约有百余人，议定办法六条，即日实行……。

1905 年 5 月 29 日《中外日报》：25 日下午沪学会邀集各学堂代表人筹议对付美国苛禁华工问题。

1905 年 6 月 5 日《时报》：沪学会大会：昨口沪学会开五月份月会，二时开会，先唱祝自由神歌，次提议会中事件，次唱行路难古乐府，次由严又陵演说，大旨谓国民谊尚武，及感动政府速变法，委婉详审，娓娓动听。次由马相伯先生演说，痛陈白种人之欺凌华人，及华人藉白势以自害同胞，悲壮慷慨，声泪俱下，四座为之挥涕。末后提议英华宏成积聚银行，有华商某

文明小學堂招考插班生

中英學社

滬學會廣告

浙江高等學堂招生廣告

無錫廷弼學堂招生告白

1905 年 2 月 25 日《时报》刊登沪学会广告及沪学会地址：小南门外董家渡天主教堂西

○滬學會創設義務小學（上海）滬學會創始於去歲夏間滬上學界中人大半入會會所在南市董家渡天主堂西曹家灣今春就會中創設義務小學業已刊發章程定於十四日開學專收貧寒子弟一律不收束脩并摘錄其簡章如左

二辦法　用半日學校辦法分上下午日爲兩班

四學齡　自十二歲以上十六歲以下爲合格

五科目　國文　習字　算術　體操　唱歌

十經費　同志籌集

捐例　（一）總捐（二）月捐　總捐多寡隨意月捐每月以小洋三角爲一份能任幾份亦隨意

1905 年 3 月 13 日《时报》刊登沪学会创设义务小学，及学校章程

滬學會特設測繪速成科

補習會

滬學會特別告白

1905 年 3 月 17 日《时报》刊登沪学会特别告白，感谢李叔同捐助义务小学

本埠新聞

○滬學會之大會　昨日滬學會開五月份月會二時開會先唱祝自由神歌次提議會中事件次唱行路難古樂府次由嚴又陵先生演說大旨謂國民宜尚武及感動政府速變法委婉詳審娓娓動聽次由馬湘伯先生演說痛陳白種人之欺凌華人及華人藉白勢以自害同胞悲壯慷慨聲淚俱下四座爲之揮涕末後提議英美宏成積聚銀行有華商某總理其事於力拒美約之策大有妨礙當時即有各學堂代表人商學會王行是商會學堂吳公之義務小學堂尤惜陰滬學會龔子英二十三七鋪小學堂穆藕初務本女塾吳畹九人鏡學社何劍華滬學會附屬義務小學堂李叔同時習學堂吳雋季文明小學堂董懋堂利濟學堂祁季英普通小學堂祁季英民立上海小學校趙子衢廣方言館混鄒清民立南洋中學堂徐鳳石教育普及會私塾改良社沈戟儀中英學社戈朋雲嘉定學會及南翔學會許稚梅教育研究會袁觀瀾工藝學堂呂小珊寶山縣學堂袁觀瀾敬業學堂姚孟塤民立上海中學堂龔子英梅溪學堂徐跂洲養正學堂姚孟塤太倉普通學堂管封千師範研究會聞冠丞正誼學堂陸古君速成師範講習所項蓮生法文書館蘇汝欽議定簽名致公函於某勸其不預聞此事云至散會時已鐘鳴五下矣

1905 年 6 月 5 日《时报》刊登李叔同参加沪学会大会

总理其事于力拒美约之策大有妨碍，当即有各学堂代表人商学会王行是、商会学堂吴公之、义务小学堂尤惜阴、沪学会龚子英、二十三七浦小学堂穆藕初、务本女塾吴畹九、人镜学社何剑华、沪学会附属义务小学堂李叔同、时习学堂吴隽季、文明小学堂董懋堂、利济学堂祁季英、普通小学堂祁季英、民立上海小学校赵子衢、广方言馆混邹清、民立南洋中学堂徐凤石、教育普及会私塾改良社沈戟仪、中英学社戈朋云、嘉定学会及南翔学会许稚梅、教育研究会袁观澜、工艺学堂吕小珊、宝山县学堂袁观澜、敬业学堂姚孟埙、民立上海中学堂龚子英、梅溪学堂徐跂洲、养正学堂姚孟埙、太仓普通学堂管封千、师范研究会闻冠丞、正谊学堂陆古君、速成师范讲习所项莲生、法文书馆苏汝钦，议定签名致公函于某，劝其不预闻此事云。至散会时已钟鸣五下矣。

1905 年 6 月 6 日《时报》：李叔同氏之新著作《国学唱歌集初编》沪学会乐歌研究科教本，李叔同编，区类为五，曰扬葩，曰翼骚，曰修诗，曰摛词，曰登崑，摅怀旧之蓄念，振大汉之天声，诚师范学校、中学校最善之教本。初编已出版，价洋二角五分。

在南洋公学的两年时间里，李叔同除了在学业上孜孜不倦，依旧参与沪上文坛交谊，如诗钟值课、诗联应对种种，还忙于各种求字索画等笔墨往来，当时沪上诸种报媒上经常可以看到李叔同的名字和文字。1901 年 10 月，李叔同在《春江花月报》上连续多期刊登广告《李漱筒重订书例》：“鄙人自入南洋公学以来，事务冗忙，日鲜暇晷，索书者有应接不暇之势。兹特重订润例并切限制如右。摺扇名片每件一元。楹联均三元，大小同例。屏幅四尺以

内，每条一元。凡寿屏碑志诸大件，均鲜暇不应。取件以七日为限，立索加润不应，索书之件并润资均托《春江花月报》馆代收。润不先付，概不加墨。李漱筒启。”1902 年 1 月 29 日《春江花月报》在“杂稿”一栏，刊登李叔同的诗作《和冬青馆主题京伶瑶华画扇四绝》。1903 年李叔同曾在上海《消闲录》第 25 期为花月社好友竹漪辞世撰长联以挽之：“剧怜祖国浸瓜分瞰大陆茫茫怆怀万感此去何之无意恋情场先我洗心脱尘坛，谁说才人多短命嗤余子碌碌上寿百年食粟而已有名称没世胜他偷活几春秋。”又在第 31 期《消闲录》以当湖惜霜仙史值联语第三课，出联“壮不如人今老矣”，应和者众，获奖者李叔同以自书五言联、琴联、横幅、书扇、刻章以及自编之《诗钟汇编》《唐静岩司马真迹》赠之。

《和冬青馆主题京伶瑶华画扇四绝》

素心一瓣证前因，恻恻灵根渺渺神。

话到华年怨迟莫，美人香草器灵均。（瑶华工绘兰，有清古之趣。）

承平歌舞忆京华，紫陌青骢踏落花。

记得春风楼畔路，琵琶弹彻雁行斜。（瑶华善弹琵琶，负重名，为长安诸伶之冠。）

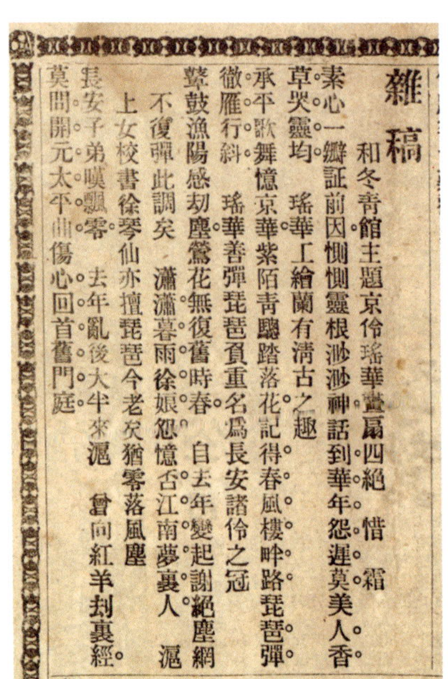

雜稿

和冬青館主題京伶瑤華畫扇四絕　惜霜

素心一瓣証前因。惻惻靈根渺渺神。話到華年怨遲莫。美人香草哭靈均。　瑤華工繪蘭有清古之趣

承平歌舞憶京華。紫陌青驄踏落花。記得春風樓畔路。琵琶彈徹雁行斜。　瑤華善彈琵琶負重名爲長安諸伶之冠

鼙鼓漁陽感刦塵。鶯花無復舊時春。　自去年變起謝絕塵網不復彈此調矣　瀟瀟暮雨徐娘怨。憶否江南夢裏人。　滬上女校書徐琴仙亦擅琵琶今老矣猶零落風塵

長安子弟嘆飄零。　去年亂後大半來滬　曾向紅羊刦裏經。莫問開元太平曲。傷心回首舊門庭。

鼙鼓渔阳感劫尘，莺花无复旧时春。（自去年变起，谢绝尘网，不复弹此调矣!）

潇潇暮雨徐娘怨，忆否江南梦里人。（沪上女校书徐琴仙亦擅琵琶。今老矣，犹零落风尘。）

长安子弟叹飘零，（去年乱后，大半来沪。）曾向红羊劫里经。

莫问开元太平曲，伤心回首旧门庭。

1902 年 1 月 29 日《春江花月报》在“杂稿”一栏，刊登李叔同的诗作《和冬青馆主题京伶瑶华画扇四绝》

李漱筒重訂書例

鄙人自入南洋公學以來事務冗忙日尠暇晷求書者有應接不暇之勢茲特重訂潤例並一切限制如右 扇名片每件一元 楹聯均三元大小同例 屏幅四尺以內每條一元 凡壽屏碑誌諸大件均鮮暇不應取件以七日為限立索之件不應 索書之件並潤資均托春江花月報館代收潤不先付概不加墨 李漱筒啓

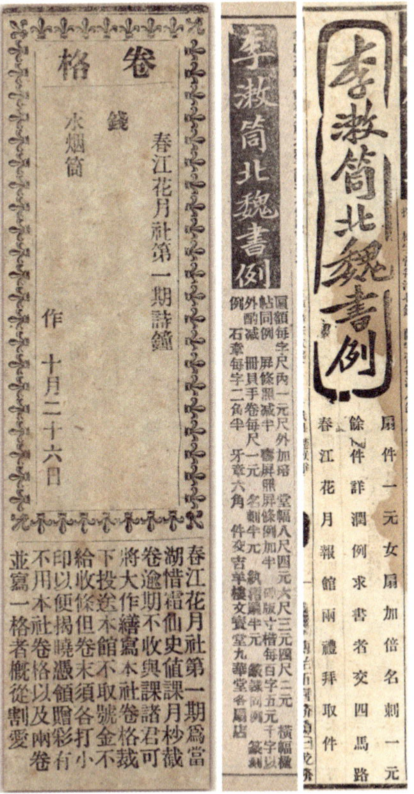

卷格

春江花月社第一期詩鐘

錢 水烟筒

作

十月二十六日

春江花月社第一期爲當湖惜霜仙史值課月杪截卷逾期不收與課諸君可將大作繕寫本社卷格裁下投送本館不取號金不給收條但卷末須打小印以便揭曉憑領各彩有不用本社卷格以及贈兩卷並寫一格者概從割愛

李漱筒北魏書例

匾額每字尺內一元尺外加倍 堂幅八尺四元六尺三元四尺二元 橫幅楹帖同例 屏條照堂幅例減半 壽屏照屏條例加半 碑版寸楷每百字五元 千字以外酌減 冊頁手卷每尺一元 名刺半元 紈摺扇半元 篆隸例加半 篆刻例石章每字二角半 牙章六角 件交吉羊樓文寶堂九華堂各扇店

李漱筒北魏書例

扇件一元 女扇加倍 名刺一元 餘件詳潤例 求書者交四馬路春江花月報館兩禮拜取件

从左至右依次为：

1901 年 10 月 30 日沪上《春江花月报》刊登《李漱筒重订书例》

1901 年 12 月 6 日《春江花月报》刊载“春江花月社第一期诗钟钱水烟筒”李叔同以当湖惜霜仙史值课

沪上《同文消闲报》刊李叔同书例

沪上《笑林报》刊登《李漱筒北魏书例》

1902 年，李叔同在沪上为《三通典辑要》《三通志辑要》题签，署名平湖李广平

母校留碑文

李叔同还在母校历史记忆上留下过他浓墨重彩的特殊笔痕，对此，今人知之甚少。

在上海交通大学校史博物馆的资料中至今保存着一张“白毓崑烈士纪念碑”的旧照片，而碑上铭文，系谁之手笔，无人晓知。因缘际会，经反复考证，笔者有幸成为这段历史记忆的唤醒者，不妨在此一述。

2011年，适逢辛亥革命百年，笔者着意对民国肇始前后李叔同史料进行探寻，通过各地图书馆资料库，获得李叔同1912年主事《太平洋报》编辑时期之相关原始史料。其间，偶见与李叔同同时代之南洋公学校友、辛亥英烈白毓崑之介绍，并得知民国早年间南洋公学曾在校内为纪念白毓崑树有纪念碑。于是，在随后的几次去上海交通大学老校区寻觅南洋公学李叔同陈迹旧踪时，留意寻找此碑，但遍走校园，终不得见。后被交大东大门旁老图书馆东侧一隅的"南洋公学旧物残石"展示区所吸引，一一赏览，流连再三，其中有一方形白石残块，堆叠在旁，不甚起眼，上有铭文，尝依稀可辨，凑近一看，其书体与李叔同所书之魏碑体甚是相仿，几乎不二，引起了笔者的注意。但因李叔同出家前之碑文除《姜母强太夫人墓志铭》外，其他未见有记，故好奇诧异之余，亦无多思量。事后，又赏览李叔同早期之墨迹，反复考量，终觉碑石上字体与李叔同书风相类，不探究清楚心里总不踏实。遂再访沪上交大老校区，至残石前席地而坐，将石上斑驳之文字一一抄录，字字析读，乃知系白毓崑生平铭文。于是恍然得悟，此残石定是辛亥烈士白毓崑纪念碑之旧物遗构。现附上从残石上抄录之铭文，与众分享。

石的一面是：

白毓崑烈士小传（题为笔者所加）

白烈士毓崑，字雅雨，江苏南通县人，前南洋公学师范生，历任母校及澄衷学校、北洋女子师范、法政诸校教师，天津地学会编辑部长。烈士于新旧学皆通牖，地学则好之尤笃，著有书行世。辛亥八月，革命军起于武汉，江南各省云合景从，北方则寂无以应，烈士忧之，誓首先发难，牵制清廷，杀其倾兵南下之势。往说滦州军，从者殆半，举烈士为参谋长，连电清庭迫之退位。清廷大震，某日率兵扑敌，转战殊剧，卒以众寡势殊致败，途出古冶，被执死甚惨。时民国纪元一月七日，享年四十有四。

在上海交大寻白烈士雅雨纪念碑残石

石的另一面是：

白毓崑烈士赞（题为笔者所加）

岁丁塞阸，欃枪惊流。干戈腾沸，天地为愁。铮铮烈士，志扶亚洲。共和政体，誓死长留。常山喷血，殉难滦州。断脰不屈，浩气充周。遗骸零凿，收自朋俦。镌兹贞石，以永千秋。上感苍昊，下铭九幽。

查阅上海交通大学档案馆、校史博物馆所存相关历史资料和文献，在2011年第1363期《上海交大报》第八版“交大记忆”栏目上找到署名胡端撰写的《白毓昆：为辛亥革命殒身不泯》一文，文中写道：“1912年7月，白毓崑烈士灵柩被运回家乡南通。9月，民国政府追授他为陆军上将衔。10月10日，上海高等工业专门学校（交通大学前身）为白毓崑烈士举行了追悼大会。翌年夏天，校园内矗立起一座白毓崑烈士纪念碑（该碑于日军侵占时期被毁，残碑现置于上海交大徐汇校区内）。”此文印证了笔者的推测，交大校园内现存的这块白石就是当年白毓崑烈士纪念碑之残碑遗构。

白毓崑（1868–1912），字雅雨，又雅余，号铣玉，江苏南通人。1899年4月，考入南洋公学师范院，是师范院的第二期学生，并任外院史地课教习。同期同学中还有章宗元、沈庆鸿、张相文、钮永建、吴稚晖等，人才济济。1900年任聘上海澄衷学堂执教史地，与具有民主革命思想和从事革命活动的蔡元培、张相文、钮永建、章太炎、邹容、章士钊等交往，受革命思想影响，立志于“地理学救国”，并以“阐发民族观念为主旨”，专注中国地理学研究；1904年白毓崑随蔡元培加入反清组织光复会，1905年又随光复会并入孙中山领导的同盟会，积极从事有组织的反清革命活动，为反清革命摇旗呐喊。1908年秋，应天津北洋女子师范学堂、北洋法政学堂之聘，携家眷去津，住河北区三马路居易里。1909年9月28日，白毓崑与北洋女子师范学堂教习张相文以及张伯苓、孙师郑、吴鼎昌等27人，在天津第一蒙养院发起成立中国第一个地理学术团体——中国地学会，国学大师章太炎，地理学家白眉初，地质学家章鸿钊，水利学家武同举，历史学家陈垣、张星以及热爱地学的教育家蔡元培等都参与其中。地学会成立不久，白毓崑又于1910年1月，在天津创办了我国第一份近代地理学学术月刊《地学杂志》，出任编辑部长，通过对祖国地理山川的介绍，隐喻清政府丧权卖国，揭露帝国主义

侵略阴谋，从事民主革命活动。《地学杂志》共出181期，前18期都是白雅雨和张相文编辑，南京大学图书馆现藏有部分《地学杂志》。白毓崑一面教学，一面积极宣传民主革命，其进步思想深深影响了他的学生，当时在北洋法政学堂求学的李大钊，就是在老师白毓崑的影响下，从一名普通学生成长为壮怀激烈的革命者。

1911年10月10日，孙中山领导的辛亥革命爆发，在武昌举行武装起义。消息传来以后，作为当时"中国北部的政治运动中心"的天津，为配合武昌起义，支援南方斗争，扩大革命声势，白毓崑在第一蒙养院中国地学会会址创办了中国红十字会天津分会，作为革命的外围组织，集众演说，宣传革命，计划组织人力开赴前线，为革命军做战地服务。随后，又以北洋女子师范学堂和北洋法政学堂的师生为主，在法租界的生昌酒楼组织同盟会在天津的秘密组织——共和会，谋图举义，白毓崑被推举为会长。白毓崑认为："京津清室根本地，京津不动摇，则南军恐难持久；且战期延长，生灵涂炭，予不忍视也。吾辈曷从京津速图大举乎。"于是拟订北方革命计划，筹备发动滦州起义，以动摇"清室的根本"。1911年12月31日，白毓崑等赴河北滦州（今滦县），说服新军中的管带和士兵，发动起义。1912年1月3日，滦州宣布独立，成立北方革命军政府，并通告各国驻华公使，又推举白毓崑为参谋长，王金铭为起义军大都督，施从云为总司令，誓师后起义军发布《讨清檄文》，通电全国，声讨清廷，并向京津进军，准备一举摧毁清王朝。但由于北方军政府副都督张建功叛变，起义军在距滦州城30里、离雷庄8里的铁路线上，遭到清军伏击，恶战失利，起义功亏一篑，白毓崑不幸被清廷通永镇总兵王怀庆俘获。1月7日，英勇就义于通州古冶。刑前，白毓崑写下就义诗："慷慨赴死易，从容就义难。革命当流血，成功总在天。身同草木朽，魂随日月旋。耿耿此心志，仰望白云间。悠悠我心忧，苍天不见怜。希望后起者，同志气相连。此身虽死了，主义永相传。"大义凛然，慷慨赴死。刽子手命其跪下，白毓崑怒斥道："此身可裂，此膝不可屈！要杀则杀，决不受此侮辱！""吾为国充兵，自当为国死。今被逮，吾何讳为？"后被残忍地砍断一条腿，倒于血泊，但仍拒屈膝，又被斩首示众，倒悬于树，其状甚为惨烈。一代志士舍生取义，为国捐躯，时年44岁。

滦州起义虽然短短几天，以悲壮的失败告终，但在清朝的后院点燃了革命的烈火，使清政府南北两面受敌，对推翻帝制、建立共和起到了重大推动作用。辛亥滦州起义加速了清王朝的灭亡，一个月后，末代皇帝溥仪便被迫下诏退位，从秦始皇以来绵延两千多年的封建帝制就此寿终正寝。所以，滦州起义是辛亥革命的重要组成部分，在中国资产阶级民主革命中占有重要位置。也正因为此，李大钊曾疾呼要为白烈士等革命者树碑立传，他在1917年5月《旅行日记》中写道："过雷庄猛忆此为辛亥滦州起义失败之地，白雅雨先生，王金铭、施从云二队官及其他诸烈士，均于此就义焉。余推窗北望，但见丘山起伏，晓雾迷蒙，山田叠翠，状若缀锦，更无何等遗迹可凭吊者。它日崇德纪功，应于此处建一庙宇，或塑钢像以表彰之。"后来又在《五峰山游记》中写道："有一标在此起义，以众寡不敌失败，营长施从云、王金铭、参谋长白雅雨等殉难。这是历史上的纪念地。"

为了纪念白毓崑烈士，1912年2月17日，南京临时大总统令追赠白毓崑为陆军大将军，并以大将军例赐恤。1912年9月，其灵柩从滦州移葬于家乡南通风光胜地狼山，当局和民众为他举行隆重葬礼，1914年阴历十一月，在狼山顶大观台东建墓纪念，墓前"白雅雨烈士之墓"之碑文为张謇所书，墓志铭系南京高等师范学校校长江谦所撰。碑前白石上刻着他的绝命诗，峻青在他的散文《狼山铭》中就曾抄录过此诗，"许多来自四面八方的游客，拥挤在白雅雨烈士的墓前，在抄写这首绝命诗。当然，我也是其中的一个。而今天我还把它全文抄录在这篇文章里面，为的是让更多的人学习我们革命先驱的崇高品质，让更多的人知道这狼山"。我相信，许多人就是通过峻青的这篇《狼山铭》而知道白毓崑的。

1923年，中国地学会在北京后海北河沿11号，将南房三楹改作"白雅雨烈士祠堂"，纪念这位地学宗师，冯玉祥亲题祠额，并刻石《白雅雨祠堂记》以纪念之，由陶懋立撰文，齐白石的老师张伯英书。

1936年，中华民国政府颁布"国民政府令"——《优恤滦州殉难诸烈士明令》，高度评价滦州起义："辛亥光复，发轫于武昌，而滦州一役，实促其成。当日偏师突起，声威所播，全国景从，用能肇建共和，底定全局。所有在事殉难诸先烈，如大都督王金铭、总司令施从云、参谋长白雅雨及以次各将士，慷慨捐躯，大节敫然，洵足以光史乘而资矜式。"4月2日，南京国民政府追赠白毓崑为陆军上将，"交军事委员会均照阵亡例从优议恤"，饬令在北平西山为死难烈士建衣冠冢立纪念碑建园以示纪念。同年，由冯玉祥等人发起并赞助，在北京西山温泉村的显龙山上修筑白毓崑等辛亥滦州起义牺牲

将士衣冠冢和滦州起义革命烈士纪念塔，碑上刻有白毓崑等 14 位烈士的姓名以及追赠的职衔，塔前南北有冯玉祥手书隶体大字“精神不死”“浩气长存”石碑。2006 年，此塔被公布为全国重点文物保护单位。

如此彪炳青史之人杰英烈，作为一名南洋学子，母校当然要为之骄傲自豪而勒石为碑，以纪功德。既有树碑者，当有立传人。那么，白毓崑烈士纪念碑上的铭文到底是出于何人之手笔？是否确如笔者所判断的那样，系李叔同之手迹呢？为此，笔者又走访了上海交大档案馆的研究人员。近年来上海交大在档案管理和利用上做了大量工作，研究人员对所有校藏民国档案都进行了系统整理和分类，完成了档案数字化建设和校史陈列馆的展陈建设，只要档案中确有李叔同与白毓崑碑的相关信息，就一定可以查索得到。于是，在交大档案馆研究人员的帮助下，对学校所藏民国档案一一查寻，最后在历史资料中找到一张《白烈士碑文小传》《白烈士碑赞》的铭文图片复印件和一张纪念碑被毁前完整碑身的图片复印件，其他无更多信息可得，但档案中铭文复印件上的字比现在残碑上所看到的字迹要清晰许多，虽然铭文中没有落款，档案中也没有对碑文作释注，然一眼看去便是李叔同的魏碑书风。于是，更坚定了自己起初对该铭文系李叔同所书之判断。如果此残碑铭文确系李叔同所书，那此碑的文物价值就升之更高，对交大来说无疑也多了一件国宝级文物，交大档案馆的老师们便主动帮助联系了多位校史研究人员、档案研究人员以及早年参与校史研究现退休在家的老教授，询问是否有李叔同为白毓崑碑书铭文之史传或闻听，可惜，答复都说在校史档案资料中从未见到过有关李叔同书白毓崑碑之记载和相关史料信息。此次交大之行，虽无获而返，但查实真相之信心未减更增。

自此，笔者开始广泛收集与南洋公学相关的种种史料，冀从早年南洋公学之原始资料中获得新的线索，求得突破。因南洋公学后期隶属沿革多变，故在资料收集中，但凡见有南洋公学、南洋大学堂、上海工业专门学校、交通大学等信息皆特别关注，仔细阅查，尤其是南洋公学编辑的各类校刊，如南洋公学同学会编辑出版的《南洋》季刊、《南洋》周刊、《校友录》《校庆纪念册》《交大三日刊》等，更是穷文索字。若此种种，广搜博撷，不放过每一个可能有所发现的细节。先是在上海图书馆书库中找到民国六年出版的《交通部上海工业专门学校原名南洋公学二十周纪念》专刊，在其中的《大事记》篇章中发现“中华民国元年壬子（西历 1912）：国庆日为滦州殉义白烈士毓昆开追悼会”“中华民国二年癸丑（西历1913）：夏建立白烈士纪念碑于校园”的准确记载；继而又在民国四年由南洋公学同学会编辑出版的《南洋》刊物中取得突破性发现，获得《白烈士碑文小传》和《白烈士碑赞》手稿影印件，以及明确记录李叔同为白毓昆碑书铭文之重要实证信息。

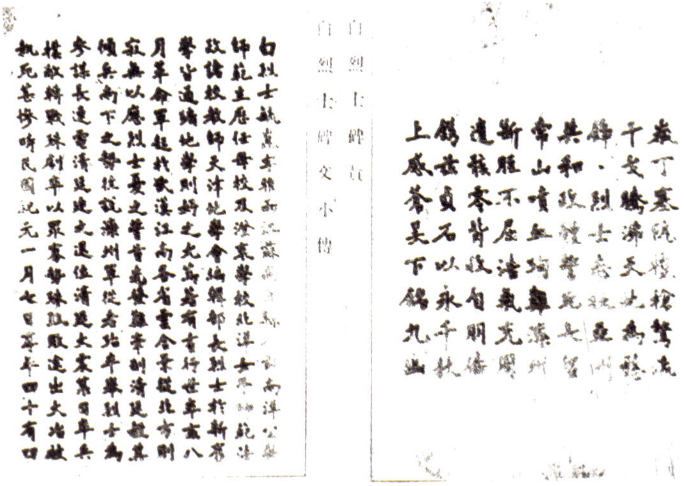

李叔同书白烈士雅雨纪念碑赞文

南洋公学同学会，是南洋公学史上最早的一个社团组织，成立于宣统二年四月，由校友傅纬平、孟纯荪、沈庆鸿、穆湘瑶、胡敦复、马叔平、郁少华、吴步云、张健斋、杨心一等发起组织，总会设于上海。会址初在沪西林荫路正兴里，后迁五马路 1 号，旋迁交通路通裕里，又迁于三马路朝宗坊等，屡有迁徙。曾发行南洋公学同学会第一次报告册，宣统三年发行月刊，民国四年又创刊发行《南洋》季刊，出两期后停刊，后又发行《友声》。同学会每年举行年会一次，会务极盛，影响甚大。后又成立南洋公学北京同学会分会、留美南洋公学同学会分会、留法南洋公学同学会分会等，“分会之特捐，交纳总会，储做母校建筑基金”。

1912 年 2 月 10 日，南洋公学同学会假西门外幼稚所为白毓昆举行追悼会，出席者百余人，沪军都督陈其美献送挽联，南洋公学同学会会长傅纬平主持纪念会，吴稚晖在会上作演说，其盛况 1912 年 2 月 11 日之《时报》上有记。1912 年 9 月，民国政府追授白毓昆为陆军上将衔；1912 年秋，白毓昆灵柩从滦州移葬于家乡南通狼山时，曾途经沪上，蔡元培与黄兴、陈其美、钮永键、吴稚晖等 42 人联名发起举行追悼烈士大会，并刊登通告云：“安庆起义熊烈士成基、滦州起义白烈士雅雨之灵榇，次第经过沪上，同人等共表哀敬，谨择于九月初八日在张园开追悼大会，兼悼首倡暗杀殉身彰德之王

烈士汉，萍醴被逮狱中殉难之刘烈士敬庵。诸公如有祭文、诔歌、挽联、幛轴、花圈等，或合送，或分送，请先期送至大马路同盟会机关部为荷。”10月17日九月初八日，出席追悼会有三百余众，吴稚晖主持，王伯揆报告白毓崑烈士事迹，1912年9月5日和9日的《民立报》都有报道。

从《南洋》会刊刊登的资料可知，1912年10月10日学校为滦州殉义的白毓崑烈士举行追悼会后，南洋公学同学会便发起为校友白毓崑烈士建纪念碑，各地校友和在校师生纷纷响应，踊跃捐款，上海同学会沈心工、穆抒斋、吴畹九、黄韧之、平海澜等28名校友，共捐洋266元；北京同学会孟森、张铸、陈同寿、王世澄等37名校友，捐洋96元；在校师生捐得大洋42元6角8分；在校园中很快圆成建碑盛举。事后南洋公学同学会总会公布《建立白烈士纪念碑收支报告》，并刊于《南洋》中，对建设此碑所涉之相关项目和内容皆作详细交代，如“纪念碑高一丈二尺余”、纪念碑石料选用优质进口的“意大利白花石”、纪念碑外围所设之“铁栏杆重1360磅”、纪念碑碑体周围地坪筑“水门汀地盘二尺深，九尺半见方”、纪念碑建成后又设计了专题明信片并“印明信片1500张”，以及请摄影师对纪念碑进行拍照宣传等；至于纪念碑的碑文，该报告中亦以单独条目加以明确记录，注明白毓崑烈士纪念碑是由“李叔同写碑文润资付洋五元”，从而印证了笔者先前的判断：白毓崑烈士纪念碑之传赞铭文确系李叔同之笔墨。

李叔同书白烈士雅雨纪念碑

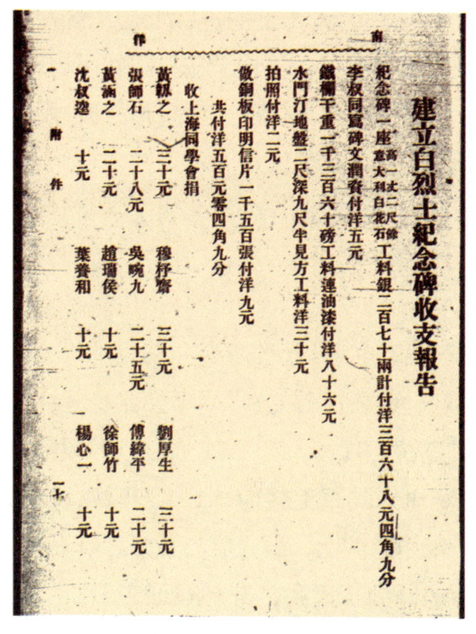

南　　　　　　　　件

建立白烈士紀念碑收支報告

紀念碑一座（高一丈二尺餘 意大利白花石）工料銀二百七十兩計付洋三百六十八元四角九分

李叔同寫碑文潤資付洋五元

鐵欄干重一千三百六十磅工料連油漆付洋八十六元

水門汀地盤二尺深九尺半見方工料洋三十元

拍照付洋二元

做銅板印明信片一千五百張付洋九元

共付洋五百元零四角九分

收上海同學會捐

黃韌之	三十元	穆杼齋	三十元	劉厚生	三十元
張師石	二十八元	吳畹九	二十五元	傅緯平	二十元
黃涵之	二十元	趙瑞侯	十元	徐師竹	十元
沈叔逵	十元	葉養和	十元	楊心一	十元

一　附　件　　　　一七

《南洋》刊登《建立白烈士纪念碑收支报告》中记录了“李叔同写碑文润资付洋五元”

可惜的是，1937 年 11 月 30 日，交大被日本宪兵队侵占，校内未能迁出的设备、仪器、图书等校产，悉为日军所占和破坏，白毓崑烈士纪念碑、盛宣怀铜像亦皆遭毁。所幸的是，勒有李叔同文字《白毓崑烈士传赞》的纪念碑束腰碑石残构和须弥座遗石，虽历经百年风雨沧桑，尚存校园一隅，成为李叔同留给母校的永远记忆。

可以说，在南洋公学蔡元培门下的这两年学习熏陶经历，不仅为李叔同储备了学识、智慧、经验和社交人脉，而且培养了李叔同拥有一种能够以开放的胸襟、创新的意识和理念去面对社会，以身体力行的实践去影响社会并主动地改变人生的能力。南洋公学特班，看似短短的两年，却是古今的兼容、中西的并蓄、多元的碰撞；两年的积淀，为李叔同日后在沪学会、留学日本以及后来的沪上办报、浙宁从教，乃至出家后的弘法教传，都打下了不浅的文化因缘根基。

寻　踪

交大徐汇校区

从平湖汽车北站出发，公交车至嘉善高铁站下，坐上嘉善至上海的动车，半小时后，抵达虹桥火车站。转地铁十号线，往新江湾城方向，经九站，至交通大学站下。沿华山路至 1594 号，即现在交大徐汇校区之东大门。

从交大校史档案馆保存之清末南洋公学校园区域图来看，当时整座校园北以乔敦路（淮海西路）为界，南与虹桥路相依，西以哥伦比亚路（番禺路）为邻，东与徐家汇路相傍，南洋公学的校门则坐落在校区之东，法华泾边的徐家汇路上，即相当于今天交大华山路东校门的位置。

上海交大老图书馆后一角

通过查阅校史档案馆保存的老照片，我们知道，当时南洋公学的校大

门是一座具有中国传统特色的牌楼式建筑，门前有一座桥，与校园中央干道主轴线直接贯通，门前桥下的小河就是法华泾。

进入校门，左侧便是南洋公学老图书馆，现在是交大校史博物馆和档案馆之所在。

李叔同时期的南洋公学建筑旧影，在如今的上海交通大学徐汇校区内仍依稀可见，如建于清光绪二十五年（1899）的“中院”和建于 1918 年的“老图书馆”等，都承载着南洋历史的斑驳痕迹，向世人诉说着百年变迁的曾经沧桑，现都被列入上海市优秀历史建筑名录。

档案史料说话

而有关南洋公学的更多资料，笔者借助上海图书馆历史文献部所收藏的盛宣怀档案以及《南洋大学学生生活》《南洋》《交大三日刊》等清末民初诸种期刊，从中获得较为详细的原始信息数据，整理还原出李叔同时期之南洋公学旧况。20 世纪初的南洋公学，主要建筑除了上院、师范院、中院、下院外，还有监院住宅和总理公馆各 1 所，教职员住宅 3 所，养息所和音乐亭各 1 座；在上院和中院的南面是学校的大操场，操场再往南是一所花园，校园内植树绿化，铺草地 30余亩，学堂规模初具。李叔同就读的南洋公学特班，课堂教室和学生宿舍都被安排在当时刚落成的上院新大楼。

南洋公学上院：李叔同学习和生活的地方

南洋公学中院

抄录白烈士雅雨纪念碑残石上的铭文

李叔同学习生活之上院

上院，是南洋公学的大学部，由南洋公学监院、美国人福开森设计，建成后在当时被称为上海最伟大的建筑之一，始建于清光绪二十四年（1898），历时3年，于清光绪二十六年（1900）落成。

整座上院，建筑平面呈“山”字形，为英式文艺复兴风格，系三层砖木结构楼房，屋面采用中国式的瓦盖顶，底层建有拱券式长外廊。建筑正立面长约66米，后有楼房3幢相接，每幢纵深约40米，总占地面积约2890平方米，建筑面积6500平方米，造价耗银达82908两。

南洋公学下院学生餐厅

上院顶层中央耸立着一座四方形的钟楼，底楼中间是一个可以容纳800人的大礼堂和一座高高的讲台，1911年12月底孙中山赴南京就任临时大总统前夕，曾在此礼堂向师生作演讲。

礼堂东侧有办公室、教务长室、庶务室、会计处、文案处、中文案处、典籍处和一间可以容纳四百多人用餐的食堂，食堂后面是厨房、沐浴室等；礼堂的西侧是学生会办事室、教室、医药室和诊病室等。

二楼是学监室、阅报室、物理实验室、仪器室及大小教室十余间，大教室可容学生70人，小教室则为20人，另有物理大教室一间，能容150人。除了特班，我国教育史上第一个商务专科、第一个电机专科和铁路管理专科均诞生在上院。

三楼是学生宿舍，共有大小宿舍52间，朝南的大宿舍，面对操场，每间可住八人，其他小房间每间可住二三人。由于学习和生活安排在同一楼，所以上院是李叔同和他的同学们学习、生活的主要场所。

1957年3月7日，李叔同的同学黄炎培在《文汇报》上发表《我也来谈谈李叔同先生》一文，回忆那段历史：“叔同名广平，原籍浙江平湖，出生

于天津盐商的富有家庭。同学时他刚二十一二岁。书、画、篆刻、诗歌、音乐都有过人的天资和素养。南洋特班宿舍有一人一室的，有两人一室的。他独居一室，四壁都是书画，同学们很乐意和他亲近。”

蔡元培在 1936 年撰文《记三十六年以前之南洋公学特班》，记述特班往事，文中引特班同学彭清鹏所述：“开学以后，陆续报到者三十八人，均寄宿校中。”由此可以证明，李叔同在特班就读期间，是住校的，且住在上院三楼北面的小宿舍，李叔同一人独住一间。

1901 年岁末，李叔同曾致信好友许幻园：“云间谱兄大人经席：奉上素纸三叠，望察收。是序明正作好不迟，付印须二月时也。命书之件，略迟报命。前见示佳者，盥诵再四，哀艳之思，溢于毫素，佩甚佩甚!暇当掇拾数什，奉和大雅；但珠玉在前，而瓦砾恐瞠乎其后耳。雨雪霁时，知己倘有余晷，请到敝寓一叙。临颖依依，曷胜眷眷。即请。大安。如小弟成蹊顿状。”从李叔同在信中邀请许幻园来舍一聚之说，亦可佐证李叔同在公学就读时并非住在城南草堂，而系住校。上院是李叔同在南洋公学求学期间，学习和生活的地方。

1954 年，上院建筑因屋架倾斜而成危楼后被拆除，遂在原址重建建筑，并增高至四楼，建筑面积亦扩大到 9746 平方米，这就是交大现在的“新上院”。

法徐家汇路

在调查中发现，有一点需要特别说明。那就是，当时南洋公学所在的徐家汇路与我们现在所说的徐家汇路并不是同一条路。

在清末的上海滩其实有两条同名的徐家汇路，今人未必知道。1860 年，太平军攻克苏南、浙北等地，继而攻打上海，租界当局借口保护侨民利益、抵御太平天国的进攻，与上海县共同订立了联合防御协定，在租界外越界修建马路，以方便军事通行。

于是，法国人于 1861 年，在租界外修筑了一条全长 8000 米多的“┘”形马路，该马路的南北段是今天的西藏南路一部分至肇周路，东西段是沿肇嘉浜北岸的斜桥至徐家汇，而其中沿肇嘉浜北岸斜桥至徐家汇的这一段东西向路，当时名之为“徐家汇路”，因系法国人修筑，故又称“法徐家汇路”。

1906 年，上海县士绅出资填没肇嘉浜之打浦桥以东的河道以筑路，其中由打浦桥至斜桥段填河筑路后与“法徐家汇路”连接，一并归入了“法徐家汇路”。自肇嘉浜东段遭填没以后，该河就成了一条死河臭浜。

南洋公学更名为交通部上海工业专门学校时的校门

抗战时期，日军侵占上海，众多流离失所的穷苦贫民逃难至肇嘉浜两岸，搭棚落脚谋生，肇嘉浜两岸便成为旧上海有名的破烂不堪的棚户区。

1948 年 6 月交通大学校门旧影

上海解放后，当时的陈毅市长十分关心肇嘉浜的改造，1954 年，上海市人民政府决定完全填没肇嘉浜，辟筑肇嘉浜路，并将原来“法徐家汇路”打浦桥以西段并入肇嘉浜路，这样原来通达徐家汇的“法徐家汇路”便一分为二成为肇嘉浜路和徐家汇路两条马路，而徐家汇路也就仅指东起制造局路，西至瑞金南路这一段，从此再也到不了徐家汇了，于是上海民间便有“徐家汇路不通徐家汇”的趣话。

英徐家汇路

而就在法国人建筑“徐家汇路”后一年的 1862 年，英国人也修建了一条从静安寺愚园路到徐家汇的马路，全长 4320 米，这条南北向的马路亦同样取名为“徐家汇路”。

为示区别，人们便将法租界公董局所筑之徐家汇路称为“法徐家汇路”，英租界工部局所筑之徐家汇路称为“英徐家汇路”，而南洋公学所在的徐家汇

路，指的就是“英徐家汇路”。

故此段南洋公学所在的“英界”徐家汇路与“法界”徐家汇路是两条同名不同路的道。

而南洋公学校门口所在的“英徐家汇路”，其路名一直延用到 1921 年。1914 年第一次世界大战爆发后，英国远征军总司令道格拉斯·海格（Douglas Haig）出兵法国，在 1916 年至 1917 年的三次索姆河战役中，他率领的英军击溃了德军的主力，为了纪念海格作出的贡献，工部局于 1922 年将北起愚园路，南止贝当路（今衡山路）段原“英徐家汇路”正式更名为“海格路”（Avenue Haig），今天的静安宾馆旧称“海格公寓”，就是因路而得名。

1943 年，汪伪上海市政府接收租界后决定对租界内路名进行更名，取消原来的外国路名，统一使用中国路名，于是，海格路又改名为“华山路”，且一直保留沿用至今，此路现跨静安、徐汇、长宁三区。

故南洋公学校址所在之徐家汇路，前后经历了英徐家汇路——海格路——华山路三易路名之历史。

校名更替

一百多年来，何止路名有变，南洋公学校名亦屡有更替：南洋公学（1896—1905）、商业部高等实业学堂（1905—1907）、邮传部上海高等实业学堂（1907—1911）、南洋大学堂（1911—1912）、交通部上海工业专门学校（1912—1921）、交通大学上海学校（1921—1922）、交通部南洋大学（1922—1927）、交通部第一交通大学（1927—1928）、国立交通大学上海本部（1928—1942）、国立交通大学重庆总校（1942—1946）、国立交通大学（1946—1949）、交通大学（1949—1957）、交通大学西安部分（1957—1959）、西安交通大学（1959—至今）、交通大学上海部分（1957—1959）、上海交通大学（1959—至今）。如今，上海交大有徐汇、闵行、法华、七宝和卢湾 5 个校区。

小　结

经此梳理，可以清晰地表述李叔同 1901 年 9 月至 1902 年 10 月居住沪上的住址应该是：徐家汇英徐家汇路南洋公学上院三楼特班宿舍；也就是当下的徐汇区华山路 1954 号上海交通大学徐汇校区内新上院院址所在。

第四章　西门外宁康里

事　迹

离沪返津

1905 年 3 月 10 日（二月初五），李叔同母亲王凤玲（1861—1905）在上海城南草堂离世，享年 44 岁。安排好沪学会义务小学种种校务、处理好沪上诸事后，7 月，李叔同携妻儿，扶母柩，乘轮回津，为母亲操办丧礼。

当时天津的《大公报》对李叔同为母亲举办的这次文明葬礼曾有连续报道。7 月 23 日报载通告："河东李叔同君广平，新世界之杰士也。其母王太夫人月前病故，李君特定于本月二十九日开追悼会，尽除去一切繁文缛节，别定新仪。本馆已得其仪式及哀歌，因限于篇幅，俟再登录。"7 月 24 日又

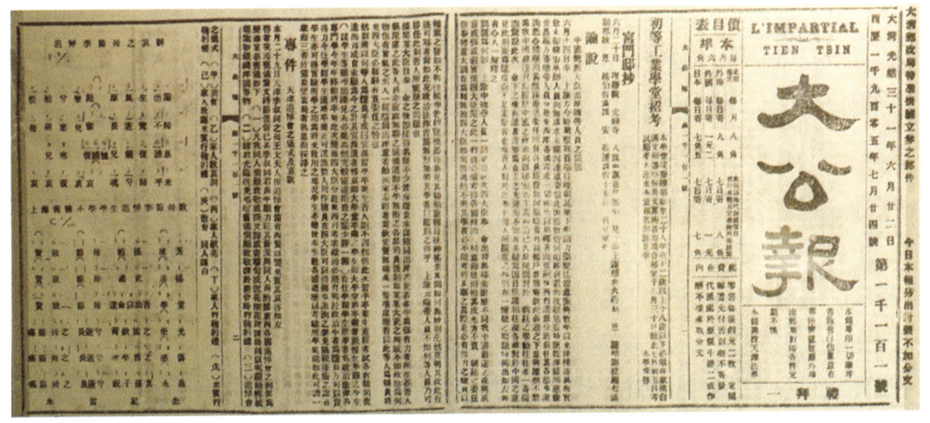
大清光緒三十一年六月廿二日
西歷一千九百零五年七月廿四號
第一千一百一號
L'IMPARTIAL
TIEN TSIN
大公報
初等工業學堂招考
論說
專件

1905 年 7 月 24 日，天津《大公报》刊登李叔同为母亲举办文明葬礼及《上海义务小学学生追悼李节母歌》《追悼李节母之哀辞》

以《天津追悼会之仪式及哀歌》为题刊出“专件”：

“本月二十九日，天津李叔同之母王太夫人开追悼会备有西餐以飨来宾，其哀启如左。启者：我国丧仪繁文缛节，俚俗已甚。李叔同君广平愿力祛其旧。爰与同人商酌，据东西各国追悼会之例，略为变通，定新丧仪如下：(一)、凡我同仁倘愿致敬，或撰文诗，或书联句，或送花圈花牌，请毋馈以呢缎轴幛、纸箱扎彩、银钱洋圆等物；（二）、诸君光临，概免吊唁旧仪，倘愿致敬，请于开会时行鞠躬礼；（三）、追悼会之仪式：（甲）开会，（乙）家人歌哀词，（丙）家人献花，（丁）家人行鞠躬礼，（戊）来宾行鞠躬礼，（己）家人致谢来宾，行鞠躬礼，（庚）散会。同人谨白。”

在哀启旁同时刊登了两首哀歌《追悼李节母之哀辞》《上海义务小学学生追悼李节母歌》，词曲者未署，但观“松柏兮翠蕤，凉风生德闱。母胡弃儿辈，长逝竟不归。儿寒复谁恤？儿饥复谁思？哀哀复哀哀，魂兮归乎来”哀辞文句之语气，此歌应系李叔同所作。8 月 2 日的《大公报》又以“纪追悼会”为题，刊发了此次追悼会之会况：

“六月二十九日午后两点钟，李叔同君为其太夫人开追悼会，到者四百余人。奥工部官阿君、医官克君、高等工业学堂顾问官藤井君、松长君、单味仁司马、学务总办严范孙君、高等工业学堂监督赵幼梅君，又各学堂校长、教员等大半，皆与斯会，可云胜矣。所收之挽联哀词凡二百余首，闻将付印，以广流传云。”

报道中所述六月二十九日系旧历，即 7 月 31 日，由此可知，李叔同为母亲所办文明丧礼的时间应该是在 1905 年 7 月 31 日下午。以往林子青《弘一法师年谱》增订版中，引 1988 年 4 月 20 日《天津日报》所刊《李叔同史料的新发现》中所述 7 月 29 日开追悼会，时间有误，在此予以更正。时任直隶学务处总办的严修携天津教育界诸多同人参与了此次追悼会，一同见证李叔同为纪念母亲而举办开风气之先的新式文明葬礼。前来参加葬礼的日本友人中有多人是直隶工业学堂的教习，其中的松长长三郎是明治三十二年（1899）东京美术学校图案科的毕业生。

明治维新后日本迅速崛起，国势日盛，甲午一役中国的惨败，唤醒了一大批像李叔同那样的有识之士，也深深地触动了清廷，他们开始反省弹丸之日本为何能强大，大中国为何不敌小日本，试图从日本的快速发展中借鉴经验，并学习日本的学校教育和教育制度，加以效仿和变革，同时把近邻日本视作中国人向西方学习的捷径和中介。1896 年，清政府派遣 13 名年轻学子赴东京高等师范留学，拉开了中国人留学日本的序幕。李叔同亦想从日本的变革中找到能够打开他心结的钥匙，于是，他选择了自费赴日留学之道。

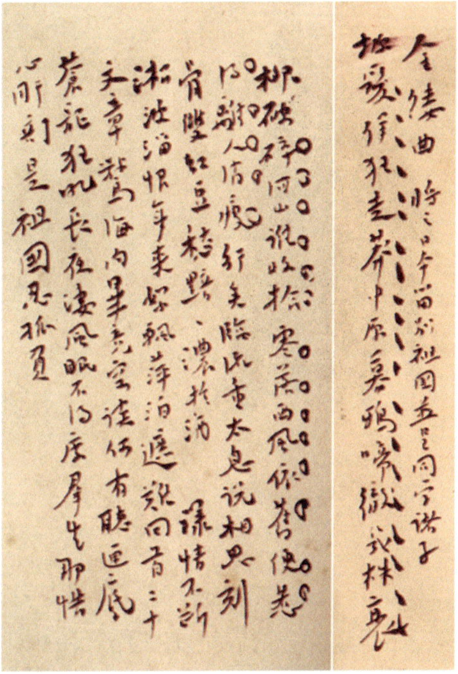

旧历七月十一，在李叔同离开天津赴日求学的前一天，严修约了李叔同、李桐冈昆仲，以及刚从日本留学归来不久的胡家祺，还有李叔同的好友周啸麟等一同西餐叙会，为李叔同赴日留学饯行送别。行矣临流重太息，愁黯黯，浓于酒。曾经二十文章惊海内的李叔同，为了祖国，为了理想，他要絮漂萍泊离开家乡了。是祖国，忍孤负！今天的离开，是为了明天的回来。

李叔同赴日前所写《金缕曲》之手稿

1905 年旧历七月十二，也就是 1905 年 8 月 12 日这一天，26 岁的李叔同，离开了天津，取道沪上，东渡日本。离开上海前，他写下了慷慨激昂的词句《金缕曲》，留别祖国，并呈同学诸子：

“披发佯狂走，莽中原、暮鸦啼彻，几株衰柳。破碎河山谁收拾？零落西风依旧。便惹得、离人消瘦。行矣临流重太息，说相思、刻骨双红豆。愁黯黯，浓于酒。漾情不断淞波溜。恨年来、絮飘萍泊，遮难回首。二十文章惊海内，毕竟空谈何有？听匣底、苍龙狂吼。长夜凄风眠不得，度群生、那惜心肝剖？是祖国，忍孤负。”

自此，他开始了 6 年多试图通过艺术来收拾破碎河山、实现济世救国度群生的求学寻梦之旅。

留日因缘

东渡日本后的李叔同，一面补习日语、画事、写生等，俟待学校招生考期，一面积极参与社会诸种文化艺事。我们在留日学生高天梅、陈去病 1905

李叔同留日时旧影

美術 71

圖畫修得法　惜霜

我國圖畫發達蓋早。黃帝時史皇作繪。圖畫之術。實肇乎是。有周聿興。司繪置專職。技事寖盛。漢唐而還。流派灼著。道逮烈矣。顧秘家鮮傳。教授無法。淺學之士。靡自問津。又其涉想所及。狃於故常。新理妙法。匪所加意。言之可爲於邑。不佞航海之東。忽忽逾月。耳目所接。輒有異想。冬夜多暇。掇拾日儒柿山松田兩先生之言。間以已意。述爲是編。夫唯大雅。倘有取於斯歟。

第一章　圖畫之效力

渾渾圜球。汶汶衆生。洪荒而前。爲嗣爲芽。吾靡得而論矣。迨夫社會發達。人類之思

美術　圖畫修得法　一

美術 61

水彩畫法說略　息霜

西洋畫凡十數種。與吾國畫法稍近者。唯水彩畫。爰編纂其畫法大略。凡十章。以淺近切實爲的。或可爲吾國自修者之一助焉。

第一章　水彩畫材料

第一節　繪具箱

繪具箱即顏料盒。鐵葉製。外塗黑色。內塗白色。中以鐵葉分劃隔閡。貯各種繪具。（繪具即顏料）

繪具有兩類。（甲）乾製之繪具。與吾國之顏料相似。久藏不變色。惟用時須以筆擦之。易與他色相攙雜。不能十分純潔。然價值較廉。日本中小學校多用之。（乙）煉製之繪具。以溶解之顏料入鉛管貯之。用時擠出少許。用畢所餘之殘色。棄去不

美術　水彩畫法說略　一

1905 年，《醒狮》刊登李叔同《图画修得法》《水彩画略说》等文章

年秋创刊于东京的《醒狮》月刊上可以看到李叔同当时用“惜霜”“息霜”笔名，为该刊“美术”栏目撰写的《图画修得法》《水彩画略说》等文，在“文苑”栏目发表《为沪学会撰文野婚姻新戏册既竟系之以诗》《金缕曲·将之日本留别祖国并呈同学诸子》《滑稽传题词》《天末》和《喝火令》诸诗文。

1906 年正月，李叔同独自编撰出刊了中国历史上第一本音乐刊物《音乐小杂志》，在日本印成后，寄回国内发行。书中编写了介绍音乐大师贝多芬的文章《乐圣比独芬传》，并用炭笔精心绘制了“乐圣比独芬像”，成为第一个向国人介绍贝多芬的中国人；并引入日本、德国等音乐，洋为中用，为自己创作的《隋堤柳》《我的国》和《春郊赛跑》三首词配了曲；在序言中，李叔同阐述了音乐可以发挥巨大社会功能的观点，体现了他的音乐启蒙教育思想和音乐观。1906 年夏，李叔同加入了日本当时最负盛名的汉诗团体——随鸥吟社。与日本的汉诗大家森槐南、永阪石埭、本田种竹、日下部鸣鹤、大久保湘南等交往；7 月 1 日诗社在偕乐园举行“追荐物故副岛苍海等十名士”宴会，李叔同以李哀之名，初次与会，即席赋诗二首：“苍茫独立欲无言，落日昏昏虎豹蹲。剩却穷途两行泪，且来瀛海吊诗魂。”“故国荒凉剧可哀，千年旧学半尘埃。沉沉风雨鸡鸣夜，可有男儿奋袂来。”7 月 8 日在上野公园之三宜亭开诗社例会时，由森槐南主讲我国晚唐诗人李商隐的代表作《送千牛李将军赴阙五十韵》，李叔同以李息霜之名亦到会聆听。会上诸诗友即兴和联

句三十二句，由大久保湘南起句“星河昨夜碧沄沄”，李叔同作第五句为“仙家楼阁云气氲”，森槐南作最后压句“故乡款段思榆枌”。诗社社友玉池曾宴请李叔同及好友梦香、藏六，李叔同席间和玉池旧作诗韵，赋诗：“昨夜星辰人倚楼，中原咫尺山河浮。沈沈万绿寂不语，梨叶一枝红小秋”，并即兴绘水彩画一幅，玉池又叠韵为李叔同画幅作题：“古柳斜阳野寺楼，采菱人去一船浮。将军画法终三变，水彩工夫绘晚秋。”从玉池的题诗中可知李叔同即兴绘就之水彩画是一幅夕阳西下、人去舟空、古柳寺楼的晚秋图，惜今已无见。随鸥吟社社刊《随鸥集》亦先后刊登了李叔同以李哀、息霜之名发表的《春风》《前尘》《朝游不忍池》《凤兮》诗作，主编大久保湘南在李叔同的诗后还一一作评，或云“顽艳凄丽，异常出色”“奇艳之至，其绣肠锦心，令人发妒”。再云“如怨如慕，如泣如诉”“所见无非愁景，所触无非愁绪”，不吝赞美之词。可见，初到日本的李叔同很快在绘画、音乐、文学诸领域融入其中，学用并重，文艺相长。

1916 年 9 月，李叔同以优异成绩顺利通过东京美术学校的撰科入学考核，成为少数几个以自费生资格考入文部省直辖之官立高等学校的中国学生。从清朝直接管理留日学生事务之“游学生监督处”所编《官报》中所载数据可知，1905 年考入东京美术学校学习的外国留学生仅 4 人，其中 1 名中国留学生黄辅周考入西洋画撰科，工艺科三名外国留学生分别是泰国 2 人，印度1 人；1906 年东京美术学校核定入校学习的中国留学生指标数是 3 名，李叔同和曾延年考入代表亚洲美术最高水平的东京美术学校西洋画撰科，谈谊孙考入雕刻撰科。当时，报考西洋画撰科的共 30 人，成为本科生的只有 5 人，李叔同就是 5 人其中之一。日本留学生监督处所办之第 37 期《官报》“学界纪事”中有云：“前游学日本之中国学生人数虽几及万，而其人官立高等各学校者百不一二。”而李叔同无疑就是这百不一二学子中之翘

1906 年，李叔同在日本编纂刊行《音乐小杂志》

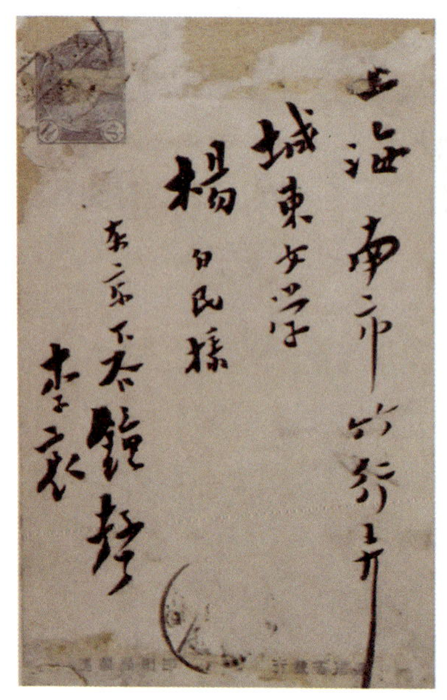

文芸協会会員名簿 [28863]
李哀（李叔同）
住所に「下谷区池之端七軒町
二十八　鐘声館」とある。

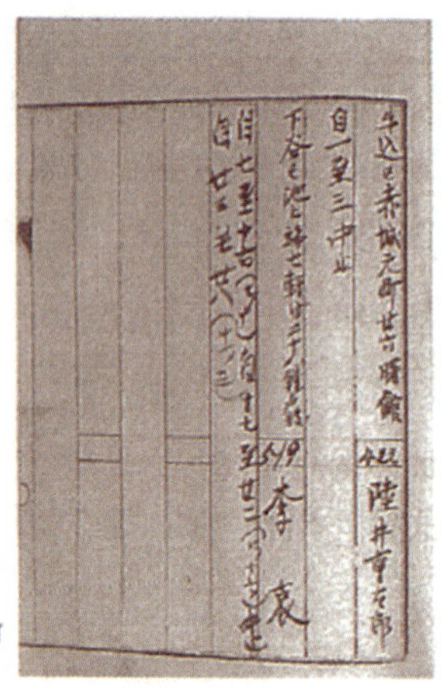

[3-4] 1906年

李叔同在东京的住址

楚。李叔同遂以李岸之学名，开始了新的艺术人生，在校师从日本著名油画家黑田清辉习西洋画，同时，又在校外从上真行勇学西洋音乐，专攻钢琴和作曲；并从原先租住的“小迷楼”搬至东京下谷区茶屋町一番地中村寓所，同年底，又移至东京下谷区清水町一番地越岛寓所，此后，再迁至春柳社事务所所在的东京下谷区池之端七轩町 28 番地钟声馆。明治三十九年 10 月 4 日（1906年 10 月 4 日）东京《国民新闻》报上曾刊发记者采访李叔同后撰写的一篇图文报道《清国人志于洋画》，文中有一段记者与李叔同的对话：“何时入美术学校?”“9 月 29 日。”故李叔同入学的准确时间可确定为 1906 年 9 月 29 日。

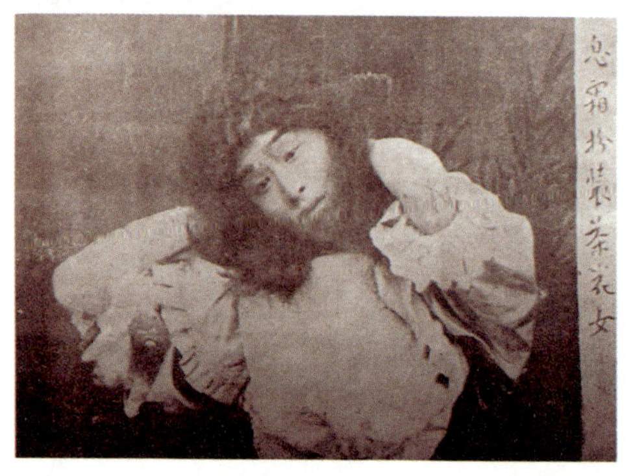

1907 年 2 月，李叔同在《茶花女》中扮演玛格丽特

留学期间，李叔同被日本新派剧中的民主精神和新颖形式所吸引，并在戏剧表演上进行探索，得到日本新派戏剧家川上音二郎和藤泽浅二郎教导和帮助。1906 年冬，李叔同携曾孝谷等留日学人在东京创办了新剧团体春柳社，开始并致力于话剧实践。1907 年

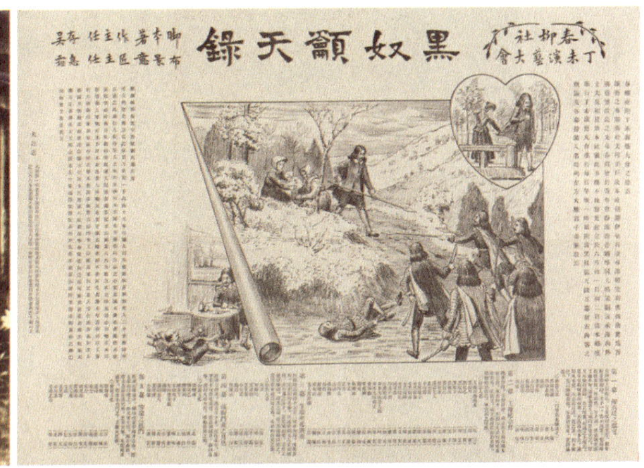

1907 年，李叔同（左）与曾孝谷在春柳社演剧时留影

1907 年 6 月，李叔同在《黑奴吁天录》中出演爱美柳夫人，并担纲布景设计和创作主任

2 月，春柳社在新落成的中华基督教青年会礼堂演出了法国小仲马的名剧《茶花女》第三幕，李叔同扮演茶花女玛格丽特，剧中布景策划和绘制都出自李叔同之手笔，这是春柳社的第一次演出，也是中国人第一次演话剧。继《茶花女》成功上演之后，6 月，春柳社开丁未演艺大会，又上演根据美国作家斯托夫人的小说《汤姆叔叔的小屋》改编的话剧《黑奴吁天录》，共五幕，李叔同在剧中出演爱美柳夫人，并担纲布景设计和创作主任。李叔同的话剧实践，使其当之无愧地成为开创中国话剧之先河者。日本戏剧评论家松居松翁在《对于中国剧的怀疑》一文中说：“中国的演员，使我最佩服的李叔同君！他在日本时，虽仅仅是一位留学生，但他所组织的春柳社剧团，在乐座上演椿姬一剧，实在是非常好，不，与其说这个剧团好，不如说这位饰茶花女的李君演得非常好。”洪琛在他的《从中国的新戏谈到话剧》一文中，称李叔同的春柳社是中国“戏剧革命”的先锋队，是我国现代剧的开山鼻祖。

李叔同在东京美术学校的毕业照

1907 年，李叔同依清政府《管理日本游学生监督处

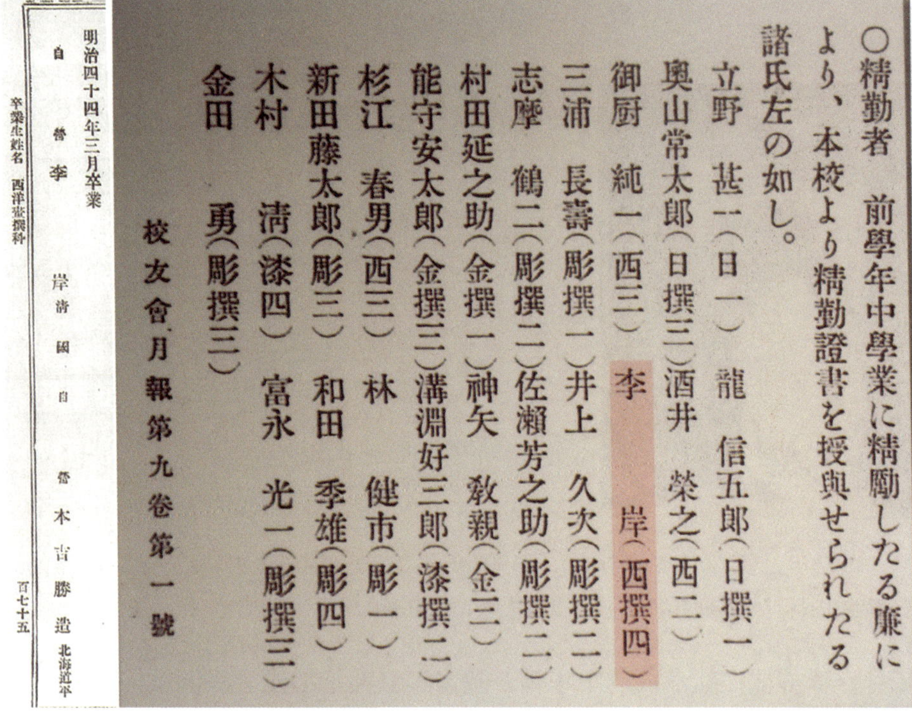

○精勤者　前學年中學業に精勵したる廉により、本校より精勤證書を授與せられたる諸氏左の如し。

立野　甚一(日一)　龍　信五郎(日撰一)
奥山常太郎(日撰三)酒井　榮之(西二)
御厨　純一(西三)　李　　岸(西撰四)
三浦　長壽(彫撰一)井上　久次(彫撰二)
志摩　鶴二(彫撰二)佐瀬芳之助(彫撰二)
村田延之助(金撰一)神矢　敎親(金三)
能守安太郎(金撰三)溝淵好三郎(漆撰二)
杉江　春男(西三)　林　　健市(彫一)
新田藤太郎(彫三)　和田　季雄(彫四)
木村　清(漆四)　冨永　光一(彫撰三)
金田　勇(彫撰三)

校友會月報第九卷第一號

明治四十四年三月卒業
自費　李　岸　清國
自費　木吉勝造　北海道平
卒業生姓名　西洋畫撰科
百七十五

李叔同在东京美术学校毕业之时间，以及留日时获全校“精勤者”荣誉称号

章程》第四节中“凡自费学生能考入官立高等或专门学校及大学者，应由总监督商请该生本省督抚，改给官费”的奖励规定，由自费生改为官费生，并享受官费生学习期间免费医疗待遇。

1911 年 3 月 29 日，李叔同以优异的成绩完成在东京美术学校 6 年的本科学习。《东京美术学校校友会月报》1910 年卷第一号上曾公布表彰荣获全校“精勤者”荣誉称号的学生名单，上面记载道：“前学年中，精勤学业者，由本校授予精勤证书。”当时全校 21 名获奖者中，外国留学生只有一名，而李叔同就是这仅有一名的获奖者。如今的东京艺术大学中，仍保存着李叔同的毕业成绩单，明确记录着李叔同是当时同学中的佼佼者。其毕业创作作品《自画像》更是承接黑田清辉老师的衣钵，大胆地展示西方印象派画风，特立于其他同学之上，被母校收藏，至今仍完好宝藏在东京艺术大学美术馆。东京美术学校毕业生档案资料中还记录着李叔同毕业之时间：“明治四十四年三月卒业李岸清国。”1911 年 3月，李叔同以优

1911 年，李叔同毕业前创作的油画作品《自画像》

异的成绩完成在东京美术学校六年的本科学习。

归国津门任教

1911 年 4 月 14 日前夕，在日本完成了学业的李叔同，在从日本回到了天津。

学成归国后的李叔同，乘海轮回国，经停沪上，再北上天津。1911 年 4 月 14 日前夕，时隔 6 年之后，李叔同回到了天津。在好友严修等的邀请和游说下，李叔同诺应天津直隶高等工业学堂校长邢端、教务长顾石臣之聘，受任直隶高等工业学堂教职，出任该校图画老师。学校也满足李叔同提出的任职三条件：1.课程须己所长者方可担任；2.到堂须暑假后；3.每日钟点须不过三小时。1911 年秋李叔同开始了他在直隶高等工业学堂的图画教师生涯。

天津粮店后街 60 号李宅

職務	姓名	履歷
化學教員	駒井於菟	日本國人日本大阪高等工業學校畢業
化學教員	張　奎	字星五江蘇上海縣人日本帝國大學應用化學
化學物理教員	張善揚	字寶卿浙江吳興縣人美國康乃爾大學校畢業
化學物理教員	章以黻	字作民浙江吳興縣人美國康乃爾大學校畢業
化學教員	陸寶淦	字次蘭江蘇常熟縣人美國[illegible]立諾大學校及[illegible]校畢業
化學教員	施綸元	字經笙浙江錢塘縣人美國賓府大學校畢業
化學教員	王秉善	字叟閣江蘇上海縣人英國愛丁堡大學理化科
化學教員	沈敬承	字叔虔江蘇驛亭縣人山西大學校畢業
化學教員	鈕翊青	字翊青浙江吳興縣人北洋大學校畢業
機械教員	吉岡寶	日本國人日本大阪高等工業學校畢業
機械教員	莊岩生	日本國人日本東京高等工業學校畢業
機械教員	何賢樑	字子參廣東東莞縣人福建船政後學堂畢業
英文物理教員兼庶務長	孫鳳藻	字子文直隸天津縣人北洋育才館畢業
圖繪教員	松長長三郎	日本國人日本東京美術學校畢業
圖繪教員	原田武雄	日本國人日本東京高等工業學校圖按科畢業
圖繪教員	孫鳳墀	字桐勛直隸天津縣人
圖繪教員	李　哀	字叔同直隸天津縣人日本東美術學校畢業
英文教員	陳良謨	字典方廣東東莞縣人香港皇仁大書院畢業
英文算學教員	徐　田	字硯農廣東香山縣人北洋大學堂畢業
中學科主任兼英文教員	鍾世銘	字惠生直隸天津縣人美國哈佛大學校畢業

十六

直隶高等工业学堂教员表

直隶高等工业学堂的前身是洋务运动时清政府创办于1903年的北洋工艺学堂，1904年改为直隶高等工业学堂，1912年改名直隶高等工业学校，1913年又改称直隶公立工业专门学校，是河北工业大学的前身。据1916年编印的《直隶公立工业专门学校同学录》记载，在该册第17页学校教员名录之图绘教员一栏中，有“李哀，字叔同，直隶天津县人，日本东京美术学校毕业”条目。李叔同留学回国后的这半年时间就是在天津直隶高等工业学堂度过的。

在津期间，李叔同住在粮店后街李公馆。李家天津的公馆寓所坐落在奥租界粮店后街60号，靠近老三岔河口，沿街而建，坐西朝东。前门是粮店后街，后门在粮店前街，是一座平面呈“田”字形的大宅院，由四套四合院组成，有正房、厢房、佛堂、过厅、游廊等大小房屋60余间，占地1400平方米。

李公馆大门门楣上有极为精细的“百兽图”镂刻砖雕，门匾“进士第”是李叔同父亲李筱楼的好友、清道光二十七年丁未科同科进士李鸿章所题。迎面是刻砖影壁，在大四合院的居中位置营有小园林，名为“意园”。意园有东、西两屋，李叔同从日本留学回国后对西屋又做装修布置，称之为“洋书房”，是李叔同的书房；东屋称“中书房”是藏书室，藏有线装古版书5000余册。

李叔同次子李端曾口述历史，回忆李家前尘旧事，王慰曾将其所述内容整理成《家事琐记》一文，李端是这样回忆洋书房和他的父亲李叔同的：“洋书房是一间刀把状的西屋，瓦顶上设有流水沟，朝东朝南有窗，窗为两层玻璃门一层纱门，屋里有中式木床和书橱，格局颇为讲究。据说当时天津的一些大家富户，都要有一点洋式的建筑，以示文明阔气。”“洋书房里的布置，听说早年在墙上挂过先父在日本时画的油画，为一裸体日本女人，一时在亲友中传为奇事。屋中还摆过风琴或钢琴。”“先父从日本留学回津以后，于课余之暇，经常在这间‘洋书房’里工作和接待贵宾。有一次我在前院玩，见父亲正送客人出门，我忙躲藏在门房里。客人走后，我问是谁，老家人张顺说是上海的许老爷，来了多次，还在‘洋书房’

青年李叔同旧影

里住过。现在查阅资料，知道这位应是父亲的盟友许幻园，青龙桥‘城南草堂’的主人，在上海借房给我们住的名士。过去，都知道先父在上海的盟友袁希濂曾来过我家，对于许幻园的到过天津，是没有过记载的。”可见李叔同回国后在天津期间，许幻园、袁希濂都曾到过桐达李家，造访过这位昔日的盟弟。

南下沪上择居

过往研究资料，对于李叔同回国初之情形，一般作此结论：李叔同学成归国后，先抵上海，安置好日籍夫人，然后北上天津，谋职于直隶高等工业学堂，次年谋事沪上。

但仔细读阅天津图书馆所藏严修日记，发现自 1911 年 4 月 30 日李叔同在天津与严修诸朋友宴聚后，消失近一个月。而李叔同再次出现在严修日记中的时间已是 5 月底，如严修日记 5 月 25 日“复叔同信”，6 月 15 日“收信：李叔同”，8 月 8 日（闰六月十四）“李叔同来访，前日归自日本也。赠余和歌山下蛤蜊三具，又自书扇一柄”。读“前日归自日本”句，味其意，可知李叔同 4 月在天津落实好自己在直隶高等工业学堂教职一事后，又离开天津去了一趟日本，直至 8 月 6 日再次从日本回到天津，而这次李叔同的再去日本，是以往资料所未见未知的新史料发现。

按严修日记中所记李叔同事迹之时间跨度来推测，李叔同于 4 月在天津办妥好出任直隶高工学堂图画老师之职聘后，便谋划接其日籍夫人来华居住之事，而李叔同去日本留学前，在上海生活了八年，上海有他诸多的好友和人脉，上海更有他的曾经快乐时光，上海自然成了李叔同为他和日本夫人择宅安居的不二之地。

天津任职之事安排妥当后，李叔同便回到上海，为他和他的日籍夫人觅一居所。落实好居所后，李叔同便乘海轮再度赴日本。而此次日本之行，应是回去处理携日本夫人一起回国诸事。而 1911 年夏的这次再度从日本回国之

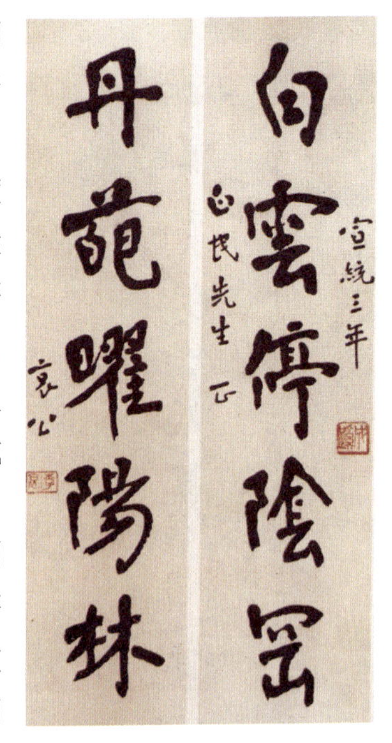

1911 年，李叔同书联赠杨白民

行，才是李叔同携日本夫人一并归来之时，而非李叔同首次回国的 4 月初。正是李叔同早有二次返日并携日本夫人回国之计划，故他在 4 月答应直隶高等工业学堂任教职时，与学堂的约法三章中有“到堂须暑假后”之时间要约，而非即刻到任，因为他要给自己留出在上海择居和去日本接夫人的时间。李叔同此次携日妻至沪上后，在租下的新居安顿好他的日籍夫人，便只身北上，8 月 6 日回到天津。稍事休息整理后，8 月 8 日（闰六月十四）一早，李叔同便去严公馆拜访严修，并送上此次从日本带来的和歌山海鲜特产“大蛤蜊”，以及李叔同自书成扇一柄，以答谢严修为其受聘教职一事多方奔波、劳心谋说之苦。随后，李叔同即到校赴任，开始了他在直隶高等工业学堂的图画教师生涯。

李叔同身在天津，他的日籍夫人独居沪上，生活无人照顾，多有不便。加上李叔同沪上好友杨白民屡次邀请，在直隶高等工业学堂任教职半年后，李叔同于 1912 年春，告别天津的发妻俞氏和两个儿子——9 岁的李端和 13 岁的李准，由津门南下申江，再次来到了上海，赴杨白民的城东女学任教职，与日籍夫人团聚。

杨白民（1874-1924），上海枫泾人，名士熙，字白民，1901 年东渡日本考察女子教育，1903 年返沪，创办城东女学；1906 年 12 月 5日，李叔同

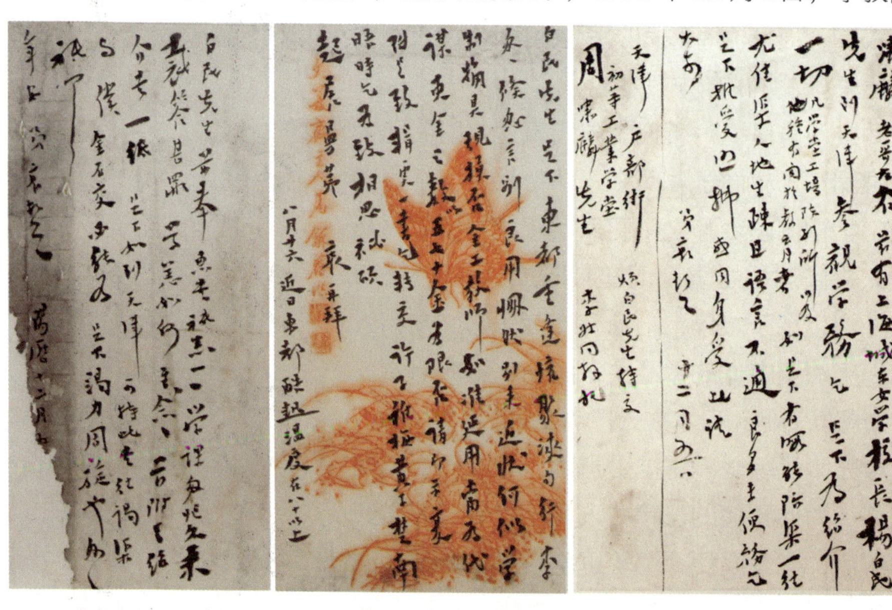

李叔同 1906 年 12 月 5 日致杨白民函

李叔同 1907 年农历八月廿六致杨白民函

李叔同 1906 年12 月 5 日致杨白民函中附致周啸麟的介绍函

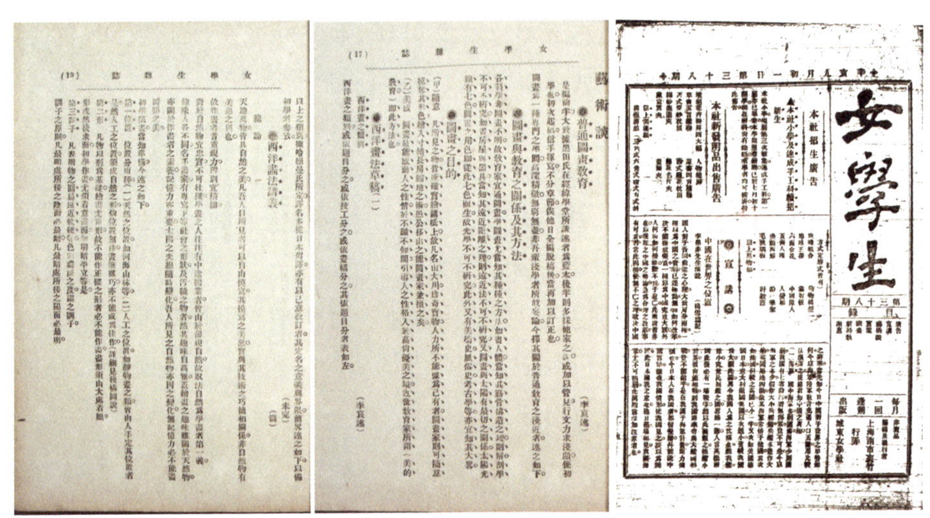

《女学生》刊李叔同《西洋画法讲义》《女学生》刊李叔同《普通图画教育》《西洋画法草稿》

城东女学《女学生》报

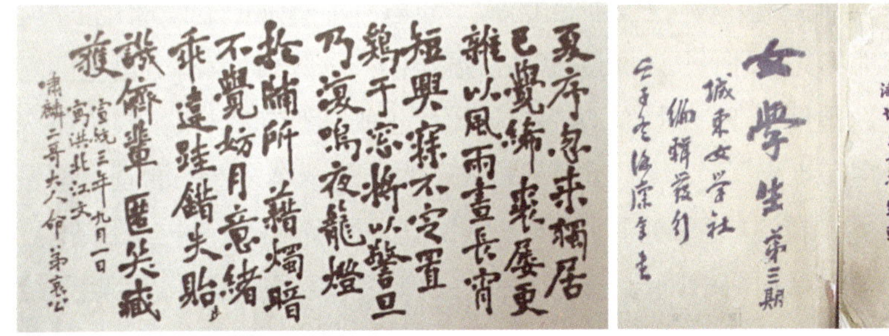

1911 年，李叔同书赠周啸麟字屏

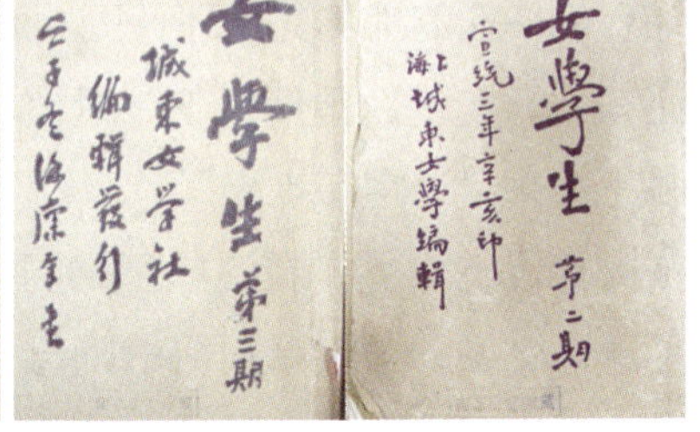

城东女学《女学生》杂志

从东京致函杨白民，介绍杨白民赴天津考察学务时，可联系时在天津初等工业学堂任职之好友周啸麟：“兹附上绍介书一纸，足下如到天津，可持此书往谒。渠与仆金石交，必能为足下竭力周旋也。”并去信周啸麟，托周代为接待杨白民：“兹有上海城东女学校长杨白民先生到天津参观学务，乞足下为绍介一切（凡学堂、工场、陈列所以及他种有关于教育者）。如足下有暇能陪渠一往尤佳。渠人地生疏，且语言不通，良多未便，务乞足下推爱照拂，感同身受。”1907 年夏，杨白民再赴日考察，与李叔同重逢东京，相聚十天；1909 年，杨白民创刊城东女学的《女学生》报，1910 年，又创刊《女学生》杂志，我们从李叔同为《女学生》题写刊名，并连续为《女学生》“艺术谈”栏目撰写《焦画法》《炭画法》《普通图画教育》《西洋画法草稿》《西洋

画法讲义》《释美术》等艺术文论，以及1909年农历九月十五刊行的《女学生》临时增刊上，发表的一则《谢惠》："八月初十承日本东京美术学校留学生李君叔事寄助本杂志洋二元。"如此种种，可见李叔同对杨白民办学办刊支持之一斑。而李叔同此次由津至沪入职南市王家码头竹行弄杨白民创办的城东女学，所担教习为文学、音乐两课，李叔同在出家后的1922年为城东女学旧日学生遗画作《朱贤英女士遗画集题词》时有云："壬子春，余在城东授文学，贤英女士始受予教。其后屡以书画乞为判正，勤慎恳到，冠于同辈。"李叔同的南社社友胡怀琛在《上海学艺概要》中也有"他归国后，任城东女学音乐教习"之说，皆可为证。

日籍夫人

至于李叔同与日籍夫人诸事，乏见资料有传，李叔同友生皆言是李叔同东京习画之模特。李叔同任教浙江省立第一师范学校时的学生李鸿梁，在《我的老师弘一法师李叔同》一文中回忆："他与日本籍师母的爱情也很好，在我们毕业的那年先生还伴同她回娘家去洗温泉浴"，"法师差不多每星期六必去上海一趟，星期日下午返校，从来不请假。法师爱吃糖果和水果，每次从上海来，一定带点来"，"我见里面都是去了木框的一卷一卷的油画，都是法师自己的作品，在这些画中间，发现多张是同一模特儿的。——后来据夏丏尊先生说，这就是日籍的师母。这批画后来等法师将要出家时，都赠送给北京国立美术学校了"。

李叔同在浙一师的同事姜丹书在《弘一律师小传》中言："留日归国时，携日姬，居沪。"

李叔同的好友夏丏尊在纪念弘一大师诞辰六十周年时，曾撰文《弘一法师之出家》，其中有言："他有家眷在上海，平日每月回上海两次，年假暑假当然都回上海的。"此文刊登在民国三十年二月第20、21期合刊的《觉音》上。

柳亚子在《怀弘一上人》中云："寻挟日妾以归"。

李叔同南洋公学的旧日同学黄炎培，在1957年3月7日《文汇报》上发表《我也来谈谈李叔同》，文中有一段文字讲到李叔同的日本夫人："经过了几年，叔同的夫人到上海，要求城东女学杨白民夫人詹一练和我当时的夫人王糺思伴她去杭州找叔同，走了几个寺庙，找到了，要求叔同到岳庙前临湖素食店共餐。三人有问，叔同才答，终席，叔同从不自动发一言，也从不抬头睁眼向三人注视。饭罢，叔同即告辞归庙，雇一小舟，三人送到船边，叔同一人上船了。船开行了，叔同从不一回头。但见一桨一桨荡向湖心，直至连人带船一齐埋没湖云深处，什么都不见，叔同最后依然不一顾，叔同夫人大哭而归。”

1935 年厦门《平话》半月刊第 7 期、第 8 期，曾连续刊登署名“小观”的文章《一个看透了人生的李叔同》，其中有记述李叔同的日本夫人，当时在上海的一所女子中学里担任教职：“李叔同的家境是很富裕的，在天津，他有着结发夫人和孩子，生活都过得不错，当他从日本回国的时候，除了带回一部分在日本所学的工艺美术，同时还带回了一个东京的女人，这女人据说和李叔同同学，他们在上海北站附近的地方租了房子，后来李到浙江第一师范教书，这位日本太太，也在上海的一所女子中学里担任功课了。”

1944 年 7 月，沪上《大众》刊登了李叔同早年在浙江省立第一师范学校的学生、学校嘤鸣吟社创始人之一的吕伯攸，以白悠的笔名撰写的回忆文章《先师弘一法师》，文中言及李先生的日本夫人：“直至我们毕业那年，——民国七年——先生忽然大彻大悟，决心皈依佛氏；他先在虎跑大慈寺，断食三星期。到了暑假的时候，便把一切事务，完全结了一下，并且把书籍、字画、照片、日常用品……等，分赠同事和同学，我所得到的，是一幅杨雪玖女士（城东女学杨校长的女公子，当时先生和他的日本夫人，均在该校执教）画的寿星，曾经先生题上诗词，加了上款；另外还有一幅横披，却是先生写的‘至诚’两个字，至于他平日所刻的图章，一起封存在西泠印社的石壁中，在壁上刻着‘印藏’两个字，作为标识。”

而李叔同留给我们的，是他在《断食日志》中出现过四次的两个陌生名字，仅此而已。

李叔同《断食日志》之 1917 年 1 月 4 日（腊月十一）：“阴寒，夕晴，四十七度。断食正期第六日。九时半起床。四时半醒，气体与昨同。夜间右足微痛，又胃部终不舒畅。是日口干。因寒，起床稍迟。饮盐汤半杯，饮梨汁。夕晴，心目豁爽。写字百三十八。夕晴，坐檐下曝日。四时就床，因寒，早就床。是晚感谢神恩，誓必皈依。致福基书。”

1 月 5 日（腊月十二）：“十二日，晨阴，大雾，寒，午后晴，四十八度。断食正期第七日。十一时起床。四时半醒，气体与昨同，足痛已愈，胃

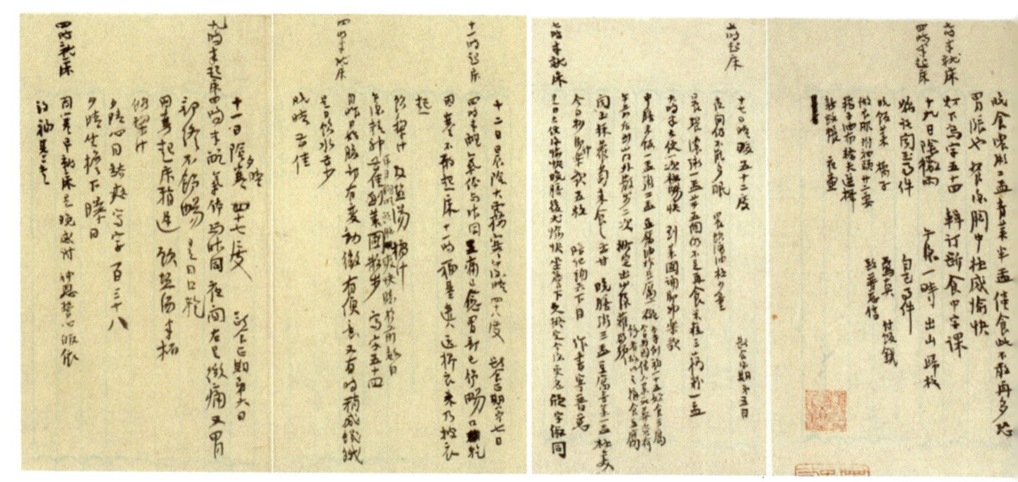

李叔同《断食日志》中出现“福基”和“普慈”两个名字

部已舒畅。口干，因寒，不敢起床。十一时，福基遣人送棉衣来，乃披衣起。饮梨汁及盐汤、桔汁。午后精神甚佳，耳目聪明，头脑爽快，胜于前数日。到菜圃散步。写字五十四。自昨日始，腹部有变动，微有便意，又有时稍感饥饿。是日饮水甚少。晚晴，甚佳。四时半就床。”

1月10日（腊月十七）：“十七日，晴暖，五十二度。断食后期第五日。七时起床。夜间仍不能多眠，晨饮泻油极少量。晨餐浓粥一盂，芋五个，仍不足，再食米糕三，藕粉一盂。九时半大便一次，极畅快。到菜圃诵《御神乐歌》。中膳，米饭一盂，粥二盂，豆腐、油炸豆腐一碗。本寺例初一、十五始食豆腐，今日特因僧人某死，葬资有余者，故以之购食豆腐。午前后到山门外散步二次。拟定出山门后剃须。闻玉采萝卜来，食之甚甘。晚膳，粥三盂，豆腐青菜一盂，极美。今日抄《御神乐歌》五叶，暗记诵六下目。作书寄普慈。是日大便后愉快，晚膳后尤愉快，坐檐下久。拟定今后更名欣，字俶同。七时半就床。”

1月12日（腊月十九）：“十九日，阴，微雨，四时半起床。午后一时，出山归校。嘱托闻玉事件：晚饭菜，桔子，做衣服附袖头，二十二要，轿子油布，轿夫选择，新蚊帐，夜壶。自己事件：写真，付饭钱，致普慈信。”

李叔同除了在《断食日志》这四天日记中出现过后人疑似其日本夫人的名字“福基”和未知人名“普慈”外，没有为我们留下其他任何关于日本夫人的信息和线索。就如小观在《一个看透了人生的李叔同》里所描述的那样：“他也有一点与人不同之处，就是不喜欢有人问到他家里的事情，他当然也从不提起，就是在上海教书上的那个日本太太，也不愿意使人知道，至于久住天津的结发夫人，似乎更比日本太太还来得秘密。”故李叔同日本夫人诸事，至今多迷。

按李叔同留日时清政府学部“禁止东西洋游学生与外国人结婚”之规定，游日学生监督处布告学生，如若一般侨民之外事婚姻本可不必禁止，唯在游学生则弊多不可：“当修业之际，家室之累重即学问之念轻，一弊也；外洋女子习尚较奢，而游学生之学费有限，赡养既多，所耗费即学资易致不给，二弊也；游学生既娶外国妇女，易有乐居异域、厌弃祖国之思，则虽造就成材，而不思归国效用，亦复何裨于时艰，三弊也。查东西各国结婚之期本皆在学成以后，未有学未毕业，先求家室者，况乎中国派往之游学生，尤当刻苦求学，岂容遽就晏安？”故禁止留日学生与外籍女子结婚，如若违反，毕业时一律不发给毕业证明书，对官费生还将取消官费名额并追缴前期已付学费。李叔同自 1907 年由自费改为官费生后，一直享受清政府对官费生学费、医费、实践费等费用的免费待遇，但作为一名官费生，同时也必须遵守清政府对官费生制定的一系列章程、规定的制约，故李叔同在东京美术学校就读期间，为避违规章，笔者以为，其与日籍女子当时未必会有形式上的成婚俗仪。

那么，李叔同和他的日本夫人初到上海后，到底寓居沪上何处？居址何在？

义兄袁希濂回忆

1942 年弘一大师圆寂后，袁希濂撰《余与大师之关系》一文纪念弘一大师，发表在民国三十一年 12 月 1 日出版第 78—80 期《觉有情》合刊上，文中透露出李叔同留学归国后，携日本夫人客居沪上的一些信息：“辛亥年，余就事天津，施任法曹。师为直隶模范工业学堂图画教员，星期常得聚首。其家在天津某国租界，夏屋渠渠，门首有进士第匾额，余曾数次饭于其家。师之兄为天津名医，兄弟极相得，且富有资产，一倒于义善源票号五十余万元，再倒于源丰润票号亦数十万元，几破产，而百万家资荡然无存矣。民国元年，师应上海《太平洋报》之聘，主持笔政，赁一室于西门外之宁康里，安置眷属。”

袁希濂是李叔同天涯五友的金兰契友，1904 年袁希濂留学东京法政大学，李叔同则于 1905 年东渡日本，亦在上野的东京美术学校就读，其间，

虽然都忙于学业不能时常聚首，但往来有之，彼此境况理当晓悉。且 1911 年李叔同回国，在上海安顿好日本夫人，暂居天津期间，袁希濂恰刚从东京法政大学毕业，也在天津，任法官职。其时，袁希濂屡到李叔同府上拜访，“星期常得聚首”，还“曾数次饭于其家”，彼此畅怀谈心，论往说今。李叔同与袁希濂既是至交，又有东京留学的共同经历，关于李叔同日本夫人诸话题，料当言之难避，故袁希濂之回忆，无疑是可信的，具有重要的文献价值。

寻　踪

资料中找线索

那么，袁希濂所述的李叔同安置日籍夫人的宁康里又在沪上何处呢？笔者翻阅了大量老上海资料，发现在浙江北路有一民国旧建，名曰“宁康里”。

又在读谢菊曾《涵芬楼往事》时发现也有宁康里线索，其中《蒋竹庄的官兴》一章中有这样一段文字吸引了笔者的目光：“武进蒋竹庄（维乔）清末与蔡孑民（元培）等共同创办爱国学社，附设爱国女学，担任教课，后来两人又同应商务印书馆创办人夏粹芳之招，进商务编译所编辑《最新初等小学国文教科书》……一九一六年初夏，他又‘挂冠’回到编译所……当时蒋竹庄住在北浙江路宁康里，自己置有一辆破旧的铁轮东洋车，每天由‘车夫’拉着他上班下班。”

现场去认证

有了目标，遂开始寻访。

挎上背包，带上笔记本、笔、卷尺、地图、相机和水，以及为节省时间事先买好的午餐面包。依旧是平湖至嘉善的公交，然后是嘉善至上海的早上第一班动车，这环节已经是驾轻就熟了。在上海虹桥火车站换乘地铁 2 号线，往浦东国际机场方向，乘坐 10 站后，在人民广场站下；再换乘地铁 8 号线，往市光路方向，乘坐 1 站，便是曲阜

曹福元题：宁康里

路站。下车后，出地铁口，拿出事先标注好目的地的地图，按图索骥。几经转折，在天目中路和海宁路之间的浙江北路段果然找到了宁康里。

浙江北路宁康里

整个宁康里与华兴路东端、安庆路西端相邻，共有五条弄组成，每条弄的弄口拱门上方都有“宁康里”题名，落款署名为曹福元，不知与吴县晚清进士曹福元是否为同一人？据查，曾于民国十三年 12 月出任第四届江苏洞庭西山旅沪同乡会会长的吴县夏春樵，其公馆也在宁康里，其时地址是北浙江路 359 号，故题此“宁康里”之曹福元或有可能就是吴县进士曹福元。

从各弄拱门上的门牌号来看，宁康里包括现在的浙江北路 372 弄 3-17 号、382 弄 1-17 号、392 弄 3-19 号、402 弄 3-17 号和 412 弄 3-21 号；从建筑结构上看，确是民国时期的石库门老房子，至于具体年代，被访的居民们也说不上一个准数。

经笔者仔细观察，发现拱门“宁康里”题名旁隐约还有“癸丑冬月”款，癸丑即 1913 年。

在庆幸找到宁康里的同时，笔者随即又产生了两个疑问：一、从地图上看，浙江北路宁康里的位置在上海火车北站附近，与袁希濂所说的西门外，相差甚远；二、袁希濂说 1912 年时李叔同已将日本夫人安顿在宁康里，而此处宁康里题款年号之“癸丑冬月”却是 1913 年，那么，此年号的时间是否就是宁康里建筑始建的时间呢？

如果此宁康里系 1913 年癸丑所建，那么，可以断定此处建筑并非袁希濂所说之宁康里，李叔同居住的宁康里应该另有其所。

事实究竟如何？经过向宁康里所在的公安局、街道、城建局、档案局等多渠道反复问询，又去上海城建档案馆查询，最后在档案馆工作人员的帮助下，在该馆查到了此处宁康里建筑的原始建筑档案 D（03-01）0019130250，从这些建筑的原始案卷记录中可以证明，浙江北路宁康里之建筑建于 1913 年，与袁希濂所说的李叔同民国元年入住宁康里之时间不吻，加上地理位置也不同，从而排除了浙江北路宁康里的误导。

西华弄 37 弄宁康里

那么李叔同携日本夫人所居之宁康里到底在哪里呢？

西华弄 37 号

笔者再次对民国上海滩旧里弄、老街巷等历史资料进行收集梳理，并详细查阅了《上海地名志》，发现除了先前否定了的浙江北路宁康里以外，在旧上海还有其他三处宁康里，分别是：西华弄 37 弄宁康里、白渡路 243 弄宁康里和方斜支路 35 弄宁康里。为探究竟，笔者再次深入现场，一一走访调查。

西华弄现属黄浦区辖内，手头的地图上没有找到西华弄的标识，但在资料中查到，它应该在江阴街附近。拿着地图，边走边找，边寻边问，穿插于里弄巷子间，终于在尚文路和学前街附近找到了被中华路和东江阴街两条路相夹而形成的一段不过六十来米长的西华弄。

整个西华弄现有门牌号由北至南依次是 1 号 ~ 39 号，但多半建筑已被拆，即便是还未拆的，也已是破败不堪，摇摇欲坠了，所幸西华弄 37 号宁康里门牌尚存，但只剩下几座石库门框和墙头长满蒿草的残墙。

路两旁是外地来沪谋生者设的各种小摊，对于宁康里的历史他们当然是不会知道的。在与西华弄相邻的江阴街上找了一些老人询问西华弄宁康里旧事，皆无果，只能作罢。

根据西华弄现实位置，结合清末上海地图，从方位上看，西华弄宁康里位于中华路之路南，而中华路是上海老城厢城墙拆后所建，中华路的走向就是当年城墙之走向，据此分析，西华弄大概是在老城厢大南门和小西门之间，城外西南角的位置，这与袁希濂所述西门外之宁康里不甚贴切。如此，西华弄 37 弄宁康里也应该排除。

白渡路 243 弄宁康里

从地图上看白渡路也在黄浦区，按图索骥沿着悦来街一路向南，终于找到了白渡路，发现此处离东面的黄浦江已经不远了。白渡路东端与中山南路相接，西与中华路相邻。沿着白渡路一路寻找，在小东门社区事务受理服务中心的工作人员帮助下，打听到宁康里的相关情况，并在小东门社区文化活动中心对面找到了白渡路 243 弄宁康里。

与西华弄一样，白渡路的旧城拆迁也已全面铺开，白渡路243弄及其左右建筑皆已拆除，仅剩沿路弄口的一堵残壁和快掉下的“白渡路243弄1-2号”一块门牌。从白渡路方位来看，很明显，白渡路243弄宁康里的位置已经在东门外了，与袁希濂所说的西门外，已相背道了。所以，白渡路243弄之宁康里亦应被排除。

白渡路243弄宁康里

方斜支路35弄宁康里

方斜支路，其区域位置还是在黄浦区，地图上亦有明确标注，找起来不算困难，最关键的是它地处老西门外，这与袁希濂所说的“西门外宁康里”吻合一致了。

坐地铁十号线，在老西门站下车，出了站就是老城厢城西的位置。走过文庙，先去文庙的旧书书场看了看，淘到了一本有弘一大师和丰子恺笔墨的民国旧书，算是意外收获。

文庙路上的仿古牌楼

出文庙后，在文庙路仿古牌楼前，穿过中华路，就可以看到方斜支路的道路牌了。方斜支路整段路宽约8米，路也不长，也就百米左右吧，路东与中华路相交、过中华路与文庙路相接；而路西则与西藏南路相交，接方斜路，此路因由方斜路派生而出，故而得名方斜支路。

方斜支路35弄

方斜支路沿路皆为民宅，整条路的路牌号共有 35 号，由东向西按 1 ~ 35 号依次分布，而其中的 35 号标作 35 弄，因为 35 弄由五幢民国建筑共 36 户民宅组成，故门牌分别标记为方斜支路 35 弄 1 ~ 36 号。

方斜支路 35 弄 7 号

与方斜支路 35 弄紧傍的宁安路两旁摆满各式摊位

方斜支路 35 弄由南向北依次排列着五幢砖木结构的两层楼建筑，第一、二两幢是有前后天井的石库门房子，门牌号分别是方斜支路 35 弄 33 号 ~ 36号和 25 ~ 32 号，每个石库门内现在都居住着四五户居民；第三、四、五幢有后天井，但无石库门，各幢门牌号依次是方斜支路35 弄17 ~ 24 号、9 ~ 16号、1 ~ 8 号；拿出卷尺丈量，每幢建筑通面宽约 28 米，建筑进深约 8 米，前后天井进深约 6 米；五幢建筑南北向纵深在百米左右，现有建筑面积共约三千平方米。

环顾四周，可以如此描述方斜支路 35 弄的具体方位：北靠方斜支路、南傍安澜路、东邻宁安路、西依西藏南路的南文大厦和老西门街道办事处所在的永惠大厦。与方斜支路 35 弄五幢建筑紧傍的宁安路是喧闹的菜市场，路两旁摆满了各式摊位，加上穿行的人流，原本不宽的路更显得狭窄了。

采访方斜支路 35 弄原住民

在方斜支路及附近的宁安路上采访了多位老年居民，包括访问了在方斜支路 35 弄居住了七十多年的几位老人，当告知意图后，皆得到热情的回应，都肯定了方斜支路 35 弄这五幢房子区块就是宁康里的说法。

一位蔡姓老人说，他父辈从小就住在这里，几代人在这里一住就是八十多年；今年 82 岁的朱林根老人也是在此住了半个世纪的老房东，他说，自从住进这里起，他们就一直沿用着宁康里地名，现在虽然门牌号改作方斜支路 35 弄了，但大家还是习惯了用宁康里旧称，改不了口，所以，只要是 50 岁以上的中老年人，一说宁康里，几乎没有不知道的，但年轻人则知之不多了。朱老先生回忆道，民国时，宁康里西边是黄包车公司，边上还有一所学校——树人小学，不过都早已拆除了，20 世纪 40 年代曾对宁康里建筑进行过一次修缮，但结构没有变，宁康里这五幢老房子都是有着百年历史的老宅子。

旧事充佐证

在查找宁康里资料时，笔者查阅了江苏藏书家陈克刚老先生提供给本人的许多民国期刊资料，发现这方斜支路上的西门外宁康里与南社、同盟会、东方画会的历史都能扯上关系，且都与李叔同有交集。

1936 年 5 月，蒋慎吾在《越风》第 14 期上发表《我所知道的柳亚子先生》一文，介绍柳亚子和同盟会，文中蒋慎吾转录了柳亚子的一封信：“讲起健行公学，倒是值得一提的事情。原来，1905 年，日本政府对中国留学生实行取缔规则，一时留学生都愤而归国，在上海创办了中国公学。但中国公学的主持人，忽然有排斥江苏人的举动。于是一般江苏籍的归国留学生又在 1906 年春天，创办了健行公学。健行公学事务上的实际主持人，可说是朱少屏先生，而表面上的校长，却是姚子让先生（但实际上他是不来校中的）。此时高天梅先生是中国同盟会江苏分会的会长，他在健行公学教国文，就把这学校当作了革命的机关。我加入同盟会，就在这个时候。健行公学在西门宁康里。我们在学校后面租了一所房子，名曰‘夏寓’，是贮藏秘密文件的地方，也曾秘密地召集过会议。后来有人主张，和学校地址太近，有一网打尽的危险，于是把‘夏寓’搬到八仙桥鼎吉里四号（笔者注：即后来的淮海中路 114 弄，已在 1993 年淮海路改建时被拆）。”

信中提到的健行公学，当时是同盟会江苏分会的主要活动场所，实为同盟会江苏分会的外围组织，也是东南地区的革命活动中心，学校以《黄帝魂》《法国大革命史》《荡虏丛书》等书为教材，宣扬进步思想，地点就在西门宁

康里；可见同盟会的主要活动场所已从蔡元培、黄炎培时期的公共租界开始转向高天梅、柳亚子、朱少屏时期的宁康里老市区，更趋近平民化。

而所谓的“夏寓”，其实原是松江会员夏昕渠在沪养病的公寓。20 世纪初，随着洋烟的进入，吸纸烟迅速在国人中兴起，当时知识界有识之士，认识到吸烟对于身体健康的危害，便开始在社会上呼吁戒烟禁烟，并成立各种劝烟会，1911 年，由伍稚庸为会长、李平书为副会长的“劝戒纸烟会”成立，夏昕渠与朱少屏、张静江、朱葆三、张元济、尤惜阴等同盟会员一同加入劝烟会，并出任劝烟会宣讲员一职，1911 年 6 月 8 日的《申报》上就此曾作报道。

1906 年 4 月 1 日《申报》刊登健行公学招生广告，校址位于上海西门外宁康里小菜场对门

“夏寓”位于健行公学北面不远处，为避人耳目，遂标“夏寓”门额以掩护，实为同盟会江苏分会之秘密机关。其时，柳亚子经朱少屏和时任同盟会江苏分会会长高旭的共同介绍下加入了同盟会，又在蔡元培介绍下加入了光复会，在宁康里从事反清革命活动，编辑《复报》，并寄至日本付印，然后再寄回宁康里发行，提出光复中华，锋芒直指清廷，传播革命思潮，为辛亥革命作了许多重要的舆论准备。

在 1936 年 3 月《逸经》文史半月刊上，发表有柳亚子当时应陆丹林约稿而写的《我和言论界的因缘》，文中记录了在宁康里健行公学办《复报》，与同盟会机关报《民报》相呼应之事：“到 1906 年（清光绪三十二年），我脱离了自治学社，到上海健行公学教书，把学生自治会改做青年自治会，隐然是中国同盟会的预备军。一方面，把《复报》从钢笔板改成铅印，从周刊改成月刊，从单张改成单行本，在日本东京出版，居然成功了《民报》的小卫星呢。”

笔者在光绪三十二年二月初八（1906 年 4 月 1 日）《申报》第一版上，找到了当时健行公学刊登在报上的招生广告，意在通过“伦理、国文、体操、历史、地理、英文、算学、博物、理化、图画、法制经济、音乐”等学科的开设，培养学生达到“预备直进专门学校并养成中学教育之资格”之宗旨；学校地址署明设在“上海西门外宁康里小菜场对门”。

采访居住在肇周路 281 弄 10 号的沈老先生

朱少屏的儿子朱桐生在《南社新南社部分社员事略——朱少屏》中也记述了这一段历史：“少屏与高旭乃别创健行公学于西门小菜场宁康里，与高旭（天梅）、柳弃疾（亚子）、陈陶遗、沈砺（道非）、陈去病（佩忍）等皆任讲师。”

《上海名街志》之《风云际会的历史舞台》一章中，记载 1906 年 3 月，中国同盟会江苏、上海两分会合并，高旭任会长，“机关设南市西门外唐家湾”夏寓，而按柳亚子的说法，夏寓就在西门外宁康里健行公学后面。

为进一步证实方斜支路宁康里就是“西门外宁康里”，笔者又根据宁康里后面有“小菜场”和“唐家湾”之信息，继续在方斜支路宁康里周围寻找相关线索，再求佐证。在随后的现场调查中，笔者在方斜支路宁康里附近之西北处找到了唐家湾路和唐家湾小区，并在与唐家湾路相邻的肇周路 281 弄 10 号，采访到了民国时就居住在此的沈老先生，经沈老先生指点，又在唐家湾路和肇周路路口找到了唐家湾菜场。

从沈老先生处得知，唐家湾以菜场闻名，该菜场已有百年历史了，菜场原来占地区域很大，一直延伸到方斜路附近，是民国时期沪上最大的知名老菜场了，1921年又在唐家湾菜场区域新建了一座室内菜场，这是上海历史上中国人自建的最早室内菜场。1999 年和 2005 年政府先后对菜场进行全面改造，将唐家湾室内菜场建设成为标准化菜场，现改名为万有全唐家湾菜场。

至此，证实方斜支路宁康里附近，当年确有“唐家湾”和“小菜场”。而李叔同南洋公学时的同学好友黄炎培，就在与宁康里相距不远的西门外方斜路348 号江苏省教育会任主事，不知其时有过交往否。

另外，在《上海美术志》第四编《美术机构与美术社团》上，在对我国第一个西洋画社团“东方画会”的介绍中，也提到了西门宁康里：东方画会“创立于 1915 年春。会址设于上海旧城西门宁康里。由乌始光、汪亚尘、陈抱一、沈泊尘、俞寄凡等发起。曾组织会员赴普陀山旅行写生，以及讨论如

何发展中国西洋画问题等活动。会员二十余人，每月需交纳研究费。活动十余年，因中国画兴盛、会员出国留学或他去四散，遂自行解散”。汪亚尘在其《四十自述》中，回忆在西门宁康里创办东方画会：“民国四年春，陈抱一由日本归来，讲给日本人学洋画的方法，须用石膏模型，为练习初步。另外又组织一个研究所，定名叫作东方画会，地点在西门宁康里。起初征集会员，有二十余员，因为每月收纳研究费，石膏模型既少，研究的兴趣，便提不起，学员渐渐减少，办了半年，便收旗鼓。”

在资料查阅中，笔者还找到其他一些与西门外宁康里相关的信息线索：1907 年，留日学生在东京成立中国国民卫生会，并于 6 月创办西医刊物《卫生世界》月刊，介绍世界各国公共卫生状况，对传播西医药知识起了较好的作用，共出 5 期，1907 年 10 月停刊，该刊现藏上海中医药博物馆，而《卫生世界》的编辑发行所所址就设在西门外宁康里健行公学；还有 1928 年 2 月 1 日—3 月 6 日，由警醒社发行、张元贤主编《樱桃》周刊；1928 年 8 月 27 日—12 月 29 日，吴常魁、张梦霞主编《美的常识》三日刊；1928 年 9 月 1 日—11 月 30 日，发行的三日刊《新常识》；1928 年 9 月 15 日—9 月 26 日，幸娥主编的《美的幸福》三日刊等，上述四种报刊的社址均设在小西门宁康里 10 号。而南社社员赵泽林也曾住宁康里，陈去病在《南社杂佩》中有记：赵泽林，字苕狂，浙江吴兴人，住上海西门外小菜场宁康里一百零八号。

小　结

从所获种种西门外宁康里之信息来看，实证了袁希濂所述，在西门外确有宁康里之事实。而方斜支路 35 弄宁康里与袁希濂所说的“西门外宁康里”之方位也契合不二。综合上述各项，在排除了浙江北路 372 弄 3-17 号、382 弄 1-17 号、392 弄 3-19 号、402 弄 3-17 号、412 弄 3-21 号之宁康里，白渡路 243 弄宁康里，西华弄 37 弄宁康里之后，证明方斜支路宁康里符合“西门外”“唐家湾”“小菜场”等诸条件，与袁希濂所述李叔同携日本夫人居住之宁康里相吻合。

至此，可以确定，1911 年李叔同从日本留学归国后，在沪上择西门外宁康里安居，这里也就成了李叔同与日籍夫人在沪上的第一个家，其具体位置就在现今的黄浦区方斜支路 35 弄老宅区域。

第五章　望平街黄字7号

事　迹

入南社　主笔《太平洋报》

入职《太平洋报》时的李叔同

辛亥前夕，中国文坛上一大批知识分子，疾呼推翻封建统治，倡导社会风气革新，举文学革命和民主主义旗帜，兴思想文化解放运动。1911年10月10日，武昌起义一声枪响，辛亥革命全面爆发，结束了中国长达两千年之久的君主专制制度。壮怀激烈的李叔同振臂而起，发出："皎皎昆仑，山顶月，有人长啸。看囊底，宝刀如雪，恩仇多少。双手裂开鼷鼠胆，寸金铸出民权脑。算此生，不负是男儿，头颅好。荆轲墓，咸阳道，聂政死，尸骸暴。尽大江东去，余情还绕。魂魄化成精卫鸟，血花溅作红心草。看从今，一担好山河，英雄造。"欢呼革命胜利的铿锵之声，慷慨激昂，荡气回肠。

民国肇始，中国文坛上一大批知识分子，他们倡导社会风气的匡正与革新，高举文学革命和民主主义的旗帜，以笔为枪，为推翻封建统治大声疾呼，掀起了一场颇具规模的思想文化解放运动，成为辛亥革命的重要组成部分，这支文化大军就是由柳亚子、高旭、陈去病等发起，于1909年11月13日在苏州虎丘张国维祠成立的我国第一个革命文学社团——南社。他们与同盟

1909 年 11 月 13 日南社在苏州虎丘张国维祠成立，到会并参加首次雅集的社员共十七人

会的武装斗争互成掎角，文武唱和，而当时的上海正是南社文人的集聚激扬之地。

就是在这样一个时间节点上，1912 年的初春，李叔同满怀期待，从天津回到了辛亥革命中心的上海，他要与这座城市、这个时代的脉搏一起跳动。

南社第六次雅集留影，后排右七为李叔同

来到上海后的李叔同，先是在杨白民的城东女学任教，又在朱少屏的介绍下于 1912 年 2 月 11 日加入了以民主革命启蒙思想宣传家、文学家为中坚，由爱国知识分子组成，以推翻清廷统治、振起国魂、弘扬国粹为主旨的资产阶级革命文化社团——南社，入社书编号 211。

入社的这一天恰好是南社社员们联合《克复学报》社、淮安学团，假西门外方斜路江苏教育总会，为周实丹、阮梦桃两位烈士开会追悼，柳亚子在会上作慷慨祭词《祭周、阮二烈士文》。

3 月 13 日，南社在愚园举行第六次雅集，也是民国成立后的首次雅集。李叔同与柳亚子、朱少屏、姚光、黄宾虹、叶楚伧、曾延年、冯平、庞树柏、邹铨、钟英、顾彦祥、王文熙、胡朴安、阳兆鲲、雷昭性、汪东、徐宗鉴、杜诗、沈琨、袁圻、吴修源、沈翰、周伟、陶铸、汪洋、陶牧、谭介夫、陈家鼎、陈家英、陈家杰、黄侃、刘瑗、马骏声、梁龙、王锡民、曾镛、陈柱、黎庶从、李云夔、冯泰等 42 人，参加了南社的此次雅集。柳亚子在会上振臂而呼：“孰杀我南社社友周实丹者，亡清伪山阴县令姚荣泽也。仇首未枭，死者不瞑目，生者将何以为情乎！报友仇，讨国贼，士君子分内事也！”李叔同与诸社友于雅集后，由民权照相馆摄影合照一叶，以志纪念。当晚，社友们又一起聚餐于杏花楼，宴上狂客骚人，酒酣耳热，无不慷慨而谈。3月底，李叔同加盟沪上新兴的主流媒体《太平洋报》。

民国初，上海报馆大都为南社同人主持，如汪精卫、吕志伊、邵元冲主编《民国新闻》，宋教仁、于右任、邵力子创办《民立报》，戴季陶、李怀霜、陈布雷主笔《天铎报》，宁调元、柳亚子主编的《民声日报》，胡怀琛、胡朴安等主笔的《中华民报》，还有《太平洋报》《民权报》《神州日报》《民呼日报》《民吁日报》等。

1912年，李叔同在上海加入南社的入社书

成为南社一分子后的李叔同，应朱少屏之邀加入了由南社社员主编的《太平洋报》，与柳亚子、姚雨平、朱少屏、叶楚伧、苏曼殊、胡朴安、胡寄尘、陈无我等南社社员同事报业，成为一名媒体人。因《太平洋报》的这群编者大都既是孙中山创办的同盟会之骨干会员，又是南社社员，故该报在当时被认为是同盟会在上海创办的第一家大型日报，影响较大，流布甚广。

柳亚子在《南社纪略》中叙述道：“叶楚伧办起《太平洋报》来了，于是，我从《民声》出来，跳进了《太平洋》。《太平洋》的局面是热闹的，大家都是熟人，并且差不多都是南社的社员，不是的，也都拉进来了。那时候，可称为南社的全盛时代。”李叔同就是那个南社报业全盛时代中的勇猛精进者。

《太平洋报》于1912年4月1日由沪军都督陈其美创刊于上海，每日出对开三大张，并每期以近半版的篇幅刊载英文新闻。该报的全部印刷设备，都来自光复前同盟会在公共租界马霍路（今黄陂北路）办的一个秘密印刷所，是由当时担任沪军都督的陈其美拨给的，报馆的日常经费开支也皆由陈其美提供。

出任《太平洋报》社长的是姚雨平，时任粤军北伐军总司令。主笔之一

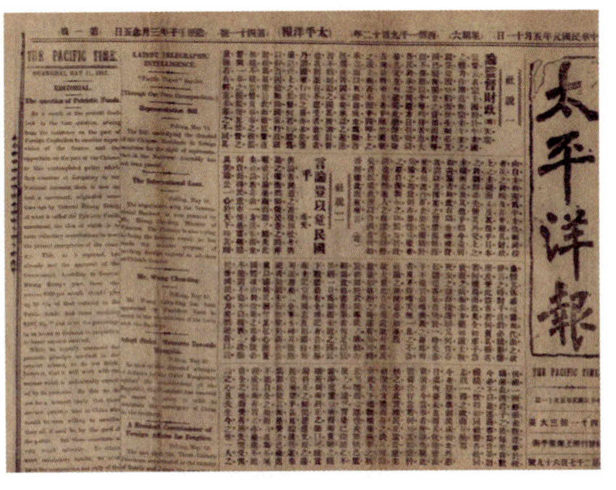

李叔同主笔沪上《太平洋报》

的柳亚子，是总统府秘书，南社盟主；总主笔叶楚伧，是李叔同南洋公学之校友，北伐军之参谋；经理朱少屏，是孙中山的总统秘书，也是李叔同的旧友，李叔同曾在1905年10月17日给杨白民的信函中“附呈一函，乞便交少屏朱先生”，可知李叔同和朱少屏的交谊亦甚早。

这批志趣相投的热血青年以“唤起国人对于太平洋之自觉心，谋吾国在太平洋卓越位置之巩固”为办报宗旨，其言论倾向鼓吹和宣传资产阶级民主政治，反对袁世凯复辟帝制的封建专权，反对封建军阀，是民初影响较大的报纸之一。

立潮头　创新艺术

李叔同被聘为该报主笔后，负责《太平洋报》之广告和文艺副刊，并主编《太平洋画报》。因该报陈英士、姚雨平、叶楚伧、朱少屏、柳亚子、胡朴

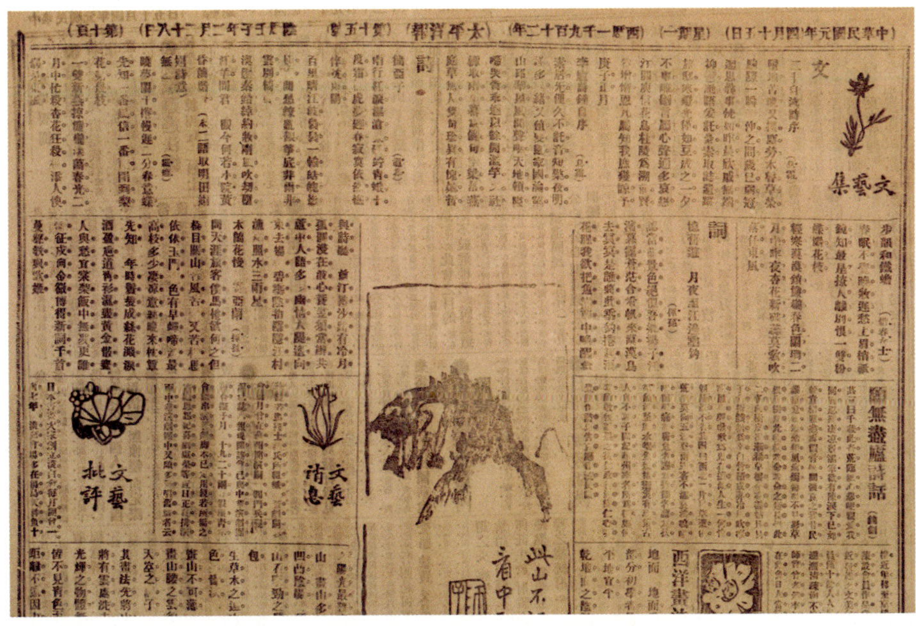

李叔同主持沪上《太平洋报》文艺副刊

安、周伟、林百举、余天遂、曾延年等既是南社社员，又是孙中山创办的同盟会之会员骨干，故《太平洋报》一直被认为是同盟会在沪上创办的第一家大型日报。

查阅1912年3月各期《申报》上刊出的李叔同为《太平洋报》设计的宣传广告，我们从宣传的文字描述中，可知当时的《太平洋报》共分七大板块：（一）商榷政治策略；（二）代表国民外交；（三）造成正确舆论；（四）研究国防计划；（五）拥护侨众权利；（六）促进海外发展；（七）输入世界知识；十五个栏目：1.社说；2.专件；3.译件；4.国外专电；5.国内专电；6.译电；7.世界要闻；8.各省要闻；9.本埠要闻；10.时事评；11.小说；12.文苑；13.杂记；14.插画；15.英文论纪。该报的“英文论纪”和“美术广告”是有别于他报的两大创新。

创新，是李叔同在《太平洋报》主持栏目的一大特色。

由于李叔同有其专业美术背景支撑以及独到的艺术眼光和创新思维，使得李叔同主持的“美术广告”栏目在当时众多报刊中脱颖而出，成为有别于其他报纸的佼佼者，在《太平洋报》上做广告亦成为当时的一种时尚和艺术品味之象征，其刊登价格即便是旧式广告的一倍，联系者依然是接踵而至。

李叔同在《太平洋报》担任该报文艺、广告栏目及《太平洋画报》主编时的设计风格，从笔者所藏的《太平洋报》资料中窥斑见豹，不妨略选数则，与众分享。

1912年4月15日《太平洋报》第四页广告专栏中有一则李叔同为越社编辑出版的《越社丛刻一编》设计的广告。越社成立于1911年，由绍兴宋紫佩发起，是同盟会领导的南社设在浙江绍兴的一个分支机构，因绍兴古称越，故以越名。而《越社丛刻》是越社的机关刊物，由鲁迅主编，当时在绍兴《越铎日报》任主笔的陈去病亦一起参与此刊编辑，仅出一期，内容有“文录”“诗录”两部分，鲁迅的《辛亥游录》《古小说钩沉序》，陈去病的《越社序》等文皆在该册发表。1912年2月第一集《越社丛

李叔同为越社编辑出版的《越社丛刻一编》设计的艺术广告

刊》出版，总发行所设在《越铎日报》社，分发行所设在南社，由绍兴清风弄内浙东印书局印刷，每本定价英洋二角。而《太平洋报》社正是南社在上海的主要交流和联系平台，《越社丛刻》的市场流通由《太平洋报》社代为销售，故李叔同在为该书的广告文字设计中除了书名、定价，还注明“本社代售”。

整幅广告图案通过大小两个长方形几何图案为主基调，外框勾勒出图书版式，内框象征内页的书芯，而蔓长的枝叶交叉着又象征着蓬勃的生机，文字则布置在枝干围合成的几何图案中，成为整幅图案的聚焦中心，使读者的视线一下子被书体矫健的主题文字和书法所牢牢吸引。构图疏朗有致，虚实相间，显得既简洁明了、主题突出，又雅风扑面，纹饰新颖。

在《太平洋报》广告版面上，有一则广告是李叔同为“国学会”请章太炎作演讲而设计的美术广告。“国学会”是由章门弟子钱玄同、范古农、许寿裳、龚宝铨、沈兼士、马裕藻等于 1912 年 2 月发起，章太炎出任会长。章以为“国将亡，本必先颠”，而典章制度名物训诂，玄理道德之源，粲然莫备于经子，国本在是矣，国学兴则国兴。章的演讲多以振兴国粹、激发国人民族自信、生发爱国热情为主旨，疾呼“吾未闻国学不兴而国能自立者也”。章太炎的“国学会”与李叔同等南社社友于 1912 年 6 月发起成立的“国学商况会”所持“国而无学，国将立亡”“扶持国故，冀挽颓波”之主张相吻，且李叔同与章太炎、沈兼士等在留日时间上皆有交集，并不陌生。故彼此学术思想上的共鸣，使李叔同在此则广告的造型设计上，充分发挥自己的艺术想象力，将广告形式与广告内容完美统一。

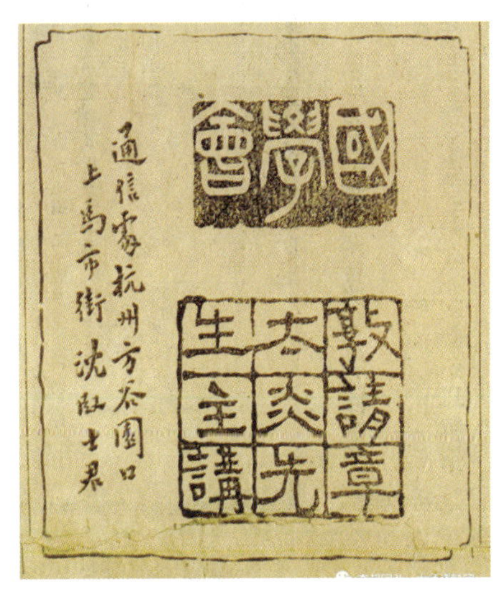

李叔同为“国学会”请章太炎作演讲而设计的艺术广告

此幅广告在形式上采用中国传统的印章为表现载体，通过印章钤印的描摹，阴文阳文并举和十足的金石味，使之与国学会主题相互映衬，既凸显国学主题，又含蓄蕴籍。而上端白文长方印、下端阳文方印、左端书写体文字形成铁三角构图，分别展示出此

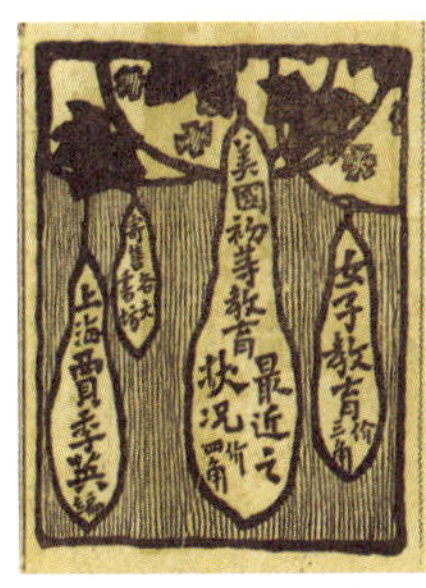

李叔同为沪上贾季英所编诸书设计的出版广告

李叔同为上海自来火公司设计的艺术广告

李叔同设计的艺术广告

李叔同设计的艺术广告

李叔同为新剧设计的演出广告

次讲座的三个关键词：主办方、主讲者、联系方法，简洁明了。原本上端白文长方印沉重的墨底色造成视觉的头重脚轻感，通过下端方形阳文印的体量放大，使重心又稳稳地下移，在视觉和构图上重归和谐，堪称完美。

李叔同在《太平洋报》担任广告部主任一职时，还以夸张、象征、比喻等艺术手法，运用简洁的绘画笔触，创作了不少兼具艺术性、商业性、幽默性和娱乐性的广告作品，具有现代漫画色彩。如为银行家贾季英所编《女子教育》《美国初等教育最近之状况》之出版流通所设计的广告，画面以藤蔓上结满累累果实象征编者贾季英的出版成果；为上海自来火公司设计的以太阳为背景、寓意无限能源、充满光和热的图案广告。

为《福建新闻》刊行而设计的广告，图案绘以一个夸张的记者人物形象，以及放大的耳朵和水笔，象征眼观六路、耳听八方的职业报人，这种夸张和象征的表现手法同样在为《平民日报》和“商文印刷”设计的出版广告中得以运用。

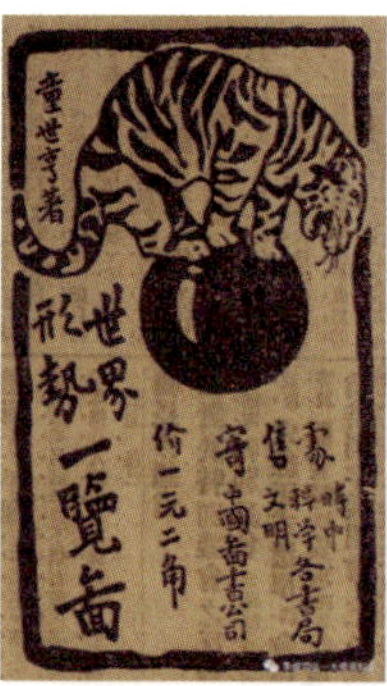

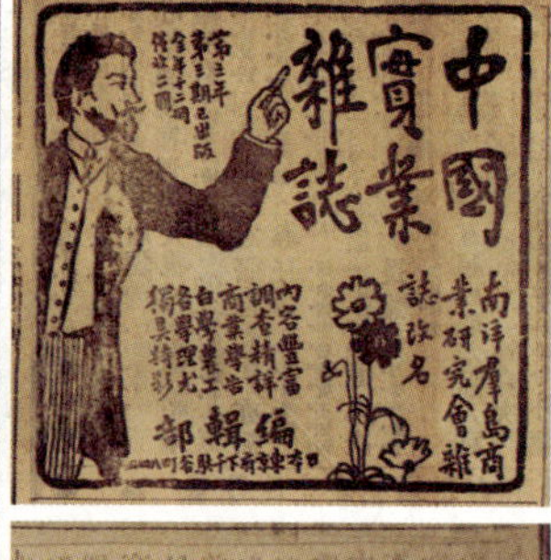

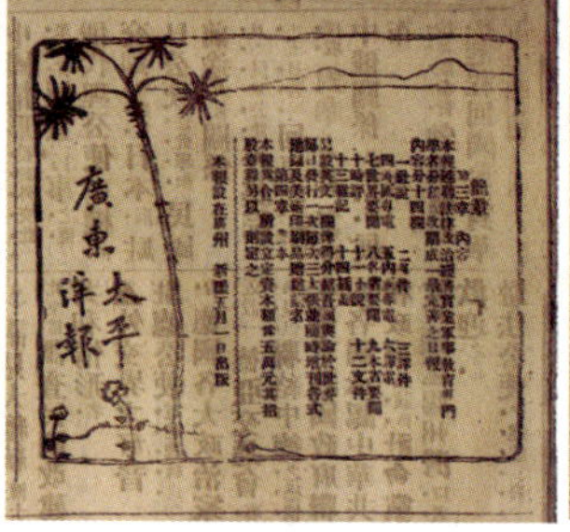

李叔同为各种报刊设计的广告

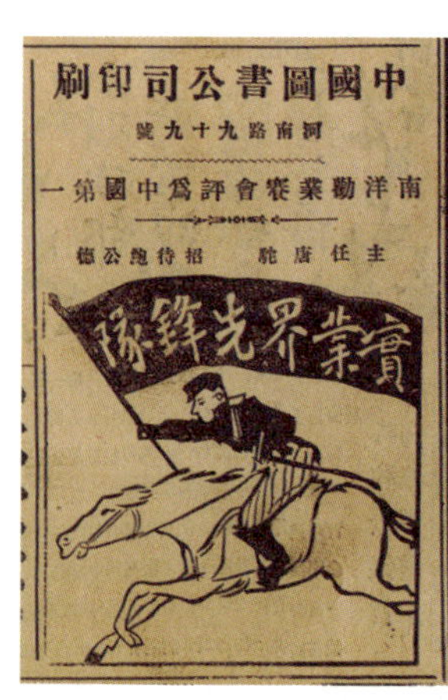

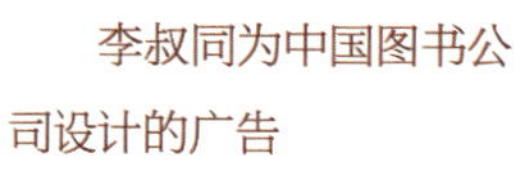

李叔同为中国图书公司设计的广告

李叔同为《中西益智图》一书设计的广告

以幽默、简笔的手法为新新舞台新剧《侠女传》演出而设计绘制的剧中主要人物形象图。

为童世亨所著《世界形势一览图》，描绘的虎视眈眈之老虎地球图。

为《中西益智图》一书设计的广告，巧妙地运用七巧板的拼图，突出此书益智之主题。

为“南社”设计的通讯联络广告，为《湖南公报》《东亚日报》《广东太平洋报》《中国实业杂志》设计的出版发行广告等，都图文并茂，独具特色。

刊登在1912年4月11日《太平洋报》第九页上李叔同为中国图书公司设计的广告图，也很有创意。此广告图案为竖长方形画面，上为文字，下为图案。李叔同将图案五分之二的空间设计成印刷体文字介绍：公司名称——中国图书公司，公司地址——河南路九十九号，公司荣誉——南洋劝业赛会评为中国第一；而图案下方则留给绘案，以整幅图案五分之三的空间绘画了一幅一手策马扬缰、另一手擎旗的青年骑士图，旗帜上是李叔同手书“实业界先锋队”，点出了中国图书公司在业内一马当先的引领地位。上端文字以静，下端图画以动，字画结合恰到好处，虚实相映，动静相得益彰。

李叔同的设计创作，一改往日旧式广告呆板沉闷之套路，在形式和内容上皆有大突破。一幅幅呈现全新绘画形式和设计理念的艺术广告，接连不断地出现在《太平洋报》的广告中栏目中，广告中穿插绘事，施以趣味，图文并茂，清新醒目，浓郁的金石气息，简雅的线条，生动形象的图案，意趣盎然的韵味，类此种种，皆鹤立夺目于沪上报界，脱颖而出，给读者耳目一新之感，读者纷纷来信咨询李叔同之广告画。广告部专门在报上以《广告部答复》来满足受众的兴趣：“徐觉士问：李叔同君法书是何笔法，有样本否？答：本报报头及本报新式广告木戳皆李叔同君手笔，可供参考。”同在《太平洋报》与李叔同共事的胡寄尘，在 1926 年 9 月刊行的《小说世界》中撰文《补记李叔同先生》，评价李叔同的美术广告是前无古人：“李先生再有一种创作，就是美术广告。当日在《太平洋报》社时，就是管这事。凡是商店的告白来，皆经先生手写手画，书画都很特别，而极优美。和现在日报上广告中的图画相比，真不知隔开几万万里……就艺术而论，可算是中国‘前无古人，后无来者’的一种美术广告。”

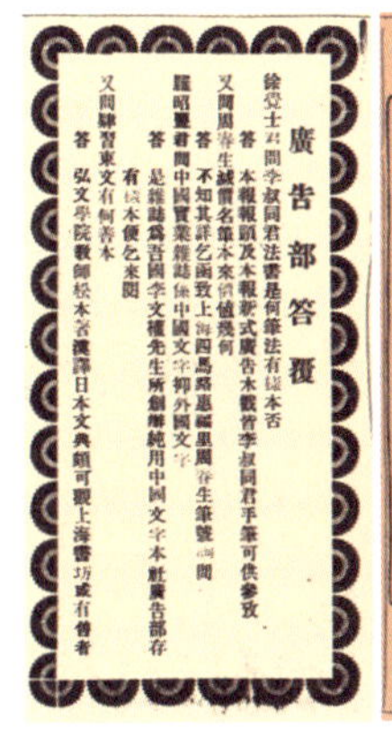
廣告部答覆
徐覺士君問李叔同君法書是何筆法有樣本否
答 本報報頭及本報新式廣告木戳皆李叔同君手筆可供參攷
又問周春生誠實名節本來價值幾何
答 不知其詳乞函致上海四馬路惠福里周春生筆號詢問
羅昭豐君問中國實業雜誌係中國文字抑外國文字
答 是雜誌爲吾國李文權先生所創辦純用中國文字本社廣告部存
有樣本便乞來閱
又問肄習東文有何善本
答 弘文學院教師松本著漢譯日本文典頗可觀上海書坊或有售者

《太平洋报》答复读者：本报报头及本报新式广告木戳皆出自李叔同君手笔

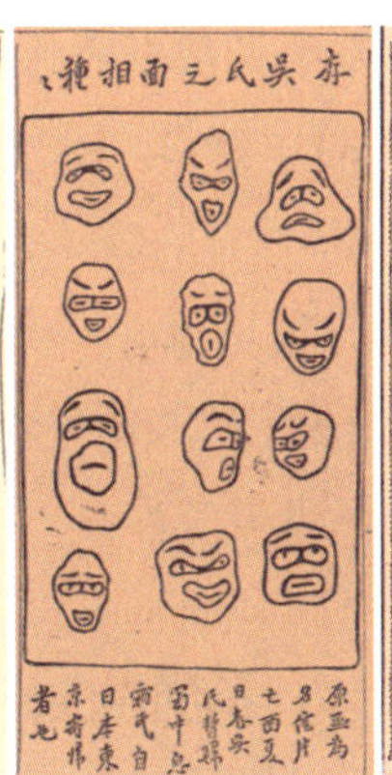

1909 年李叔同为好友曾存吴所绘面相漫画

李叔同在社会广征滑稽讽刺画稿

滑稽讽刺画征稿获奖名单

第五章 望平街黄字7号

在创作艺术广告的同时，李叔同还推广漫画创作和普及，不仅在报上刊出自己于1909年在日本留学时为好友曾存吴所绘面相漫画，而且在报纸上刊出广告，向社会广征滑稽讽刺画稿，并评出一、二等奖和佳作奖，予以鼓励。对于他人他报摹仿其设计之艺术广告作品，李叔同亦持开放之态度，专门在报上公开答复并说明："张洁人君问：本报所载新式广告之格式花样，可否摹写登入他报？答：本报以开通风气为主，不愿限制版权。倘荷需用，尽可随意摹写，转载他报。"意在启蒙，但开风气。

可以说李叔同在《太平洋报》上创作发表的艺术广告，既开近代报刊广告艺术创新之先风，亦开启了民国漫画之门。

与李叔同一起共事于《太平洋报》的报社同人孤芳在弘一大师圆寂后，写有《忆弘一法师》一文，回忆前尘往事：

"法师与我相熟，而且在三十一年以前，在频繁《太平洋报》共事颇久……他擅长的艺术当中，除了音乐之外，还有书法、花鸟画和篆刻。《太平洋报》的报头，是他的手笔。报上的广告文字与图案，大半也是他写的和画的。他关于广告的设计，很有研究，在那时候中国报纸的广告除了文字之外，没有图案的、只有《太平洋报》的广告有文字，有图案，都是法师一人所经营的，而且他设计的广告，文字和图案，都很简单明显，很容易引起阅者的注意，但是他没有一点市侩气，这是法师的平日读书养气工夫很深的缘故。他除了编辑广告之外，还编一种《太平洋画报》，附在《太平洋报》内，赠送读者……他有时穿长袍马褂，身段很长，面貌很清癯，嘴上是八字的胡须。"

胡朴安在1943年撰文《我与弘一大师》，追述道："朴安与弘一大师不仅同社而已，民国元年与大师同事于《太平洋报》。大师俗姓李，号叔同，精书画，擅刻印，朝夕相处，常觉其言论有飘飘出尘之致。"

陈师曾对李叔同主持《太平洋报》栏目设计和创作的评价是："体裁新颖，足唤起览者之美感，广告尤其特征。"而李叔同对于自己在《太平洋报》艺术广告领域的创作实践，亦不无得意，自言："《太平洋报》破天荒最新式之广告，上海报界四十余年所未见，中国开辟以来四千余年所未见"，"本报发行以来，颇承海内外欢迎，广告一栏，尤为大雅所推许，故本埠嘱登广告者，日必数十起，呈报界未曾有之盛况"。

在创作大量艺术广告的同时，李叔同还对广告进行理论总结，在报上开辟《广告丛谭》个人专栏，撰文介绍和论述中外广告的各种形式及表现手法，从广告意义的广义和狭义，到广告的科学和技术；从广告形式的种种分类，到广告载体的不同运用，一一加以分别论述；并具体罗列了“1.新闻杂志；2.传单；3.书籍目录；4.书籍附张；5.营业招徕；6.定价表；7.画、明信片、信封等；8.时宪书、月份牌、日记簿、星期表等；9.火车；10.电车；11.广告伞；12.广告塔；13.板画；14.音乐队；15.舞台闱幕；16.山林；17.公园椅子；18.电柱；19.扇子、酒杯、食箸、火柴等；20.衣帽、手巾、包袱等”二十项广告分类，加以陈述说明。李叔同认为：“盖商家研究广告，犹军士研究战略。商业为平和之战争，广告即平和战争之战略。值兹优胜劣汰之时代，犹墨守数十年前之战略，鲜有不失败者。”所以，李叔同设计的广告，“创新”二字贯穿始终，时人则以“最新式广告”冠名之。李叔同在《广告丛谭》中，对广告在市场营销中的作用、影响力和重要性阐述了自己的观点：“广告为招徕顾客之良法。往往有同一商品，同一卖价，善用广告者昌，不善用广告者亡，是固事实之不可掩者。虽廉其价，美其物，匪假力于广告，必不可获迅速之效果。反是，以广告为主位，虽无特别之廉价，珍异之物品，然能夸大言于报纸，植绘板于通衢，昼者金鼓喧阗，夜则电光炫耀。及夫顾客偕来，叮咛酬应，始啜以佳茗，继赠以彩券。选择不厌，退换不拒，其商业未有不繁昌者。”他认为最简便易于实行的莫过于报刊广告，因为报纸杂志具有其他广告媒介所不及的“流通最广”“费用最廉”“制造最速”三大优势，同时对广告的定位、广告媒介的选择、广告对象的针对性也加以分析，且提出了自己的建议：“新闻杂志，种类甚繁，性质各殊，读者亦异。故登广告者，当审其新闻杂志之性质，与己所广告者适合与否，乃可收良好之效果。以上海报界论之，如《新闻报》之于商界，《民立报》之于学界，《妇女时报》之于女界，《教育杂志》之于教育界，佥有密切之关系。又徵诸日本报界，如《时事新报》读者多商人，《日日新闻》读者多官吏，《读卖新闻》读者多文学家，《万朝报》读者多中学生，《都新闻》读者多优人、艺伎。人类不同，需要用之物品亦各异其趣。登纸烟广告于儿童杂志，鲜有不失败者。”可以说国人对广告学的系统研究，发先声者，李叔同当为第一人。而李叔同的《广告丛谭》亦成为我国广告学研究专论的第一篇。

太平洋報短評
體裁新穎足喚起覽者之美感廣告尤其特徵英文欄甚有裨於治英文者而邦國輿論亦藉以輸與外人殆亦方便法門論說紀事皆能得體要自是堂〻正〻之文惜印刷排字有模糊錯落之處幸留意焉

陈师曾《太平洋报短评》手稿

上海報界四十餘年所未見

太平洋報破天荒最新式之廣告

中國開闢以來四千餘年所未見

我「太平洋報」之廣告部，特延精通歐美廣告術大家主持其事，代撰最新式之廣告文，並研究最新式排列之方法。

我最新式廣告之特長有四。

一、上海舊式廣告皆另外專排一版，但看報者以看新聞爲主，於廣告一版每不留意，故其效力甚薄。本報最新式之廣告皆夾入新聞之中，或排列新聞之上下兩端，務合新聞與廣告爲一體，使看新聞者，有不得不看廣告之勢。

二、上海舊式廣告，行字數太多，排列緊密，以致不能醒目，即愛看報者亦多以字數太多，不能卒讀。本報最新式之廣告，文字務求簡要，排列務求疏朗，使看報者一目了然。

三、上海舊式廣告大小以直寫爲主，新奇花樣，殊不多見。本報最新式之廣告專研究新奇花樣，或排成種種之花紋，或插入醒目之圖畫，此外有小說式廣告、新聞式廣告、電報式廣告、雜誌式廣告，種類甚多，不勝枚舉，專以引人入勝爲主。

四、上海舊式廣告，每以一種廣告文連登數月或數年，致使閱報者習見不鮮，無絲毫之效力。本報最新式之廣告，可以隨時代撰種種新奇之樣式，屢數日更換一次，如有願訂特別約登每日更換者，亦可應命。

太平洋報之廣告，具此四種特長，故太平洋報之廣告，承我中華民國社會上公認爲破天荒最新式之廣告。

本埠廣告價目

本報最新式之廣告以短行爲主，但有願登普通式長行廣告者，亦可應命，茲擬定本埠廣告價目如左：

短行　五十字起碼，每字五釐，二日後三釐五毫，八日後三釐。

長行　三行起碼，每行四角，二日後二角五分，七日後二角。

以上爲第二等廣告之例，至第一等廣告（夾入新聞中者）價目另議（由[illegible]兩月內概收半費，外埠減收四分之一）

以上所用鉛字皆五號字。

最新式之廣告，每用寬大之地位，排列少數之文字，故此種廣告不論登出字數之多少，當估計其地位以五號字填滿，共計五號字數[illegible]

本報又有一種簡便小[illegible]，每件以三十字爲限，每天一角。

《太平洋报》广告部宣传广告

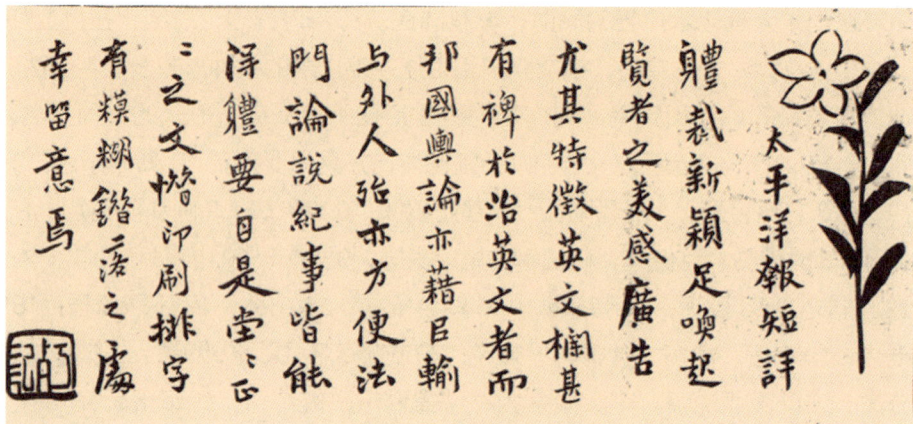

1912 年 4 月间，李叔同还将自己在《太平洋报》广告栏目上的广告设计案例汇编成《太平洋广告集》，又成就我国第一本美术广告集。而为广告集作序的，正是 1928 年冬与弘一大师、谢国梁一起由沪启程去泰国弘法，为弘一大师半途改变赴泰初衷，开启留住厦门缘起因缘的那个尤惜阴，后来的演本法师。而据《演本大师事略》所记，1903 年李叔同离开南洋公学后，曾与尤惜阴共事上海圣约翰大学国文教师，可见彼此交往甚早。尤惜阴在该集的序文中这样赞叹李叔同，“抱卓绝之道艺振兴国内天产之宏愿，插足广告场中，撰种种新式广告，独得人造之妙用，曲达事物之情状，汇而成册，贡诸社会，缩造化巧妙于寸素之中，促人事进化于革新”，宣扬李氏新式广告的教化之功。

《太平洋报》破天荒最新式之广告

上海报界四十余年所未见

中国开辟以来四千余年所未见

我《太平洋报》之广告部，特延精通欧美广告术大家主持其事，代撰最新式之广告文，并研究最新式排列之方法。

我最新式广告之特长有四：

一、上海旧式广告，皆另外专排一版。但看报者，以看新闻为主，于广告一版每不留意，故其效力甚薄。本报最新式之广告，皆夹入新闻之中，或排列新闻之上下两端，殆合新闻与广告为一体，使看新闻者，有不得不看广告之势。

二、上海旧式广告，皆字数太多，排列紧密，以致不能醒目。即幸为看报者所见，亦每以字数太多，不能卒读。本报最新式之广告，文字务求简要，排列务求疏朗，使看报者一目了然，于半秒钟内，能贯通全部广告之大意。

三、上海旧式广告，大半以直写事实为主。新奇花样，殊不多见。本报最新式之广告，专研究新奇花样，或排成种种之花纹，或添入醒眼之图画。此外，有小说式广告，新闻式广告，电报式广告，杂志式广告。种类甚多，不胜枚举，专以引人入胜为主。

四、上海旧式广告，每以一种广告文，连登数月或数年，致使阅报者习见不鲜，无丝毫之效力。本报最新式之广告，可以随时代撰种种新奇之样式，隔数日更换一次。如有愿订特别约章，每日更换者，亦可应命。

《太平洋报》之广告，具此四种特长，故《太平洋报》之广告，承我中华民国社会上公认为破天荒最新式之广告。

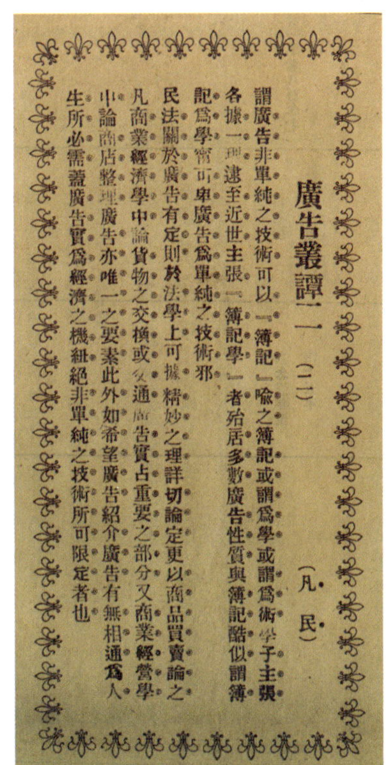

廣告叢譚（二）（凡民）

謂廣告非單純之技術可以「簿記」喻之簿記或謂爲學或謂爲術學子主張各據一理逮至近世主張「簿記學」者殆居多數廣告性質與簿記酷似謂簿記爲學甯可卑廣告爲單純之技術邪

民法關於廣告有定則於法學上可據精妙之理詳切論定更以商品買賣論之凡商業經濟學中論貨物之交換或流通廣告實占重要之部分又商業經營學中論商店整理廣告亦唯一之要素此外如希望廣告紹介廣告有無相通爲人生所必需蓋廣告實爲經濟之機紐絕非單純之技術所可限定者也

李叔同撰《广告丛谭》

除了主持《太平洋报》广告部，李叔同还负责主编《太平洋报》文艺专栏，李叔同开辟的《文艺集》《文艺消息》《文艺批评》《文艺百话》等栏目，更成了南社社员发表作品的重要园地。苏曼殊之小说《断鸿零雁记》也于5月12日至8月7日在该报上连载，李叔同还请朽道人陈师曾为曼殊小说配图插画，添得许多雅致。时逢陈师曾来沪，李叔同便在《太平洋报》上作专门报道，并刊出陈衡恪大幅半身照，大肆宣传。新新舞台黄喃喃的新剧演出，以及李叔同在日留学时东京美术学校西洋画老师黑田清辉、东京音乐学校音乐老师上真行和日本美术团体白马会、赤瓮会等艺界动态消息亦屡被李叔同撰之于报端，介绍宣扬。如4月7日“文艺消息”栏目：“吾国人留学日本入官立东京美术学校者，共八人，皆在西洋画科。曾延年、李岸二氏，于去年四月卒业返国。此外，留东者有陈之驷、白常龄、汪济川、方明远，潘寿恒、雷毓湘诸氏。又有谈谊孙氏，于六年前曾入该校雕刻科，至二年级时，因事返国。谈氏通金石之学，工篆刻，擅长浙派，天性极与雕刻相近，半途辍业，人多惜之。吾国女子留学日本入私立女子美术学校者，多至三十余人，亦大半在洋画科。昨有卒业生包女士卒业制作画，颇为中日人所称羡云。”同日的“文艺批评”栏目：“日本近年以来，西洋画进步极速，年设官立文部省展览会一次，奖励佳作。此外，又有白马会与太平洋画会两团体，最有势力。白马会以黑田清辉为主盟，此外有冈田三郎、助和田英、作藤岛武、长原孝太郎、三宅克巳、中泽弘光等。又官立美术学校之教师与生徒，皆属此派。太平

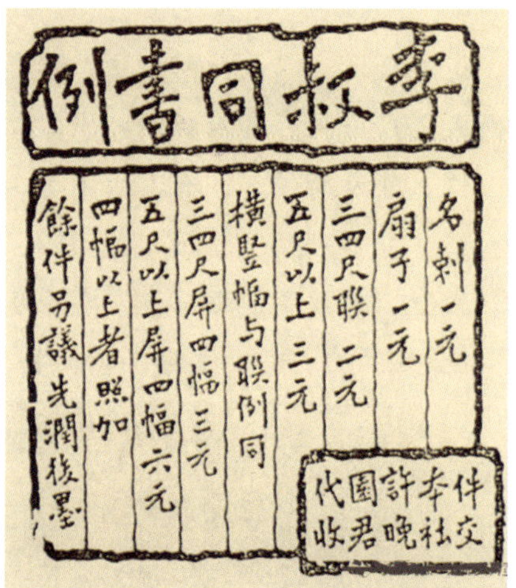
李叔同書例

名刺一元
扇子一元
三四尺聯二元
五尺以上三元
横豎幅与聯例同
三四尺屏四幅三元
五尺以上屏四幅六元
四幅以上者照加
餘件另議先潤後墨

件交本社許晚園君代收

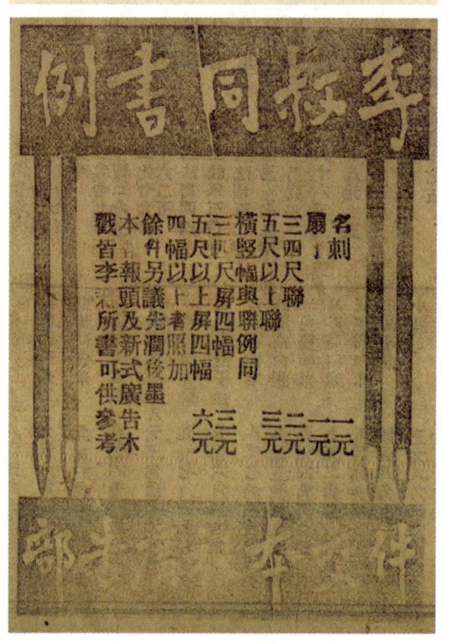
李叔同書例

名刺一元
扇子一元
三四尺聯二元
五尺以上聯三元
横豎幅與聯例同
三四尺屏四幅三元
五尺以上屏四幅六元
四幅以上者照加
餘件另議先潤後墨
本報頭及新式廣告
戳皆李[illegible]所書可供參考

《太平洋报》刊登的李叔同书例

洋画会，小山正太郎执牛耳，此外著名大家有中村不哲、蒲斋国四郎、小杉未醒、古回博、石井柏亭、中川四郎、太下藤次郎、丸山晚露等，又有关西鹿子、木孟郎亦属此派。此派俗称为在野派，专与官立美术学校反对。实则此派之势力，决不能与白马会相拮抗。”

“去年白马会名目已解散，然其势力依然存在。以实力论，以名誉论，皆在太平洋之上。故美术批评家，于太平洋画家作品辄加微辞。如鹿子木、中村诸氏之作，近年以来，颇不为社会所欢迎。及观于白马会一方面，如黑田、冈田、和田诸氏之作，殆同声称扬，毫无异议。白马会员黑田氏，群拟为洋画大统领，其势力之大，可想见矣。平心论之，日本洋画发达，黑田氏之力为多。黑田年仅四十余，现任美术学校教授兼帝室技艺员云。”

李叔同也在该栏目上刊发自己的诗词作品《咏菊》《题丁慕琴绘黛玉葬花图》《赠黄二南君》以及《李叔同书例》《李庐诗钟自序》和艺术论著《西洋画法》《广告丛谭》等，内容精彩纷呈；《广告丛谭》《西洋画法》等新识新知更开艺术启蒙之先河。许多人就是通过《太平洋报》认知了新文艺，也认知了李叔同的才情风华。

丰子恺在《我的漫画》中回忆：“我小时候，《太平洋报》上发表陈师曾的小幅简笔画《落日放船好》《独树老夫家》等，寥寥数笔，余趣无穷，给我很深的印象，我认为这真是中国漫画的始源。”

叶圣陶在《两法师》中写道：“我最初知道他在民国初年，那里上海有一种《太平洋报》，其艺术副刊由李先生主编，我对于所载他的书画篆刻都中意。”

姜丹书《记弘一上人》云：“太平洋报，在当时为报界后起之秀，以上人主持笔政故，形式崭新，尤重文艺，而上人书法之妙，亦赫然昭示于天下。余与上人，初为文字交，先即以报章文艺相往返，继为南社同文。”

陈无我在《话旧》中回忆：“不久，武昌起义，共和肇建。民元春夏间，陈英士先生等办《太平洋报》，主编叶楚伧，总理朱少屏，我也滥竽在编辑部内。那《太平洋报》特辟文艺一门，用连史纸石印单张，随报附送，那主编文艺的，原来就是李叔同先生。”

主编《太平洋画报》

郑逸梅在《书报话旧》中写到：“民国初年，上海《民立》《民权》等

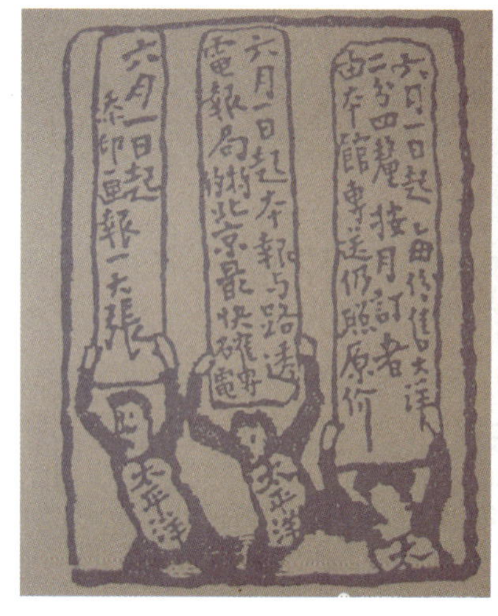

李叔同为《太平洋报》六月一日起添印《太平洋画报》设计的广告

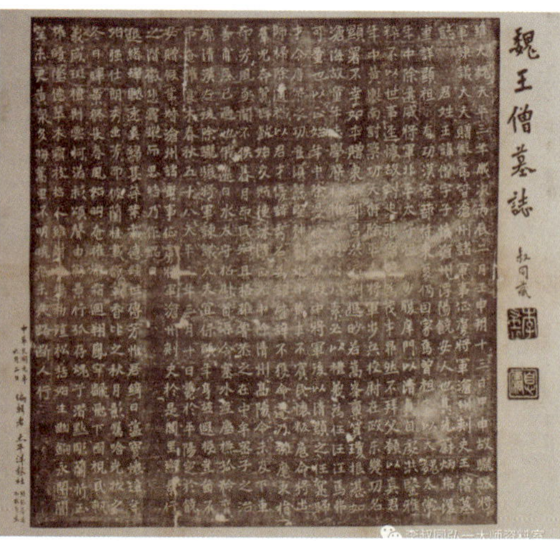

《太平洋画报》之李叔同藏《魏王僧墓志》

报，都附有画刊，随报赠送，《申报》也不例外。这种画刊，是用有光线单色石印，每周赠一张，概不零售。多为人物、仕女、花卉等绘画作品，也有时事讽刺、戏剧速写、西洋风景胜迹等。”《太平洋报》亦如此，于6月1日起添印附刊《太平洋画报》。

在编辑艺术广告和文艺专栏的同时，李叔同还担任附刊《太平洋画报》的主编，画报随《太平洋报》发行，不定期，或隔三岔五出一期，或连天出版，用连史纸印刷，都是免费赠送读者。

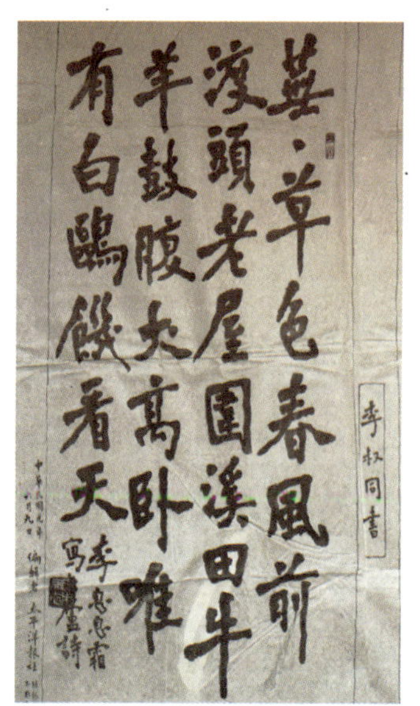

《太平洋画报》之李叔同书法

与其他报纸出版的附刊画报相较，李叔同主编的《太平画报》内容更倾向于艺术，以诗书画印为主；画报的编辑和版面设计非常别致，体现了李叔同艺术创新的一贯风格，其版式据内容不同而随机应变，并不类同，或立轴、或册页、或对联，颇具新意。《魏王僧墓志》、苏曼殊之《汾堤吊梦图》以及李叔同自己创作的书法和花鸟画等作品，都曾刊其上。

而《魏王僧墓志》则是李叔同珍藏的沧州刺史王僧墓志铭原刻拓本，该墓志全称《维大

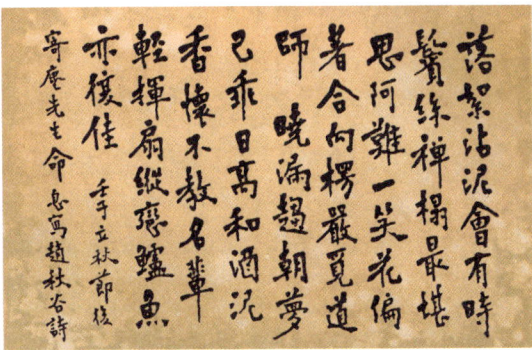

李叔同 1912 年墨迹

李叔同书赠同在《太平洋报》任编事之好友胡寄尘

魏天平三年岁次丙辰二月壬申朔十三日甲申故龙骧将军谏议大夫赠假节督沧州诸军事征虏将军抢州刺史王僧墓志》，长、宽均为 60 厘米，志文为正书，共二十五行，每行二十五字。该碑于清道光二十二年（1842）在河南出土，系东魏天平三年（536）二月刻石，侧有“沧州刺史王僧墓志铭”一行九字。原碑曾归沧县金石名家王国均、张之洞之子张权之手。后有摹刻本流传，李叔同所藏之本系原碑原拓，当为珍品，拓本左侧有李叔同所题“魏王僧墓志”“叔同藏”，钤印两方“李布衣”“息霜”，右侧则题“中华民国元年六月二日，编辑者太平洋报社，随报奉送，不取分文”。

说到苏曼殊为叶楚伧所作之《汾堤吊梦图》，其实还得益于李叔同之助缘。据柳亚子《苏曼殊研究》中所记，那幅画是在太平洋报社三楼李叔同的宿舍里完成的，其缘起说来倒也有趣，不妨一提：

“有一天楚伧不知如何趁息霜不在报社时，把曼殊骗到此房间内，关了门画成此画。但未必是完全硬骗，盖楚伧索曼殊画，曼殊恒以无静室及画具为辞，楚伧引彼至此房间内，一切都完备，且言，如嫌外人闯入，可以关门，于是曼殊无所藉口，不能不画了。”柳亚子文中所述息霜，即李叔同。

此事叶楚伧自己也有诗纪事“池上人寻午梦，画中月罨孤坟。难得和尚谢客，坐残一个黄昏”及诗序：“余访午梦堂旧址后，归抵海上，曼殊适自日本来。余于《太平洋报》楼上，供养糖果，扃置一室，乃为余画《汾堤吊梦图》。及今展观，无异玮宝。”

事后，李叔同遂将此画刊于报端，同期刊出的还有李叔同自己创作的一幅以隶书笔意写成的英文《莎士比亚墓志》，时人称此两件艺术品为“双绝”。可惜《太平洋报》倒闭时，此稿原件遗失。胡寄尘在《记断鸿零雁》中回忆

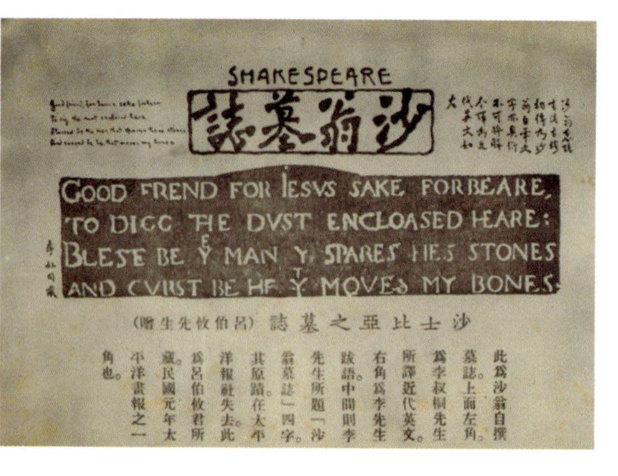

SHAKESPEARE

沙翁墓誌

GOOD FREND FOR IESVS SAKE FORBEARE,
TO DIGG THE DVST ENCLOASED HEARE:
BLESE BE Y^E MAN Y SPARES HES STONES
AND CVRST BE HE Y^T MOVES MY BONES.

沙士比亞之墓誌（呂伯攸先生贈）

此爲沙翁自撰墓誌。上面左角。爲李叔桐先生所譯近代英文。右角爲李先生跋語。中間則李先生所題「沙翁墓誌」四字。其原蹟在太平洋報社失去。此爲呂伯攸君所藏。民國元年太平洋畫報之一角也。

李叔同的《沙翁墓志》

道：“《断鸿零雁记》于民国元年曼殊所撰，随撰随刊载于南洋群岛某日报上。未几，其报停办，面稿之未刊出者甚多。适陈英士在上海办《太平洋报》，曼殊遂以《断鸿零雁记》稿付于该报，从头刊起，然原稿仍未完也。是为民国元年夏间事，及民国元年秋，《太平洋报》以负债停版，同人星散，曼殊之小说又未刊毕。原稿在印刷所，无人过问。时余适在《太平洋报》社文艺栏编辑事，闻该社将倒闭之警，即从印刷所将原稿取出，暂为保存。这时极匆促，余之行李，竟未及携出，被锁闭于该社中；而独携出曼殊墨迹二，一为其手稿《断鸿零雁记》稿本，一则曼殊为楚伧所绘《汾堤吊梦图》也。然尚有一物未及携出，至今引以为恨事，即李叔同手书莎士比亚墓志原文是也。盖楚伧此时入京，其吊梦图存社中。及同人星散之际，秩序大乱，吊梦图与杂物同置架上，无人过问，余为检出。后楚伧归沪，及还之楚伧；而《断鸿零雁》稿本，则存余处。唯李叔同书莎翁墓志，则不知流落何许矣。”

《沙翁墓志》（译文）

《沙翁墓志》书法古穆，相传为沙翁自笔。文字亦奥衍，不可猝解。今译为近代英文如左：

君亦顾：

天之明命，勿伤吾骨。

有保吾之墓者，吾必佑之；

有移吾之骨者，吾必殛之！

在主笔《太平洋报》和主编《太平洋画报》的同时，李叔同还和南社诸友创办了《文美会》，1912年4月1日，李叔同在《太平洋报》之《文艺消息》栏目上刊以新闻，报道之：“叶楚伧、柳亚庐、朱少屏、曾孝谷、李叔同诸氏，同发起文美会，以研究文学、美术为目的，凡品学两优，得会员介绍者，即可入会。每月雅集一次，展览会员自作之文学、美术品，传观《文美》杂志，联句，名家演讲，当筵挥毫，展览品拈阄交换等。事务所设在太平洋报社楼上编辑部内。”

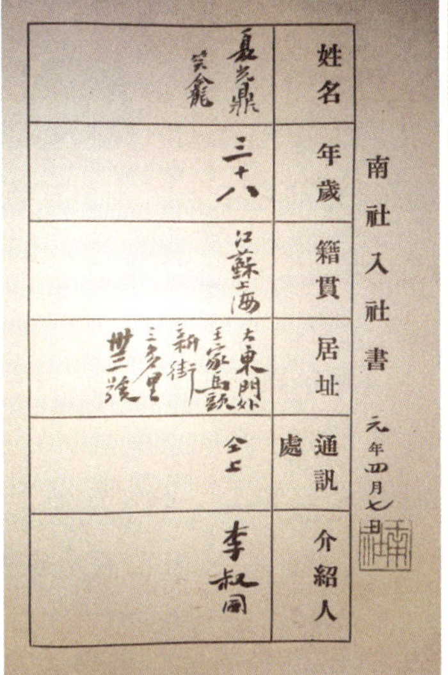
南社入社書

姓名	夏光鼎 笑龕
年歲	三十八
籍貫	江蘇上海
居址	大東門外王家馬頭新街三多里廿三號
通訊處	仝上
介紹人	李叔同

元年四月七日

李叔同介绍夏光鼎入南社

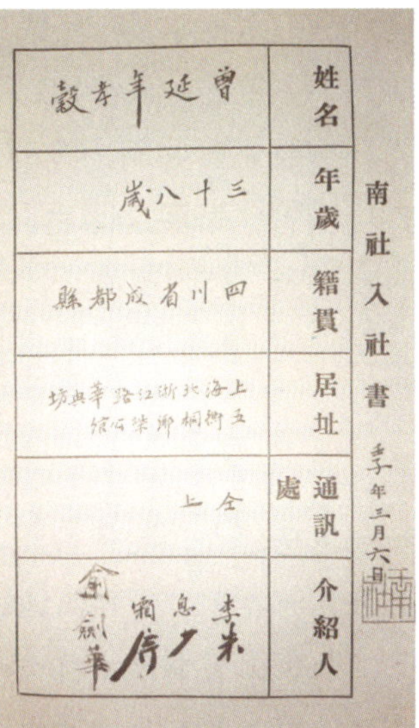
南社入社書

姓名	曾延年孝穀
年歲	三十八歲
籍貫	四川省成都縣
居址	上海北浙江路華興坊五衖桐鄉柴石館
通訊處	仝上
介紹人	李息霜 朱少屛 俞劍華

元年三月六日

李叔同介绍曾延年入南社

4月22日，在李叔同、朱少屏、俞剑华的共同介绍下，昔日留日同窗好友曾孝谷亦加入南社；又介绍家住大东门外王家码头新街三多里三十三号的夏光鼎充入南社。其时，李叔同还为南社通讯录之第三次修订本的出版，设计图案并题字。

5月，李叔同又与高燮、高旭、姚光、叶楚伧、胡朴安、柳亚子、姚锡钧等南社诸友，以“扶持国故，交换旧闻”为宗旨，“讨论学术，发明文艺”为内容，发起组织《国学商兑会》，并于6月30日在金山张堰正式成立，投票公举姚石子为理事长。

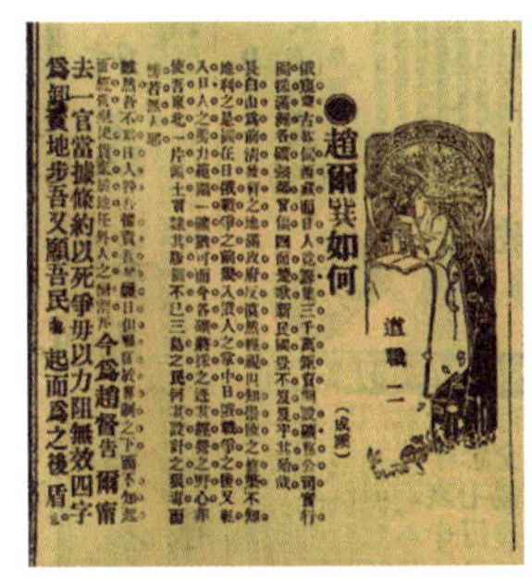
趙爾巽如何
道職二

《天铎报》刊载李叔同时文《赵尔巽如何》

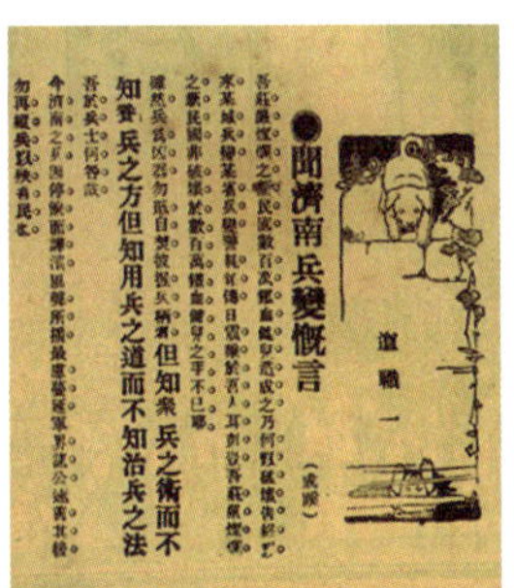
聞濟南兵變慨言
道職一

《天铎报》刊载李叔同时文《闻济南兵变慨言》

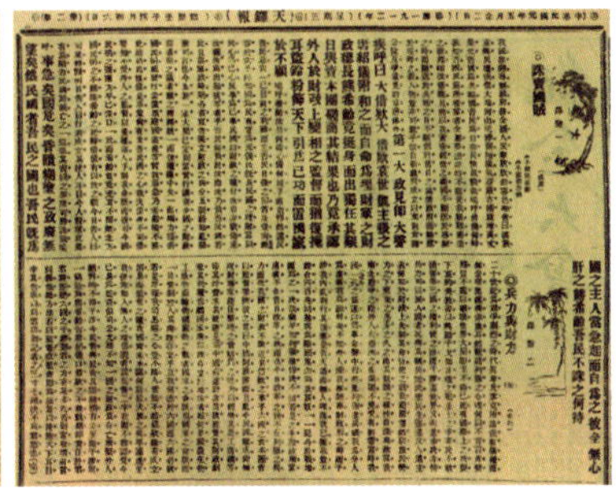

《天铎报》刊载李叔同时文《诛卖国贼》

在《太平洋报》启蒙文艺的同时，李叔同还常在望平街另一家由李怀霜、陈布雷主笔的《天铎报》上，署名成蹊，发表《诛卖国贼》《闻济南兵变慨言》《赵尔巽如何》等时论文章，发出“国危矣！昏聩胡涂之政府无望矣！然民国者，吾民之国也。吾民既为国之主人，当急起而自为之”铿锵新声，呼唤进步，鼓吹革命。

《赵尔巽如何》

成　蹊

俄窥蒙古，英伺西藏，而日人竟筹集三千万巨资，开设矿务公司，实行开采满洲各矿。强邻实逼，四面楚歌。新民国岂不岌岌乎其殆哉！

长白山为前清发祥之地，满政府反漠然轻视。但知崇陵之修筑，不知地利之是图。在日俄战争之前，几入俄人之掌中；日俄战争之后，又转入日人之势力范围。一矿犹可，而今各矿将采之。迹其经营之野心，非使吾东北一片领土，实隶其版图不已。三岛之民，何其设计之狠毒，而旁若无人耶！

虽然，吾不为日人咎，吾惟责吾民。曩日但服从于专制之下，而不知起而经营，坐使货弃于地，任外人之脔割。吾今为赵督告尔，宁去一官，当据条约以死争，毋以“力阻无效”四字为卸责地步。吾又愿吾民，亟起而为之后盾也。

《诛卖国贼》

成　蹊

我国推翻专制政府后，全国人民举欣欣然喜色相告，曰：“汉族重兴，民权恢复；大地河山，洗净腥膻秽气；庄严古国，骤增万丈荣光。吾国为共和国，吾民为自由民。快哉！快哉！”

呜呼！曾几何时，孰知吾国民前所希望者，全属梦呓。非特不能使我艰难缔造之新邦，顿改旧观，且将以我黄帝经营之祖国，不断送于专制之时，而断送于共和之日；不断送于旧日之满清政府，而断送于现时之新人物。岂非可悲乎哉！

自新政府成立以来，肉食诸公，除互争意见，计算薪俸外，第一大政见，即大声疾呼曰：大借款！大借款！袁世凯主张之，唐绍仪附和之，而自命为理财家之财政总长熊希龄，竟挺身而出，独任其艰，日与资本团磋商。其结

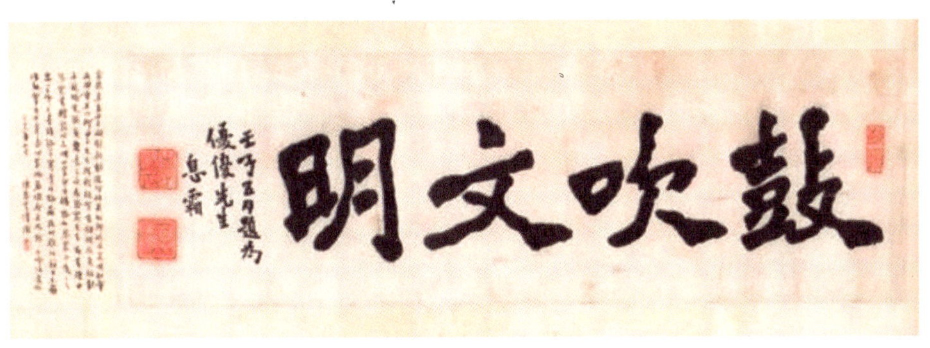

李叔同 1912 年墨迹

果也，乃竟承认外人于财政上变相之监督。而犹复掩耳盗铃，粉饰天下，引为己功，而置国家于不顾。呜呼！希龄！汝具何毒心，备何辣手；而敢悍然违反我民意！贪一己目前之利禄，而忘吾民日后之困苦！汝岂尚能容于世乎！抑知国为民有，官为民仆！汝既长民国之理财，当以民心为己心，民事为己事。民国以财政之权付汝，岂非欲倚重汝，视汝为出类拔萃者乎！吾民何负于汝，而汝乃负吾民国若此！且当军政时期，各省宣告独立，财政之四分五裂，纷如乱丝，犹可言也。今五族一家，大局已定，则当实行调查全国之财政，节者节之，裁者裁之，务归统一，而后权操中央。一面竭力提倡国民捐，或发行公债票，建国义产等，暂救眉急。乃希龄独不务此，沾沾焉惟债是求，岂尚有爱吾民国之心哉！夫债非不可借，要知不受外人之监督，以免权落人手，制我命脉，而后可。今国民捐之声，南方早已众口一致。而希龄岂竟充耳不闻欤！北方之国民捐之不踊跃，希龄之把持借债，有以致之。观今日告人曰："可望转圜"，明日告人曰："行将成立"。其眩人耳目，令人观望。此真有意陷吾民国于灭亡之一征也。其卖国之罪，庸可胜诛哉！

呜呼！事急矣！国危矣！昏聩胡涂之政府无望矣！然民国者，吾民之国也。吾民既为国之主人，当急起而自为之。彼全无心肝之熊希龄，吾民不诛之，何待！

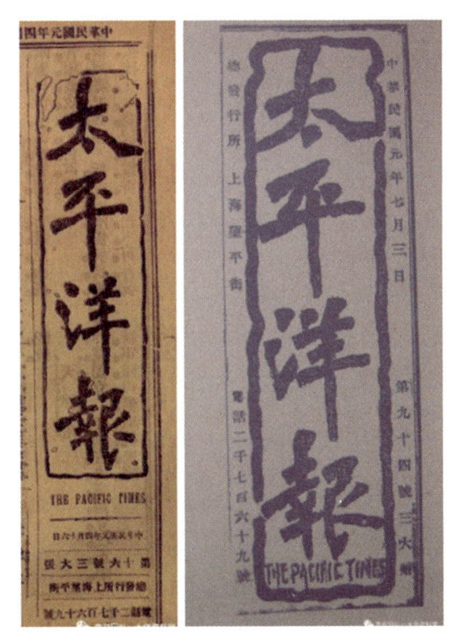

《太平洋报》上刊印社址：上海望平街

《闻济南兵变慨言》

成　蹊

吾庄严灿烂之新民国，数百万铁血健儿造成之。乃何以破坏告终以来，某城兵变，某省兵变，警耗频传，日震击于吾人耳鼓。岂吾庄严灿烂之新民国，非破坏于数百万铁血健儿之手不已耶！

虽然，兵为凶器，勿戢自焚。彼握兵柄者，但知聚兵之术，而不知养兵之方；但知用兵之道，而不知治兵之法，吾于兵士何咎哉！

今济南之兵因停饷而哗溃，风声所播，最虑蔓延。军界诸公，速善其后，勿再纵兵以殃吾民也！

1912 年五月，李叔同曾为当时倡兴新剧、后来的故宫青瓷专家陈万里撰有四字横幅一页——“鼓吹文明”，卷末有陈氏跋云：“余与辛亥壬子间创新剧进行社于故乡，颇为当时社会所推重。吴江柳亚子先生撰联祝贺，有‘剑魄花魂新剧本，龙盘虎踞旧舞台’之句，为息霜先生所书。复由息霜书赠‘鼓吹文明’四字，即此横幅也。”此四字可谓其时李叔同沪上生活的真实写照。

寻　踪

旧纸堆中寻答案

关于《太平洋报》报社之详细地址，笔者通过查阅上海图书馆收藏的该报原件，发现在报头上只注明“总发行所上海望平街”，再查阅各期，均未发现该报具体的门牌号，倒是在报头位置标有当时报社的电话号码：2769。

为了找到报社的准确位置，笔者查阅了诸多其他辅助资料，后在 1912 年 3 月的《申报》上找到当时《太平洋报》刊登的诸多出版通告。

为宣传即将出版的《太平洋报》，《太平洋报》社在 3月 8 日—14 日、17 日、25 日、27 日、31 日等期《申报》头版上连续刊出《太平洋报》出版的通告和再告，大肆宣传，详细介绍《太平洋报》的特色、优势和各版主要栏目，以及代理广告、报业销售和订阅等事项，并注明总发行所地址设在望平街上，又在 4 月 1 日首发当天及次日的 2 日在《申报》上刊发“太平洋报已出版”的广告。

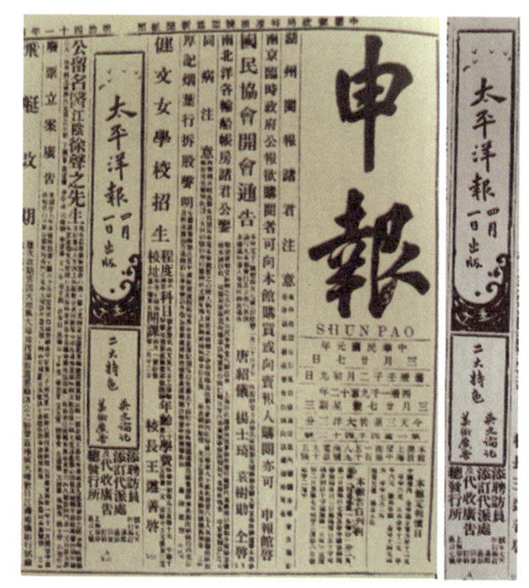
申報
SHUN PAO
太平洋報 四月一日出版
二大特色 英文論記 美術廣告
添聘訪員 添訂代派處 代收廣告 總發行所
國民協會開會通告
健文女學校招生

《申报》上刊发《太平洋报》发行之消息中，注明社址为上海望平街黄七号

笔者对《申报》以上各期通告文字内容一一仔细比对后发现，除了 10 日—14 日广告中未注明社址外，在 3 月 8 日和 9 日的文告上明确社址“本报设在上海山东路即望平街黄字七号”，17 日和 25 日注明“总发行所设在上海望平街”，27 日《申报》头版又刊出了李叔同为《太平洋报》设计的“《太平洋报》四月一日出版”广告专栏，除了介绍《太平洋报》具有“英文论记，美术广告”两大特色外，还注明订阅及函购报纸的联系地址“上海望平街黄7 号”。

另据笔者查阅《时报》所得，在 1912 年 3 月 7 日、10 日、13 日、17日、19 日、27 日、31 日各期的《时报》头版显著位置，都刊登了《太平洋报》出版通告，其联系一栏，清楚写着“本报设在上海山东路即望平街黄字七号”“上海望平街七号”，故《太平洋报》社的准确地址由此明确。

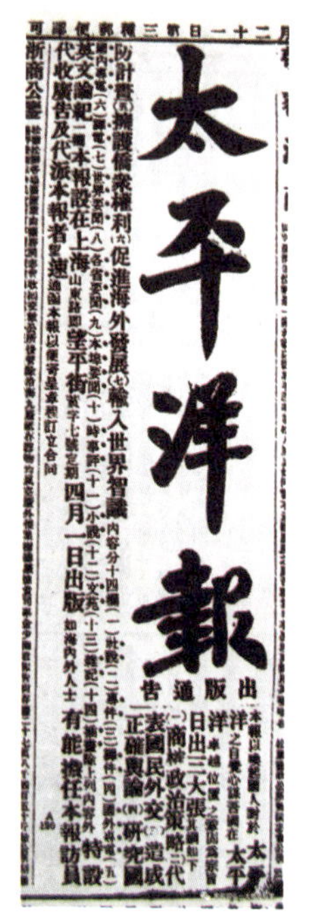
太平洋報 出版通告
擁護共和 促進海外發展 輸入世界智識
英文論記 本報設在上海山東路即望平街黃字七號
代收廣告及代派本報者 速
四月一日出版
日出三大張

《时报》上刊发《太平洋报》发行之消息中，注明社址在山东路即望平街黄字七号

寄居报社中

其时，李叔同全身心地投入于繁忙的报业工作，以文艺的手段鼓吹民主革命新思想，致力于新知、新艺之宣扬传播。为方便工作，李叔同以报馆为家，所以就常常住在山东路望平街黄字 7 号太平洋报报馆三楼他的宿舍，而并非住在西门外宁康里他与日本夫人的寓所。

与李叔同共事《太平洋报》的同人有相关回忆述陈，可证其实。

柳亚子《苏曼殊研究》：“太平洋报社的广告主任是

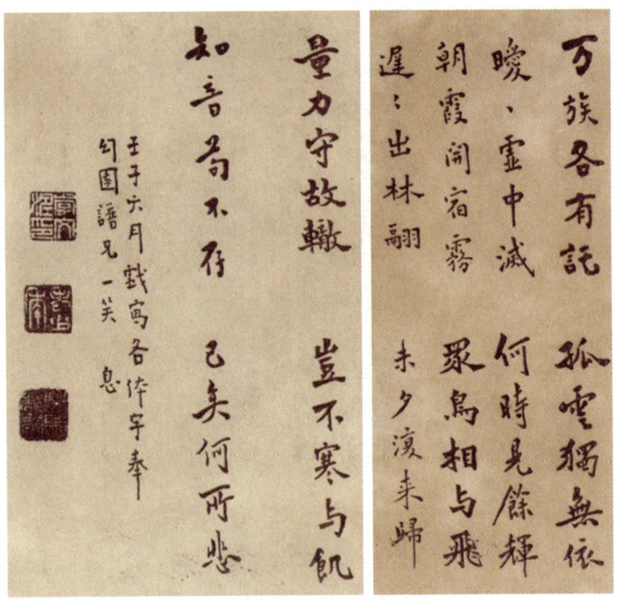

李叔同书赠同在《太平洋报》任编事之义兄许幻园

李息霜，住报社三楼，有一房间，布置甚精，息霜善画，画具都完备。”

李叔同的报社同人陈无我在《话旧》中述道：“与李叔同闻声相思多年的我，这才和他有缘识面，可是李先生的性格与众不同，他喜欢离群索居，他独自住在报馆三层楼上一间小室里，睡觉看书编稿子都在这里面，每天除了吃饭下楼之外，简直碰不到他的影子。我偶尔有事上三层楼去，经过他的房间，那门总是关的。有一天难得发生例外，那门是虚掩着，我向内探窥，见李先生伏在案上，运笔如飞，我不敢惊动，只好过门不入。”

主笔《太平洋报》的一帮文人，闲暇之余，皆喜豪酒不羁，柳亚子在《我和言论界的因缘》中言，我“在太平洋专编文艺，替冯春航捧场，一面和曼殊、楚伧大吃其花酒，曼殊常叫的倌人是花雪南，楚伧是杨兰春，我却是张娟娟”。

孤芳《忆弘一法师》：“报馆里一班编辑，也都是南社社友。他们在编辑完了时，多向歌场酒肆征逐，或使酒骂座，或题诗品伎，不脱东林复社公子哥儿的习气。苏曼殊以一个日本和尚——曼殊好着和尚装，也厕身其中，酒肉厮混，独弘一法师孤高自持，绝不溷入，灵机早露，在那时，或已看空色相了。”杨仲璿在 1943 年第三期《潮声》上发表有《一代高僧弘一大师的生平及其功业》，文中写道：“民元陈英士等创办太平洋报，辟文艺副刊一门，由大师主编。他独自住在报馆的三层楼一间小屋里，睡觉、看书、写稿都在里面。”

似此种种记忆，足以证明 1912 年主笔《太平洋报》时之李叔同，除了与他的日本夫人居住在西门外宁康里，亦常常因忙于报务而屡居望平街黄字

7 号太平洋报报馆三楼小屋。

其时的李叔同专注办报，不入俗流，这除了他凡事认真之性格使然外，也与他当时因家族钱庄倒闭，百万家财，倏忽荡然散尽，急需挣钱负担天津、上海两地不小家用开支之拮据生活环境不无关系。

查阅当时李叔同主笔的《太平洋报》，在报上屡见刊登有《李叔同书例》的润笔广告：名刺一元，扇子一元，三四尺联二元，五尺以上联三元，横竖幅与联例同，三四尺屏四幅三元，五尺以上屏四幅六元，四幅以上者照加，余件另议，先润后墨，件交太平洋报馆广告部。在 1913 年他与好友许幻园的信函言辞中，亦直言“承惠金至感。写件本当报命，奈弟近来大窘困，凡有写件，拟一律取润，乞转前途为幸”，从中我们可以明显感受到李叔同在那个阶段经济上的窘况，只能以润笔补贴家用之不足。

前世今生望平街

为了明确李叔同任职《太平洋报》时的望平街黄字 7 号现在所处的位置，笔者开始了实地调研。

望平街在黄浦区，望平街的前身要追溯到 19 世纪 50 年代末。

1844 年英国人在租界内建起上海开埠后第一所西医医院——仁济医院，随后又在仁济医院建筑马路，名为庙街，其中南段俗称麦家圈，因 1845 年英国基督教传教士麦都思在此购地开设墨海书馆，并建造了家属住宅，故统称麦家圈；北段俗称望平街，是一条碎石铺面的小街。1865 年英租界工部局将其改称为山东路，但望平街之名一直被民间延续并用着。

百年前的望平街，在四马路（福州路）北侧与英大马路（南京路）南侧之间，与九江路（二马路）、汉口路（三马路）相交，横穿今日之福州路和南京东路，不过现在的地图上早已找不到这条望平街了，因它已更名为山东中路。

按现在的地标，原来山东路望平街的地理位置应位于现在黄浦区福州路以北、南京东路以南之山东中路之一段；望平街不长，不过二百来米，与附近繁华的南京路商业街、福州路文化街相比，这里显然要清静了许多。可就是这条现在看起来不甚起眼的小马路，百年前，这里可是名闻沪上的报馆街。

辛亥革命时期，上海是革命派和孙中山同盟会会员们进行活动及发动起义的重要基地，也是传播和宣传民主思想的主要阵地，而望平街当时地处英

望平街旧影，诸报馆鳞次栉比，近处是申报馆招牌、远处是时报馆塔楼

清末时的《申报》馆

租界，得益于租界的特殊政治荫庇，使得清政府对新思想的打压有了一个缓冲区，于是报人们纷纷聚集于以望平街为中心的十字形区域里，山东路、福州路、汉口路、九江路一带大小报馆毗连，诸多新媒体在这里应运而生。

从 20 世纪初起，除李叔同的《太平洋报》外，《申报》《新闻报》《时报》《天铎报》《民呼日报》《民吁日报》《民立报》《民强报》《中华民报》《时事新报》《大共和日报》《民国新闻》《神州日报》《晶报》《回民日报》《民声日报》《上海画报》等大小数十家报馆先后在望平街附近择址设馆，鳞次栉比。望平街“自晨至夕，皆为之拥挤不堪”“攒首万人”，成为上海滩最热闹的新闻集散地和信息传播中心，《太平洋报》也不例外，林立在这洋洋报馆群中。

曾活跃于望平街的著名报人、李叔同在浙一师时的学生曹聚仁在《望平街的故事》中回忆：“望平街这条短短的街道，整天都活跃着，四更向尽，东方未明，街头人影幢幢，都是贩报的人，男女老幼，不下数千人。一到《申》《新》两报出版，那简直是一股洪流，掠过了望平街，向几条马路流去，此情此景，都在眼前。我们就从这条马路的脉搏，体会得朝野中外的动态呢！”

近人叶仲钧在《上海鳞爪竹枝词》中如此描绘热闹的报馆街：“集中消

息望平街，报馆东西栉比排。近有几家营别业，迁从他处另悬牌。”更有人将上海望平街之报业中心，与金融中心美国华尔街、政治中心英国唐宁街，并称为世界三大名街。

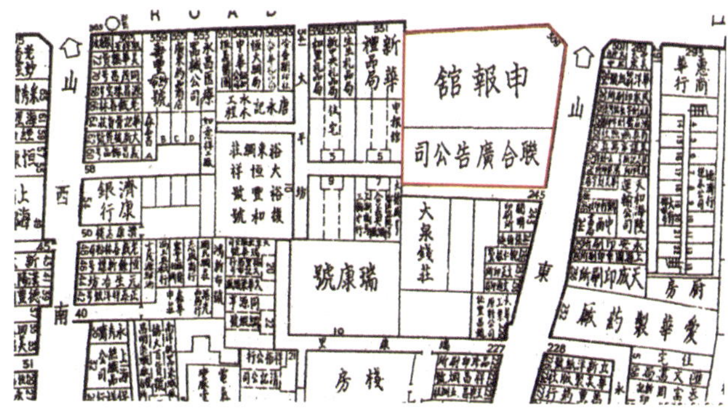

上海老地图中的《申报》馆位置

一纸新闻十万兵，先进报纸和进步传媒在那个风起云涌的年代，启迪民智，开通风气，在政治、经济、文化、新旧思想的社会大变革进程中起着推波助澜的作用。

民国时期重建后的《申报》馆

作为那个时代的先行者，李叔同当然也不例外，在西风东渐的上海滩，他踩着时代的鼓点，和着社会的节拍，把握着岁月的脉搏，在短短的望平街上，留下了他长长的身影。

《太平洋报》在经营了半年之后，最终迫于经费困难而停刊，悄然退出了望平街，以至于我们现在仅从掌握的“望平街黄字七号”这单一信息，很难确定《太平洋报》馆的7号门牌到底在望平街的哪个具体位置。不过，我们倒是可以通过与望平街7号相邻的一些知名老字号报馆的馆址，去分析和推断出《太平洋报》馆的馆址所在。

汉口路309号《申报》馆

查阅老上海史料，民国初期在望平街（今山东中路）与三马路

（今汉口路）交会的十字路口，上海滩的三家主要报馆都汇集于此：西之《申报》馆，东之《新闻报》馆，南之《时报》馆。

《申报》是1872年4月30日由英国人美查创办于上海，是旧中国历史最长、影响最大的一份报纸；1909年为买办席子佩收购；1912年转让给史量才，随后将原有两层砖木结构老楼拆除重建，1918年10月，建筑面积3700平方米的五层钢筋混凝土报业大厦落成使用；1949年5月28日，上海市委机关报《解放日报》在《申报》馆创刊，此楼便归解放日报社使用。1994年，解放日报社迁至《申报》馆对面的汉口路300号新楼。

笔者在现场调查时看到，当年的《申报》馆建筑现在还依旧保存完好，只不过底楼已是一家新旺茶餐厅。因《申报》馆地处汉口路和望平街的转角处，故往日望平街158～159号的《申报》馆门牌号，已分别被现在的山东中路255号和汉口路309号取而代之。据茶餐厅老板说，不久，餐厅也将搬至对面的黄浦市民健身中心大厦，此处将另有他用。

说到老上海的门牌号，其实并非如我们一般想象的那样都是统一由南到北、从东向西号数逐渐递增的，而是随租界管辖区域之不同，门牌号的编法也多有不同。

早期《时报》馆

比如法租界的编法是从南到北牌号逐渐由大到小，而英租界的编法则是由南向北牌号依次从小到大，《太平洋报》所在的望平街当时属英租界，按照门牌号南北向从小到大的编法来推算，《太平洋报》馆所在的望平街黄字7号，就应该在望平街158号《申报》馆再往南不远处吧。而《申报》馆往南最有名的报馆当属《时报》馆了。

《时报》创办于1904年6月12日，是戊戌变法后维新派在国内的第一份报纸，康有为的弟子狄葆贤任经理，梁启超参与策划，罗普和陈景韩出任主笔，内容多革新反清，体例均有创新特色。

1921 年在原址重建《时报》馆新楼

《时报》馆初址位于《申报》馆之南，在望平街与福州路的交叉路口，我们从《太平洋报》同时期之 1912 年 4 月《时报》头版所署地址可知，《时报》馆址“开设在上海四马路望平街口”，也就是说《时报》馆所在位置是望平街的南端起始点。

那么，《太平洋报》馆址必定是在《时报》馆与《申报》馆之间。而我们若能进一步获得《时报》馆在望平街的门牌号，那就能对《太平洋报》馆址进行更精确的定位。

为此，笔者查阅了《时报》创办后的十多年不同时间段各期报纸，希望从中找出《时报》馆址在望平街的准确门牌号，从创办之初 1904 年所署的“本报开设上海四马路”，到 1905 年的“本馆开设上海四马路门牌辰字 583 号，德律风1201 号”，再到“本馆开设上海四马路望平街口”“本报开设上海福州路山东路转角，电报挂号 2514，电话 1201”，都没找到报馆的具体门牌号，直至最后在 1919 年 12 月 20 日的报纸上找到清晰所写的“本馆开设上海望平街第六号，电话 1201 号”完整门牌号，从而掌握了《时报》馆与《太平洋报》馆间彼此门牌仅一号之隔之重要信息。

由此，我们再去深入分析，按照一般门牌号之排序规律不外乎有两种：一种是路之两侧各以单双号分别排列，若如此，那么 6 号的《时报》馆和 7 号的《太平洋报》馆应该是隔着马路两两相对；另一种是按照自然数依次序排列，这样的话《时报》馆和《太平洋报》馆就是彼此相邻了。

那么，如何来确定当时所采用的到底是哪一种门牌排列法呢？我们不妨从

孙中山为《时报》馆落成题词：宣传文化

《申报》馆的门牌号着手去解开这个谜。查阅 1912 年《申报》，可以在头版报头位置找到其详细馆址“本馆开设上海望平街第一百五十八、九两号，电话九十五号”，由此可以知道当时望平街门牌号系按自然数依次排列之事实。

故可以断定，望平街 7 号的《太平洋报》馆的准确位置应在望平街 6 号《时报》馆之北侧并与之相邻。

福州路 318 号浦汇大厦之北侧地块是当年望平街黄字 7 号《太平洋报》馆的位置

1921 年，《时报》因报业扩张之需要，狄葆贤在原址拆旧新建三层报馆大楼。新楼占地 1081 平方米，建筑面积 4981 平方米，钢筋混凝土结构，底层有欧式拱券门和古希腊爱奥尼克柱式装饰，东、南两立面均为西洋风格，上部有巴洛克式山花装饰。在三层顶部辟有屋顶花园，莳花弄草，可供游憩。东南转角大门处矗立着中国传统风格的七层八角形塔楼，通高 26 米，飞檐翘角，而门洞为欧式拱券装饰，塔身周围挑出阳台，可登高赏景，整幢建筑中西合璧，是当时沪上一道奇特之风景。

新大楼落成时，孙中山为《时报》馆题字“宣传文化”，蔡元培题“日日新又日新”；1928 年，郎静山等人在报馆大楼内成立了我国南方第一个摄影团体“华社”；1929 年，《时报》迁至浙江路小花园处，原报馆塔楼建筑由大东书局使用，但上海市民仍习惯将其称之为“时报馆”，

新中国成立后，这里又成为外文和美术书刊的销售处。因《时报》馆位于望平街和福州路之交会口，故当时的《时报》除了望平街第 6 号外亦有福州路 583 号牌号。

1998 年因城市建设，原《时报》馆塔楼建筑被拆，在原地建成坐落于福州路的现门牌号为 318 号之百腾大厦，所以，现在与福州路 343 号杏花楼总店隔路相对的百腾大厦就是当年的《时报》馆旧址。

2005 年，高盛以 1.076 亿美元的价格收购百腾大厦，并于 2006 年更名为高腾大厦；2010 年 9 月，腾飞中国商业地产基金正式宣布收购高腾大厦，遂又改名为腾飞浦汇大厦。也就是说当年望平街第 6 号的《时报》馆，现在已是福州路 318 号的腾飞浦汇大厦，《太平洋报》馆与其相邻。

小　结

经过如上调研、考证和梳理，我们可以确定，当时与《时报》馆一号之隔的望平街 7 号《太平洋报》馆，其位置应该就在现在的福州路 318 号腾飞浦汇大厦地块。1912 年春夏间，李叔同与日本夫人居住在西门外宁康里的同时，李叔同为方便编辑《太平洋报》，常常寄居在望平街 7 号三楼的报馆工作室。

当年的望平街黄字 7 号《太平洋报》馆三楼，如今的黄浦区福州路 318 号腾飞浦汇大厦所在之址，李叔同曾在这里，在他沪上第五处居所的小屋里，演绎了他生命历程中又一段春满华枝的精彩。

今天，望平街之报业盛势早如往事烟云随风散去，《太平洋报》馆也已落花成泥，在人们的视线中淡出了整整一个多世纪。唯有当年与《太平洋报》馆、《时报》馆相邻的《申报》馆旧址依旧默默屹立着，笑看着人间百年沧桑，只不过那曾经穿梭过无数文人墨客的报馆门厅，现已成了新旺茶餐厅食客们闻香释馋的尽兴之地，行色匆匆的路人再也闻不到随风袭来的那阵阵纸墨书香了。

但愿茶餐厅搬出后的《申报》馆，有朝一日能够成为一家报馆博物馆，再续上海滩曾经的书香。

第六章 海宁路南林里四弄底

事 迹

1912年秋，《太平洋报》迫于经费困难而停刊，同人零散，各谋其位。浙江两级师范学校校长经亨颐闻李叔同所事《太平洋报》停刊，遂以留日同学情谊恳请李叔同来杭校助其艺术教育之振兴，担纲图画手工科的图画老师及全校的音乐教席。

经亨颐（1877-1938），浙江上虞人，字子渊，1902年赴日留学，1905年考入东京高等师范理科，与李叔同、曾延年、钱永铭等同为自费改官费生，与林大同、夏丏尊、钱家治等亦皆留日同期；1908年休学回国筹办浙江官立两级师范学校，1909年三月再度赴日续学。清《官报》第29期刊登有《咨浙江巡抚为经亨颐业已回东应请补给官费文》，文中陈明"以经亨颐一名，前准浙电留额，俟其回东，即行补入。今该生於三月初三日到京，当由本处函致东京高等师范学校为其销假，插入本班上课肄业，所有该生学费自应改给官费，与前补各生一律发给，应请咨明备案"。1910年11月28日经亨颐学成返国回杭，不久出任浙江官立两级师范学校校长一职。1912年8月，李叔同应邀赴杭，作客两级师范学校，与姜丹书、夏丏尊泛舟西湖，湖亭品茗，高谈阔论，乐说旧事。忆叙过往，李叔同曾与南洋公学特班旧日同学文光、田濂交集杭州，把酒湖上。回首九年，弹指一瞬，叹逝者如斯，岁月匆匆。游湖归来，李叔同写下《西湖夜游记》。考察两级师范学校校况后，李叔同向校长经亨颐提出赴任的两个条件，这两个条件既不为薪水，也不为自己，而是为了学生。一是学校要有专用的音乐教室，必须为上音乐课的每个学生配备一架风琴；二是图画课必须有单独的绘画室，石膏头像、画架等不能有缺。

这两个要求使经费紧缺的校方很感为难，但办事认真的李叔同坚持他的原则，认为师范生以后走上教师岗位要教唱歌，不会弹琴不行，上课教授时间有限，练习全在课外；图画课要教学生写生，普通教室的光线不能满足教学要求，学校必须为学生提供专业的图画室才行。李叔同说，这两个条件如果校方难答应，那么任职就难从命。求贤若渴的经亨颐，为了留住李叔同，想尽办法添置教学设备，购到大小风琴二百余架，排满在礼堂四周、自修室、走廊上，还专门设立了图画室，满足了李叔同的要求。在当时国内的师范学校中，美术和音乐配备如此齐全的，可以说是绝无仅有了。李叔同遂如约赴任，在美丽的西子湖畔，在浙江两级师范学校，开始了他一生中又一度的师教生涯。

李叔同在浙一师任教时旧影

李叔同在杭州任教期间，李叔同与日本夫人分居两地，每逢周末或节假日，李叔同便回沪看望日本夫人。那么，李叔同和他的日本夫人是否依旧一直居住沪上西门外宁康里呢？李叔同在南洋公学时的老师蔡元培给了我们新的答案。

《西湖夜游记》

李叔同

壬子七月，予重来杭州，客师范学舍。残暑未歇，庭树肇秋。高楼当风，竟夕寂坐。越六日，偕姜、夏二先生游西湖。于时晚晖落红，暮山被紫，游众星散，流萤出林。湖岸风来，轻裾致爽。乃入湖上某亭，命治茗具。又有菱芰，陈粲盈几。短童

浙江两级师范学校

侍坐，狂客披襟。申眉高谈，乐说旧事。庄谐杂作，继以长啸，林鸟惊飞，残灯不华。起视明湖，莹然一碧；远峰苍苍，若现若隐，颇涉遐想，因忆旧游。曩岁来杭，故旧交集，文子耀斋，田子毅侯，时相过从，辄饮湖上。岁月如流，倏逾九稔。生者流离，逝者不作，坠欢莫拾，酒痕在衣。刘孝标云："魂魄一去，将同秋草。"吾生渺茫，可喟然感矣。漏下三箭，秉烛言归。星辰在天，万籁俱寂，野火暗暗，疑似青燐；垂杨沉沉，有如酣睡。归来篝灯，斗室无寐，秋声如雨，我劳何如？目暝意倦，濡笔记之。

蔡元培日记中的新发现

李叔同在上海的又一处寓所地址"海宁路南林里四弄底张寓"，是笔者在2011年11月查阅2010年北京大学出版社出版的《蔡元培日记》时，于蔡元培先生1913年7月12日所记的日记中发现的："李漱桐（息、广平），海宁路南林里四弄底张寓。"

蔡元培日记所录之李漱桐、李息正是李叔同的曾用名，李广平则是1901年李叔同就读于蔡元培任总教习的南洋公学特班时的学名。而蔡元培与李叔同以及南洋公学特班的关系在第三章"英徐家汇路南洋公学上院三楼特班宿舍"中已有交代，在此就不再赘述。

1912年7月，蔡元培因不愿与袁世凯政府合作而辞去教育总长一职，9月赴德留学，在莱比锡大学学习《心理学原理》《儿童心理学与实验教育学》《德国现代文明史：其过去与现在》《现代自然科学的主要研究成就》等课程。1913年3月20日，袁世凯派人在上海火车站暗杀国民党代理理事长宋教仁，22日，宋不治身亡。4月30日，蔡元培得汪精卫快信，并附李石曾电报，言国民党已宣布与袁世凯决裂，促速归国。5月18日，蔡元培离开柏林，经华沙、莫斯科、哈尔滨、长春、大连，于6月2日返抵上海。当日即访张静江、孙中山、黄兴、汪精卫等，共商讨袁诸事。

从蔡元培日记中可以得知，蔡元培刚回到上海的1913年6月14日，应校长朱叔源邀请在杨锦春创办的浦东中学作了他此次从德国回来后的第一场演讲后，23日接到李叔同好友杨白民的来信，邀请蔡元培周日赴李叔同一年前任教过的、杨白民创办之城东女学演讲。蔡元培于23日当天和27日先后两函回复杨白民，答应于29日至城东女学作题目为《养成优美高尚思想》的演讲。

7 月 12 日，蔡元培在日记中记下了李叔同住址“李漱桐（息、广平），海宁路南林里四弄底张寓”后，又于 23 日分别致函李叔同、黄炎培、谢无量这些当年南洋公学特班的学生。而在致函李叔同的前四天，蔡元培联名汪精卫、唐绍仪致电袁世凯，促其辞职。7 月 20 日，蔡元培携章炳麟一同发出《宣布朱瑞劣迹的通电》，对袒护袁世凯的浙江都督进行抨击，呼吁浙人奋起逐朱。22 日，蔡元培又在《民立报》上发表《敬告全国同胞》，声讨袁世凯；就在去函李叔同的当天，蔡元培还写了《敬告各省议会》，发表在《民立报》上，致书各省议会，宣扬讨袁之主张，号召各省议会悉宜宣布赞成讨袁之主张，以表示全省之民意，对那些蔽于袁氏之私惠、讨袁游移不决之都督和官署，行使纠弹督促之责。其致李叔同函中是否亦陈词慷慨，抒其政见，则未可知。

观察蔡元培日记，发现他有在日记中记录朋友住址和联系方法的习惯，而且通常会将住址、客栈、搬家后新址或者通讯处转交等关系一一详细注明，以示区别，这就为后人的研究考据提供了许多方便和史料依据。为便于了解，笔者择取蔡元培先生 1913 年 6 月从德国回国后在沪上两个月的日记，将日记中凡涉及联系人、住址和联系方法的内容，摘录如下：

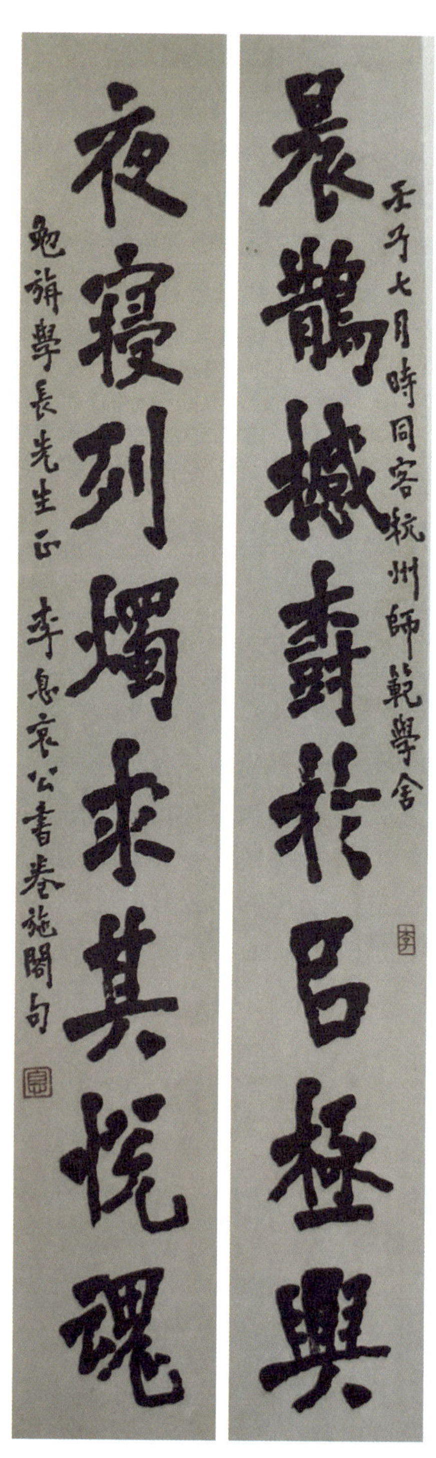

1912 年 8 月，李叔同书联赠夏丏尊

六　月

二日，晨九时抵上海。至宝山路文孝里一弄六十七号外舅家卸装。访精卫于惠中旅馆，偕访靖江于通运公司，偕访中山、克强于爱文义路百号。

十一日　杜同甲住绍城金斗桥燕铟弄望夷宫对面。

十三日　致同甲函。

十七日　戴侠仁（夏）：南市十六铺恒心堂台公合客栈。戴立夫：斜桥性元里三弄。

十八日　谢无量，住上海大东门内大平街盘香弄二号。

二十三日　得杨白民函，属予最近星期日到城东女学堂演说，复一函。张奎，住江苏水上警察第二厅（上海旧道署）。

二十七日　致杨白民函。

七　月

三日　张奎通讯处：上海四马路胡家宅同新昌南华店转交。

十日　致恂士两函：一为神州女学张默君、陈鸿壁、郑一书介绍；一为朱少屏、俞安润、杨普笙等十六人询学费。翁右巩，住二洋泾桥大同栈。郑仲劲，住和康里民国第一图书局编译所。陈泉卿，住华安坊后北崇政里二弄第二家。徐立民，江西赣县赣州府学前民众报馆。徐子鸿，北京安福胡同十号。秦亮工，提篮桥隆庆里七百七十号。谢无量，住爱而近路二十一号。

十二日　李漱桐（息，广平），海宁路南林里四弄底张寓。

十六日　王引才通信处：大马路泥城桥大观楼上李平书。

二十三日　致黄韧之、李叔同、谢无量及民立中学校函。

二十四日　杨谱笙，住老垃圾桥北八百二十一号。张海画，住镇海县柴桥鼎盛花米行，其兄张秋森。上海向天妃宫商务总会收发处张春生转交。

为更方便比对，笔者再将相关内容制成表格形式，以便观者一目了然。

从蔡元培日记记录的资料中，我们分析后可以得到这样一个信息，1913 年7 月前后，李叔同和日本夫人已从宁康里迁居至海宁路南林里四弄底，房东姓张。

我们再通过对蔡元培在日记中记录下李叔同住址的时间节点和其时与蔡

日记时间	姓名	住址	需转交之通讯处
1913年6月11日	杜同甲	杜同甲住绍城金斗桥燕钿弄望夷宫对面	
6月17日	戴侠仁(夏)	南市十六铺恒心堂台公合客栈	
6月17日	戴立夫	斜桥性元里三弄。	
6月18日	谢无量	上海大东门内大平街盘香弄二号	
6月23日	张奎	江苏水上警察第二厅（上海旧道署）。	
7月3日	张奎		上海四马路胡家宅同新昌南华店转交
7月10日	翁右巩	二洋泾桥大同栈	
	郑仲劲	和康里民国第一图书局编译所	
	陈泉卿	华安坊北崇政里二弄第二家	
	徐立民	江西赣县赣州府学前民众报馆	
	徐子鸿	北京安福胡同十号	
	秦亮工	提篮桥隆庆里七百七十号	
	谢无量	爱而近路二十一号	
1913年7月12日	李漱桐(息，广平)	海宁路南林里四弄底张寓	
7月16日	王引才		大马路泥城桥大观楼上李平书
7月24日	杨谱笙	老垃圾桥北八百二十一号	
	张海画	镇海县柴桥鼎盛花米行	上海向天妃宫商务总会收发处张春生转交

元培接触交往的人物关系来分析，蔡元培记录的信息应该是正确可信的。

因为，蔡元培在7月12日前曾与杨白民、朱少屏等多次接触交往，蔡

元培既应杨白民邀，赴女学演讲；又应朱少屏请，为朱申请出国留学费用，交谊频繁。而朱少屏既是李叔同加入“南社”的介绍人，也是李叔同入主《太平洋报》担任报社主笔的介绍人，交往本就密切，友缘当然不浅。

而杨白民与李叔同更是至交，早在李叔同赴日留学前在沪时两人就有交集，即使是在日留学期间，李叔同与杨白民依旧屡有信函往来。1906 年十二月初五，李叔同修书一纸致天津初等工业学堂周啸麟，嘱周啸麟为杨白民赴天津考察学务提供一切方便，并函告白民“足下如到天津，可持此书往谒”；1907 年杨白民赴日时又与李叔同在东京欢聚浃旬，日后李叔同又曾多次撰文寄回国内，交由杨白民编印的城东女学校刊《女学生》发表。

李叔同携日妻归国后，又应杨白民之邀，来沪上杨白民的城东女学出任教席；李叔同转任《太平洋报》主笔后，又时常在报上给以大量篇幅介绍城东女学教学情况、报道学生学习成绩。

1912 年 4 月 1 日，《太平洋报》创刊号上“文艺批评”一栏中李叔同撰文宣扬杨白民和他的城东女学：“南市竹行弄城东女学，为杨白民先生独力创办。其学科成绩卓然，占上海女学第一位置。即所作各种美术品，亦精妙古雅，冠绝侪辈。如刺绣之琴联、屏条等，尤为学界同人所称许。又，城东讲习会会员诸女士，工书法者极多。所书之对联匾额等，悬列四壁，每为专门家所叹赏云。”

此后，李叔同在《太平洋报》上还特别为杨白民的城东女学亲笔设计了手写招生广告；在文艺栏目中，连续刊登城东女学女学生的诗词文章，如孟俊的《论女子欲求平权须先求平等教育》《说今日普通宣讲用正论不如用小说》、陆坚毅的《女子参政小言》《说今日当提倡夫妻不二会》、树爱的《女子剪发问题》、化私的《论欲求女学之发达必须破除省界》、胡萃新的《说学校试验法之不可行》等，称赞“南市城东女学讲习会会员皆于国文深造有得”。尤其对树爱的《为秋瑾烈士建风雨亭募捐启》和惜穷的《七绝四首》更是赞赏有加，加以评语道：“振才媛之词笔，发潜德之幽光，启人雍容揖让，神似欧阳，诗亦爽利可诵。秋瑾烈士有知，当含笑于九泉矣！”4 月 16 日，李叔同又特别在“文艺批评”栏目，撰文《孟俊女士书法》，介绍城东女学学生书法之精，并刊印孟学生“空寂舍”大幅书法作品，赞道：“如今日本报所登之‘空寂舍’三字，虽非女士得意之作，然古雅疏朗，足可与上海第一流老书家相拮搞，此非记者一人之私论，世有精于鉴赏者，必以鄙言为不谬也。”并在“文艺消息”栏目中多次撰文报道城东女学开展的活动，如6月2日刊《平明会》、6月8日刊《城东女学第十次游艺大会之先声》、8月22日、23日连载《城东女学书画研究成绩展览会》等，鼓吹城东女学之教学成果。

《论女子欲求平权须先求平等教育》

孟　俊

教育者，造就人才之第一利器也。故教育不平等，则知识有优劣；知识既优劣，安可享平权之幸福乎？故欲享平权之幸福，苟无平等之教育，何怪受人束缚，受人钳制。生为木偶，死同草木，陷于奴隶而不知耻，此皆我国旧习。为父母者，爱女子。身体瘦弱，使日居深闺，不事学问，卒使倚赖于男子。而男子日增其傲慢，女子自居为奴隶。是爱之，适以害之也。（评语：议论痛刻，足为吾女界吐气。）

《孟俊女士书法》

女子作字，大半柔媚稚弱，一览可辨。不第吾国然也，欧美印倭，靡不如是。此为记者十数年之经验，深信不疑者。前月过城东女学，获见孟书华女士所作篆隶楷各种书幅，为之惊叹。觉曩日所持之论，乃大谬也。女士所作篆书，似吴仓石摹石鼓；隶书似杨岘山临张迁；楷书古拙苍茂，胎息汉魏，尤为记者所叫绝。如今日本报所登之“空寂舍”三字，虽非女士得意之作，然古雅疏朗，足可与海上第一流老书家相颉颃。此非记者一人之私论，世有精于鉴赏者必以鄙言为不谬也。女士齿犹稚，涉猎碑版较少，其书法精美，得诸天禀者为多。今后再多蒐求名石精拓，研究而参考之，不数年，必可享第一盛名于吾国，此固敢为预言者也。吾国近年以来，欧学发达，研究书法者，殆无其人。老辈日见凋零，后者无人继起，则吾国数千年来冠绝世界，精妙绝伦之书法，将扫地尽矣！女士勉旃，兴灭继绝，匪异人任。记者不敏，亦将拭目俟之！

平明会

本埠城东女学于本星期三（即阴历五月十九日晨六时半）举行平明会，合高级学生于一场，为各种书法之练习。先预备钩摹各种字碑，届时随学生

嗜好，领取摹写。书毕，各奖以书物。惟书物不能一律，用拈阄法分给之。此会之发起（会事不拘书法、图画、音乐、体操等。）一为取新鲜空气；二为力矫女子之迟缓性。洵为会集特色。（1912 年 6 月 2 日《太平洋报》）

城东女学第十次游艺大会之先声

本埠南市私立城东女学开办已届十年，游艺会开过九次，此次拟开第十次纪念游艺大会。除本校学生演艺外，更请热心教育诸同志共同奏艺，收券资以助校中经费。会所拟借教育总会。届时必有一番出色之光彩出现。详细内容俟容再访录。（1912 年 6 月 8 日《太平洋报》）

城东女学书画研究成绩展览会

本埠南市竹行弄城东女学，于前月二十一日开第一期书画研究会，由汪吹六、沈墨仙两先生主任教授。会员约二十人，每日实习三小时，已纪前报。至本月二十日第一期修了，特开成绩展览会。会员诸氏作品或悬挂壁间，或陈列几上，共计九十余种，以供来宾观览，并请名人品鉴。兹录息霜评语，刊《文艺批评》内，以见该会成绩之一斑云。

城东女学书画研究会成绩

书法部

丁乘时之大“佛”字。结构平稳，笔法圆和，洵为雅俗共赏之作。又，草书斋额“静观自得”四字，气息亦淳厚。

孟书华之孟姜敦古篆“寿”字，雄浑古穆，款字尤老健。又“智水仁山”四字额，用笔结体均极似李若农。

城東女學書畫研究會成績

書法部

丁乘時之「華頂歸雲」四尺堂幅為會場中第一大作筆力色彩均有可觀又蘭石屏條亦有瀟灑之趣

畫法部作品最多佳作尤夥如王玉林山水扇面之淡雅孟書華墨石冊頁之高古皆於會與中放一異彩

楊雪瓊梅花橫幅枝幹整齊而生動尤為觀者所歎賞朱賓英扇上珍曹維銘諸氏所畫之扇面皆有天然之妙趣沈葆德陸堅毅朱樹愛陳修楊雪璠鳳揚勤靄氏之作品亦各有特色使觀者為之心曠神怡

第一期書畫研究會開辦僅匝月收此空前良好之效果誠可為吾女學界慶第二期書畫研究會聞將於本年年假時依舊續辦云

李叔同在 1912 年 8 月 22 日 23 日《太平洋报》上连续撰文点评城东女学书画研究成绩展览会作品

文藝批評

城東女學書畫研究會成績

書法部

俱進會消息

文藝消息

城東女學書畫研究成績展覽會

文藝百話

李叔同在1912年8月22日23日《太平洋报》上连续撰文点评城东女学书画研究成绩展览会作品

曹维镕之“空寂舍”小额，秀雅修洁，款字亦极精美。

画法部

丁乘时之“华顶归云”四尺堂幅，为会场中第一大作。笔力色彩，均有可观。又，兰石屏条，亦有潇洒之趣。

画法部作品最多，佳作尤夥。如王玉林山水扇面之淡雅；孟书华墨石册

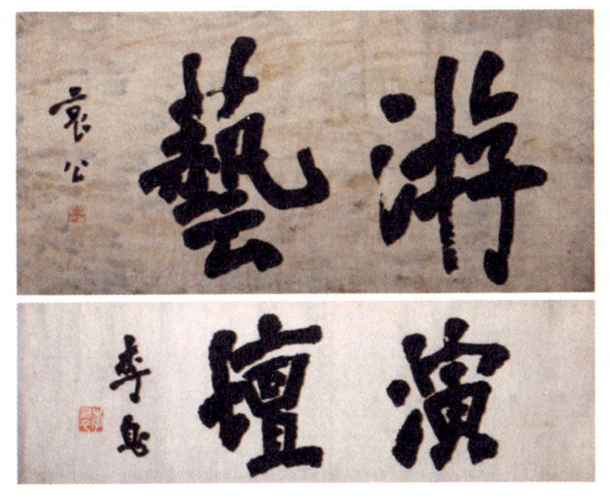

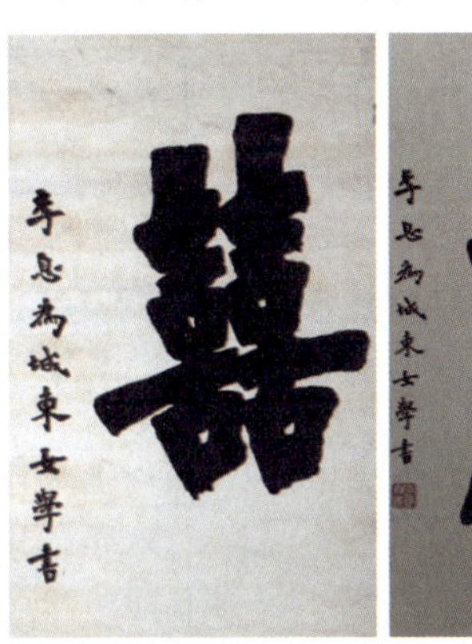

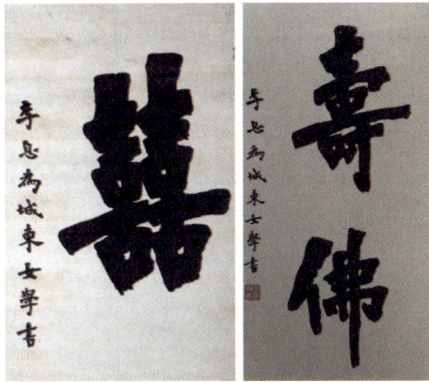

杨白民藏李叔同墨迹　　李叔同书赠杨白民城东女学

杨白民藏李叔同墨迹

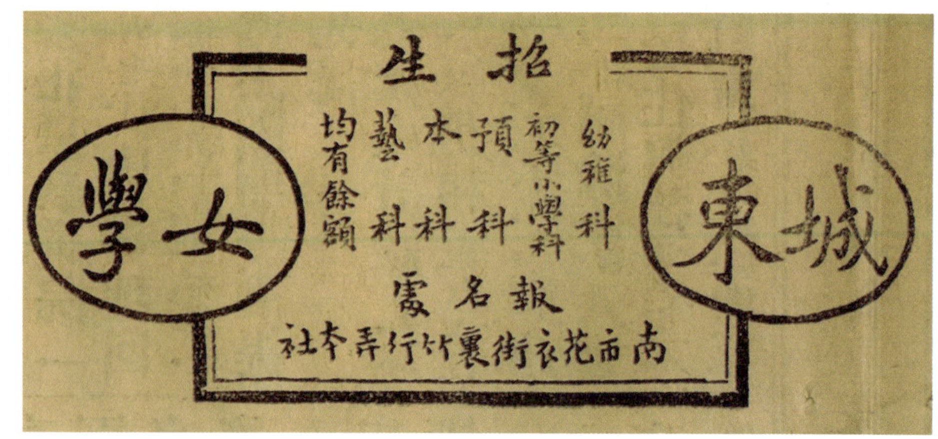

李叔同为城东女学设计的招生广告

页之高古，皆于会场中放一异彩。

杨雪琼梅花横幅，枝干整齐而生动，尤为观者所叹赏；朱贤英、席上珍、曹维镕诸氏所画之扇面，皆有天然之妙趣，沈葆德、陆坚毅、朱树爱、陈修、杨雪瑶、杨凤勤诸氏之作品，亦各有特色，使观者为之心旷神怡。

第一期书画研究会开办仅匝月，收此空前良好之效果，诚可为吾女学界庆。第二期书画研究会闻将于本年年假时依旧续办云。

凭着彼此间的亲近、熟识和交谊，杨白民和朱少屏对李叔同的情况和住址理当知之细详，不会不晓。而蔡元培正是在与杨白民和朱少屏 6–7 月间的频繁接触和多次交谊往来后，再在 7 月 12 日的日记上记录下了李叔同的住址，并在记下地址的十天后又给李叔同去了一封信。而且按照蔡元培先生的习惯，如若通讯处不是联系人本人的住址而是需要他人转交的话，他都会在日记文字记录中有注明，这一点在蔡元培先生的日记中得到过印证。

况且李叔同的日籍夫人留居在沪，李叔同当时虽已去杭州的浙江省立第一师范学校任教，但每周周末和寒暑假期都会回沪上与夫人团聚。7 月 12日又时值学校放暑假期间，李叔同身在沪上，信函无须他人转交，这一点相信蔡元培不会不清楚，故与李叔同的通信联系当直接寄至寓所，而无有寄往他址再由他人转交之理。

故海宁路南林里四弄底，应当是李叔同在沪上的第六处居所。搬入时间应该是在西门外方斜支路 35 弄宁康里之后，蔡元培所记的 1913 年 7 月以前。

寻　踪

海宁路前世今生

2012 年 1 月 23 日，大年初一，笔者在自己的工作笔记上写下新年奋斗的两个目标：一是李叔同的《太平洋报》和《太平洋画报》原始资料挖掘；二是继续李叔同沪上旧居查考。

1 月 30 日，农历大年初八，新年过后上班的第二天，即着手启动李叔同南林里旧址的寻寻觅觅。

要找到南林里，先要了解海宁路的历史。在与上海图书馆情报研究所的江老师联系好资料查询诸事项后，31 日一早，挤上高铁，直奔上海，开始南林里的寻寻觅觅。

下了高铁后，换乘地铁十号线，往新江湾城方向的第十站下，就是上海图书馆。

因去得早，图书馆刚开门，且新年伊始，来图书馆查资料的人还不多。在文献部找到了江良德老师，在江老师和资料室章素娟老师、库房王宏老师的帮助下，终于找到了百余页李叔同当年主笔的《太平洋报》旧报，但大多已残破缺损，告知已被列入不可查阅之珍贵资料，加以保护，须领导特批后方能查阅。于是，又去楼上办公室找樊主任落实办理资料查询申请报批等手续，留待下次再来详细查阅。

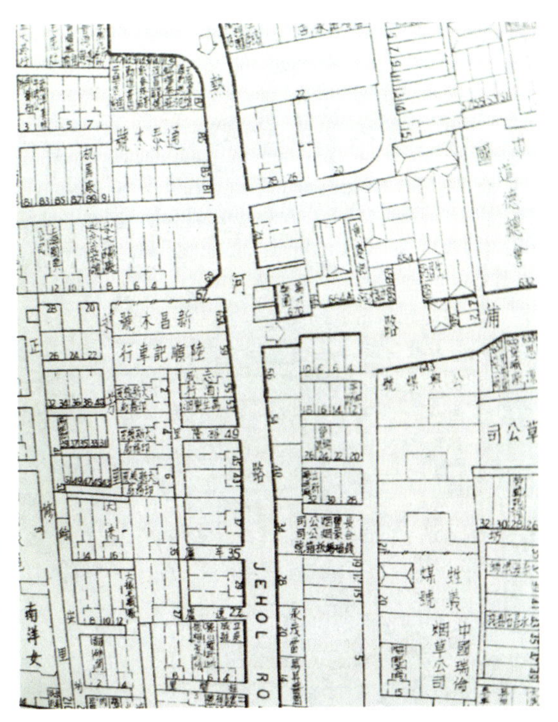

民国初期上海老地图之海宁路附近一带

在图书馆电脑的资料数据库里，查到了不少老上海的旧

地图，按规定资料不准拍摄，于是在作笔录描绘后，又与各位老师商量复印诸事，接着又查阅了诸种民国时期上海各区里弄街道老地名和路名变更相关的资料。

为抓紧时间查阅资料，还是跟以往一样，没顾得上用午餐，资料室是不能带水的，嘴里含着随身带的梅干，倒也算止渴。到了中午，资料室章老师慈悲，说可以一起去图书馆食堂用餐。因有大量资料急待查阅，省下用餐的时间，可以多查些资料，便婉谢了章老师的好意。过了一会儿，章老师拿着底楼售卖部买来的糕点和饮料，一定要我抽空在外面的服务台充饥享用。记得有次去上海图书馆查资料，路逢下雨，淋湿了衣服，江老师、章老师、王老师还帮着找来图书馆的工作服要我换上。这份感动，一直铭记于心，好多年过去了，不曾有忘。查阅资料最伤眼，尤其是投影胶片，数以千计的页码眼前扫过，在头昏眼花中度过了紧张的一天，好在收获满满，夜色而归。

查阅了大量旧上海史料，终于把海宁路的前世今生梳理清晰。

海宁路始筑于清光绪二十八年，即 1902 年，最早修筑的是南北向乍浦路之以东至九龙路段，也就是上海光绪年间老地图上名为鸭绿路的那一段；后来逐年向西一直延伸到热河路以东。

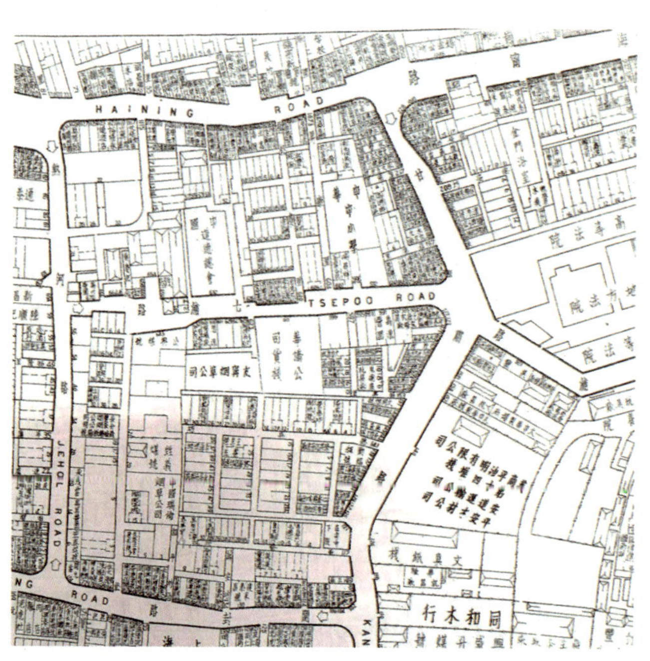

民国初期老上海地图之海宁路、热河路、甘肃路附近一带

1914 年至 1917 年筑热河路以西至乌镇路以东路段，取名为新疆路。故民国六年时，以热河路为界，热河路西为新疆路，热河路东为海宁路。到了民国十四年，又将海宁路、新疆路统称新疆路。

新中国成立后，又以甘肃路为界，将甘肃路以西，大统路以东，长约900 米的这一段路称为新疆路；而甘肃路以东，九龙路以西段，名为海宁路。

1998 年海宁路拓宽，将海宁路、新疆路合并为路宽 50 米、六快二慢 8 车道的海宁路，东起九龙路接周家嘴路，西至乌镇路接天目中路，全长 2000 米，横穿虹口、闸北两区。海宁路上曾经闻名沪上的历史建筑不少，如位于海宁路乍浦路口，建于 1908 年的上海第一家电影院——虹口大戏院；位于海宁路 100 号的公济医院，1877 年建成，是当时全国最早的西医综合性医院，现在是上海交大附属第一人民医院；海宁路 330 号的融光大戏院；海宁路449 号的虹口大旅社；建于 1907 年的海宁路 442-482 弄粤秀坊；海宁路 570 弄同昌里；海宁路 590 弄鸿安里；海宁路 684 弄振兴里；建于 1911年的海宁路 696 弄顺征里；海宁路 698 号则是海上闻人虞洽卿的公馆；海宁路 711弄 15 号太原坊，是民国时间上海市商会会长王晓籁的住所；建于 1911 年的泰来里，位于海宁路 764 弄；建于 1912 年的海宁路 780 弄春安里；海宁路 794 弄春桂里、海宁路 808 弄永平里、海宁路 814 弄福寿里、海宁路 826 弄华真坊都建于 1911 年；建于 1898 年的海宁路 830 号虹口捕房；海宁路 898 弄马逢伯弄，海宁路 942 弄老宁安里也都建于 1911年；建于 1912年的海宁路 942 弄南高寿里；建于 1929 年的海宁路 998 弄福康里；建于 1911 年的海宁路 1010 弄裕鑫里；海宁路 1132 弄西侧的天保里则是江北大亨顾竹轩的公馆；新文化运动领袖胡适也曾居住在海宁路 1132 弄。

厘清了海宁路的状况后，开始寻找南林里的信息。就南林里的情况，先是咨询了虹口区公安局，答复不知有此里弄，但告知一个信息，说以河南路为界，河南路以东归虹口区，路西则属闸北区管辖，南林里旧址的情况，建议可向闸北区相关部门咨询。

海宁路位置

依此指点，随后即联系闸北区公安局相关部门，并借助网上查询，搜索到一条信息，在闸北区西藏北路街道有一个南林里居民委员会。于是，通过114 查询，获得电话号码后。联系到南林里居委会，自我介绍并说明意图，彼此留下联系方法，把这条线先接上了。

此后，又经过与居委会工作人

员的多次沟通咨询和交流，最终从居委会何先生和周先生处分别得到证实，海宁路确有南林里旧址。因南林里在甘肃路对面，位于新疆路和海宁路相接处，所以有一段时间此处归属于新疆路，故除称海宁路南林里外，亦有称新疆路南林里或新疆路 31 弄南林里。且告知该区域内至今还保存着多幢旧式石库门老房子，只是现在此处已不称南林里而改名为海宁路 1132 弄了，他们的居委会就在南林里附近的一幢老房子里办公。

浙江北路的老房子

浙江北路 307 弄 9 号南林里居委会周德义先生陪同调研

南林里

从居委会获此种种消息后，急欲前往，以探究竟。于是，决定择空专程去趟上海，进行实地寻访。2012 年 3 月 13 日，星期二，因早上嘉善发车的班次已售完，这次只能改从嘉兴走。一早，在家门口坐 9 路公交车至平湖客运中心，由客运中心乘车去嘉兴高铁南站，从嘉兴南站出发，半个多小时到了上海。

海宁路 1132 弄

按照事先作好的功课，在虹桥火车站坐 10 号线地铁到老西门站下，再换乘地铁 8 号线，到曲阜路站下，出地铁口，往北行百多米，就见到东西走向的海宁路。

沿着海宁路往东走，在浙江北路口向北拐，沿着街面西侧的小弄进去，里面便是密密麻麻一幢幢老房子的旧住宅区。

在南林里采访原住民

按着门牌号，很方便就找到了浙江北路 307 弄 9 号。这是一幢老式石库门房子，黑漆大门上挂着“北站街道南林里居民委员会”的牌子。推门进去，自我介绍后，找到了正在用午餐的居委会干部周德义。因为事前已通过电话联系过几次，有过颇多交流，故虽未曾谋面，倒也并不觉得陌生。告知来意后，热情的老周放下尚未用完午餐的碗筷，说马上就走，先陪我去采访，我急忙说不急，等吃好饭再去也不迟，可老周说中午居民都在家，方便采访，坚持要先陪我去。于是在老周的陪同下一起寻访了南林里旧址，并对多位原住民进行了采访，走进历史，去找回南林里曾经的前尘旧事。

在南林里采访原住民

海宁路南林里——新疆路 31 弄南林里——海宁路 1132 弄，这是南林里的历史沿革。现在的海宁路 1132 弄，坐落于闸北区，浙江北路西侧，整条弄夹在南面的海宁路和北面的华兴路之间，西面有热河路相邻。1132 弄现有门牌号 10 号 ~ 83 号，门牌号按单双号各在弄之东西。

南林里

弄西是民国时天保里的位置，解放前就住在南林里的龙老先生回忆：“我住在新疆路南林里 7 号，已十岁多了，记得是在南林里住时上学的，我常去天保里小书摊看小书。”

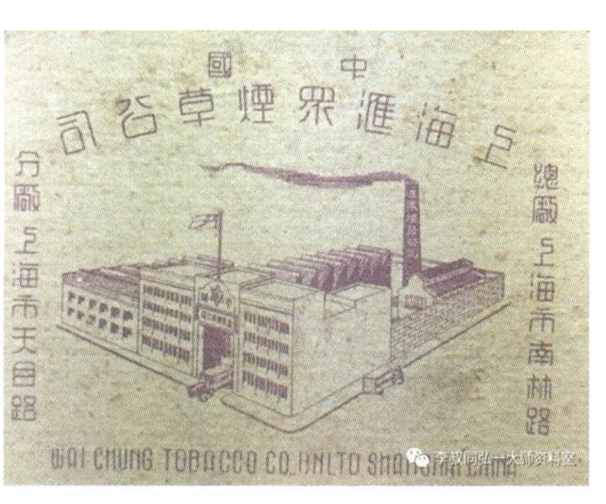

上海汇众烟草公司南林里厂址

弄东是南林里的区域，居民们说，南林里最南面的一幢房子，抗战时期曾是日本将领的住所。

南林里旧事

溯源寻根，南林里还真有不少故事可说。在沪上志书中，光绪年间就已有关于南林里的记载，光绪三十二年南林里居户因接用租界英商自来水，工部局借此收捐，遭地方人士反对，引起自来水风潮。邑绅李平书等遂发起创办闸北水厂以解决供水问题，宣统二年，经清廷核准，选定在吴淞江广肇山庄北首（今恒丰路）设厂，宣统三年七月水厂竣工。所以若溯闸北水厂之历史，南林里还是缘起。在笔者查阅的《上海公用事业志》中，记录有这段南林里居民反对帝国主义经济侵略的斗争史。

据笔者查阅的《上海烟草志》记载，1932 年，汇众烟草公司老板王芝升在原来安庆路 388 弄 87 号老厂的基础上对产业进行扩张，选址新疆路南林里 15 号，购置制烟机数台，成立汇众烟草公司分厂，生产“双烟”“国芳”“美金”“纪念”“施感”“三六”“龙马”“松鹤”等商标香烟。

《上海烟草志》1903—1948 年上海主要民族烟厂情况表中记录了汇众烟草公司在南林里的厂址，而笔者在一张当时的烟标中也找到了汇众烟草公司南林里厂址的信息。

1940 年，日本商人在新疆路成立山大织造厂，厂址就租在南林里 14 号，设备主要是 B 字袜机，生产罗口军什袜、汗衫、背心、绒布等，抗战胜利后被国民政府接管且并入上海建国实业公司，承接国民党军后勤总司令部的军品任务；上海解放后，建国实业公司作为官僚资本被接管，改名为中国人民解放军华东军区后勤军需生产部棉织厂，新疆路南林里工厂就此被撤销。

新文化运动领袖之一的胡适也曾寄居南林里。1906 年胡适考入中国公学，1908 年公学闹学潮退学后另建中国新公学，胡适在新公学任英语教习；1909 年 10 月新公学解散后，胡适便去华童公学任教职，搬出了中国新公学爱而近路（现安庆路）庆祥里的宿舍，与林君墨、但懋辛等几个朋友一起在离庆祥里宿舍往南二条马路远的海宁路南林里共租了一套房子，跟原先就租居在南林里的、在中国新公学任教的德国人何德梅做起了邻居，当时许多从日本归来的留学生也都住在那里。

笔者在胡适《四十自述》中找到了一段记录他在 1910 年 3 月 22 日醉后夜归南林里的文字：“中国新公学有一个德国教员，名叫何德梅……我从新公学出来，就搬在他隔壁的一所房子里住……离我们不远，住着唐桂梁（蟒）先生，是唐才常的儿子，这些人都是日本留学生，都有革命党的关系……我住在海宁路的南林里，那一带在大雨的半夜里是很冷静的。我上了车就睡着了。车夫到了南林里附近，一定是问我到南林里第几巷，我大概睡得很熟，不能回答了。”此事胡适在补当天的日记里亦有记录：“是夜，唐君国华招饮于迎春坊，大醉，独以车归。归途已不省人事矣。”6 月 27 日日记：“是夜，曹君麟伯为予兄弟饯行，设席鸿运楼。席终，至裕太，知新铭须后日晨始开。是夜遂不登舟，予回至南林里。”可惜他文字里没有交代住在南林里第几弄，不过住在海宁路南林里却说得很清楚了。

孰料，过了三年，李叔同携日本夫人也租居于海宁路南林里，在这不大的南林里居然留下过两位新文化运动先驱者的身影，也算难得了。

有趣的是，十年过后两位大师彼此又都踪影虎跑。1923 年 6 月 8 日，胡适去杭州疗病休养，住西湖边新新饭店后，函召蔡元培来西湖一聚。蔡元培应邀于 12 日晚前往，13 日晨抵杭州，亦入住新新饭店，宿 42 号房。当日即与胡适、高梦旦等晤谈并畅游西湖。

14 日，胡适携侄子胡思聪及高梦旦、蔡元培同游弘一大师出家的虎跑定慧寺。可惜其时的弘一法师正在上海的太平寺亲近印光法师，错过了此缘。我们可以从弘一大师题元魏昙鸾《往生论注》“癸亥四月，居上海太平寺，依北京新刊补陀光法师校定本标写，今复录补陀法语三节于卷端”中明确弘一大师当时行踪，而胡适邀蔡元培来杭之时恰在旧历四月末，蔡元培在 1923 年 6 月 14 日的日记中也有相关记录，“偕梦旦、适之及适之之侄思聪游龙井、九溪十八涧，饭于烟霞洞。午后，游虎跑（定慧禅寺）及万松岭敷文书院旧址（杭州大学预定地）”，惜蔡元培、李叔同、胡适诸师友此次无缘一见。

而胡适与弘一大师的再一次错过是在这一年的 9 月。1923 年夏，弘一法师由沪返杭州，六月应叶为铭请，为西泠印社在孤山拟建之阿弥陀经幢书《阿弥陀经》，又赴灵隐寺听慧明法师讲《楞严经》，在去衢州前又返至虎跑寺静修。而其时在杭州烟霞洞旁之清修寺养病的胡适，正与曹诚英陶醉在西湖的儿女情长中，深陷婚外恋而不能自拔。

笔者在流溢着胡曹寄情烟霞的《山中日记》中，却也发现了些许与弘一法师相关的信息。9 月 22 日，星期六，胡适与曹诚英坐轿去游云栖，并沿江数里观钱塘江两岸风景，在云栖寺用过午餐后，又至六和塔，两人携手同登塔顶，继而又一起去了虎跑寺，遇到在寺中修习之友人邬君，得悉弘一法师恰在寺中，但在闭关，两人终究无缘，再次擦身而过。胡适在他的《山中日记》中记录了这段历史：

“在虎跑遇宁海人邬光煜（逸山，一中职员），他住在这里养静。他说寺中多修行之僧，与他山不同（他们说做工夫为‘闭关’）。李叔同（法名弘一）

寻访南林里原住民

也在此寺内‘闭方便关’。叔同为音乐家，工书画，刻印甚好，出家已久。我在邬君处见他写的字五幅，每幅皆是‘南无阿弥陀佛’六字，旁注净土名僧法语一则。我初想，名士出家，何必投入净土的捷径？但我一转念，又想，此等出家之人，本为求安乐的捷径，舍此更又何求？在我们眼里，此等人皆是懦夫，皆是懒人，自然走上这条捷径上去了。”

然而，当时正过着“一生最快活的日子”的无神论者胡适，还无法理解和读懂弘一法师的精神和思想，错把李叔同的出家和修净土视为懦夫和懒人之举。实不知出家乃大丈夫事，非将相之所能为，弘一法师“不为自己求安乐，但愿众生得离苦”的慈悲喜舍，“念佛不忘救国”的大爱情操，“凡事认真，勇猛精进”的信念追求，实实成就了中国近代史上一座不朽的精神丰碑。看来这两位新文化运动的先驱者，注定在灵魂和肉体上都只能是擦肩而过，而无缘走得更近。

其实与南林里地址相关的信息还可以找到不少。如林如松于 1922 年 6 月 18 日在上海创办的文学周刊《星期周报》，其社址就设在李叔同当年曾经居住过的海宁路南林里四弄，这些在笔者查阅的《上海新闻志》第一编《报纸》上都有记载。

陈去病将他整理的南社社员名录汇编成《南社杂佩》，其中江苏宜兴社员邹遇条目中，亦有南林里一址：邹遇，字忍伯，上海中华书局编辑部南林里九弄交通社。

采访时，据居住在南林里的一位老同志回忆，听他母亲说过现在的海宁路 1132 弄 26 号就是解放前的南林里四弄，民国时那里曾开办过烟草厂，新中国成立后其房产被上海铁路局接收，现在是铁路局南林里公寓职工宿舍。

根据这条线索，笔者又查阅了上海铁路局的资料，考察历史，梳理流传因缘，厘清传承演变信息，发现原来这南林里四弄还是苏州铁路机械学校的发源地，与苏州大学也有渊源。

1950 年 5 月，上海铁路管理局在新疆路南林里即现在的海宁路 1132弄26号创办铁路管理局业务干部学校，简称铁路干部学校；1953 年 12月，铁路管理局业务干部学校搬迁至江苏苏州市金狮东河沿 5 号，改称为上海铁路管理局职工学校；1958 年 9 月，又改名上海铁路管理局技工学校；1962 年8月，根据铁道部指示，决定撤销技工学校，成立上海铁路总局机车司机学校；后又改称苏州铁路司机学校。

1979 年 4 月，铁道部决定将苏州铁路司机学校调整为中等专业学校，隶属铁道部，由上海铁路局管理，更改校名为苏州铁路技术学校；1983 年 10

南林里现场调查

南林里六弄

南林里居委会周德义先生陪同调查。海宁路 1132 弄 26 号南林里公寓是原来南林里四弄所在

月，苏州铁路技术学校改称为苏州铁路机械学校。

2004 年 4 月，学校由原来的上海铁路局管理，移交给江苏省管理，遂改名为苏州机电高等职业技术学校；2007 年 8 月，学校又与南京铁道职业技术学院合并，成为南京铁道职业技术学院苏州校区；2012 年 2 月，又将该苏州校区并入苏州大学，成立苏州大学阳澄湖校区。

而自从 1953 年铁路管理局业务干部学校从南林里搬走后，这里的房产仍一直归上海铁路局使用。

寻觅四弄

为了有充分的依据来证实现在的海宁路1132 弄 26 号就是当年的南林里四弄，而不仅仅是回忆的口传叙述，笔者在 26 号南林里公寓前后几幢建筑来回查看、反复探寻，希望能够从中发现一些可以证明四弄位置的线索。

经过仔细观察，终于在南林里公寓北面第二条弄的弄口拱门上方找到了一些旧迹遗痕，发现了隐隐约约“六衖”两个字的字迹印痕，虽然字已经脱落没有了，但字留下的阴影轮廓痕迹依稀可辨。

南林里六弄石库门

有此六弄作为参考，并依此作为基准来推算，从六弄再往南向前数二弄，就一定是第四弄了，而此处正是现在南林里公寓正门之所在。如此可以确定，李叔同时期的南林里第四弄就是现在铁路局职工宿舍南林里公寓，即海宁路 1132

南林里石库门建筑局部

弄 26 号。

我提出要进入 26 号公寓去看看。居委会老周跟南林里公寓的值班人员说明来意后，公寓管理员陪我们楼上楼下看了建筑环境，还为我们打开一间房，看了室内的情况。百年来几经改造，这里的结构早已面目全非，我们看到的都是分隔成一间间的职工宿舍了。

好在南林里公寓北面的第六弄，还保存着李叔同时期的老房子原貌，因为南林里南面的这六条弄的建筑属于同一时代、同一建筑风格、同一建筑形制的一个整体建筑区，所以南林里第六弄这些完整度相当不错的整排石库门老房子，可以帮助我们复原李叔同旧居的一些场景。

南林里第六弄现在的门牌号是海宁路 1132 弄 46 号～52 号，其中的52号是后来搭建出来的，故当时的每弄实际上共有 6 户人家，共 6 个石库门，即相当于现在的 46、47、48、49、50、51 号。

第六弄里这 6 幢原始建筑的结构形制，依旧是典型的欧式联排布局，当初的形制没有改变，保存也完好，都是单门独户封闭式石库门人家。黑漆大门配上雕琢精美大气的石料门框门楣，加上几何图案和卷状花饰，彰显欧式风格；墙上长长的百叶窗，框架虽有些松散，但木片不见残缺，看着很容易勾起人们的怀旧情绪；墙头和墙柱的裂缝中散长着数丛杂草，似乎在向路人炫耀着它不老童话的传说。

推门而入，是一个二十多平方米的小庭院，相邻的两幢建筑中间共用一堵高约四米的围墙，将彼此分隔成两个石库门单元，南面的墙门和边上的隔墙共同围合成一个类似三合院的建筑形式。

楼是两层的，砖木结构，进深两间，底下是客厅、餐厅和厨房等，楼上是卧室和书房，楼上窗户下的木裙板已经被涂上了水泥，裙板下的檐板还保留得很好，上面的木刻倒也没损坏，明显的中国传统风，整个建筑应该算是中西合璧吧。不同的只是，今天的南林里石库门里大都已租住着好几户人家，成为多户聚居的大宅院了。

小　结

1913 年前后李叔同居住的南林里四弄，早已成为海宁路 1132 弄 26 号，如今铁路职工宿舍的南林里公寓，再也不是李叔同居住时独门独院的石库门公馆了，但通过南林里第六弄的遗存建筑，我们还是可以感受和悟想得到当年李叔同与日籍夫人在这里的幽居生活和清静的两人世界。

海宁路南林里四弄底——现在的闸北区海宁路 1132 弄 26 号铁路局职工宿舍南林里公寓，是继西门外宁康里之后，李叔同与日籍夫人在沪上的又一居处。时在李叔同离开上海，赴杭州任教职后的 1913 年。

第七章　华兴坊一弄底

事　迹

黄宾虹手稿中的新发现

2013 年，对李叔同沪上诸居址行迹之探考基本完成，后来陆陆续续对文字内容又略加补充和修改，总算稿本初成，以为可以就此搁笔。

2015 年 3 月 10 日，在与上海王中秀老先生电话交流时，王老向笔者说起黄宾虹的资料信息，其中有些内容是与李叔同相关的，这些新的线索引起了笔者的注意和兴趣。王中秀先生是上海书画出版社资深编辑，黄宾虹研究学者。自 2005 年编著出版《黄宾虹年谱》后，在资料挖掘研究过程中，又有颇多新的发现和收获，于是又着手编撰增订《黄宾虹年谱》。

在电话中，笔者向王中秀先生请教这些李叔同相关信息的出处。王老告诉笔者，这些新的李叔同史料是从黄宾虹手稿中发现的。其中有李叔同介绍黄宾虹见陈师曾之子所写的便条；有黄宾虹致李尹桑的函，信中提到了黄宾虹去杭州，言及当时在浙一师任教职的李叔同集合同志研究金石篆刻等事，如“杭州师范学堂学

在沪上王中秀寓所留影

生能篆刻者有五十余人，以李子息霜为之提倡”。

王中秀先生还告知笔者，黄宾虹 1912 年成立“贞社”后曾自订“贞社题名”册，将相关人员的联系住址一一记录在案。后来黄宾虹将此贞社社友题名册赠予了他的学生黄居素，黄居素又将其传至女婿香港著名收藏家钱学文，而在此题名册上就有李叔同的住址记录信息。知笔者近年来一直奔走于上海的里弄巷坊，就李叔同沪上旧居作调研挖掘，王中秀便将此等信息电告笔者分享，我也随即记下类此信息种种。

考虑到通电话时，记录匆匆，难免有偏差。3 月 20 日，王中秀先生又将前次电话中所述黄宾虹资料中发现的李叔同信息，整理后来函详细说明。这就促成了李叔同沪上又一居址的考证和调研，为《李叔同沪上居址行迹考》又添新见。

从王老提供的资料来看，黄宾虹自订手书名册封面，是黄宾虹楷书自题“贞社题名”四字，右下钤“愿作贞松千岁古”长方阴文篆字印。

第一页上写明起始记录时间是“阳历六月二十六日”，也就是 1912 年 6 月 26 日贞社第一次雅集的时间。首页罗列“姓氏”“住址”“收藏品”三栏，分别记录着“程云岑、宣古愚、毛子坚、江晓楼、冯超然、费剑石、陈绥伯、汪乐川、管坪孙、庞芝阁、邹适庐、黄少牧、王怒安、潘老兰”等 14人的信息，从题名册所记前后八十多位姓名住址之明显不同的字迹来看，此名册应非一次写就，而是数次累加补充而成，应有一定的时间跨度，至于具体终于何时，因不见有叙，故无法确定。

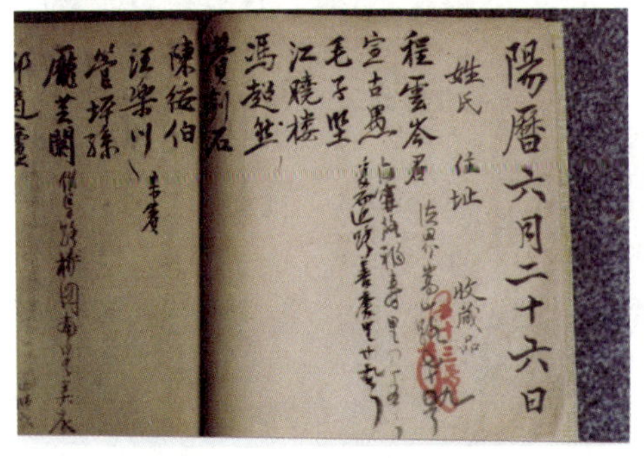

黄宾虹手稿本《贞社题名》

李叔同的住址信息出现在该题名册的倒数第 15 位，所录住址为“华兴坊一弄底海盐张寓 李叔同”。

因名册第一页费剑石一条中只录其名，而未署明其住址，故黄宾虹在此页的李叔同旁又重新加注了一条“杭州甲种工业学校 费剑石”。

从李叔同和费剑石这两条紧挨着的名录字迹可以看出，黄宾虹记录李、费两人的时间应在同一时。而从费剑石信息中所记录的“杭州甲种工业学校”，我们可以推断出此记录的相关时间。

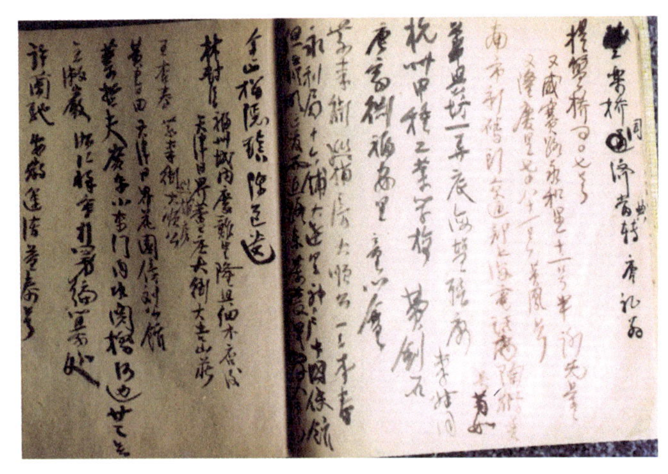
黄宾虹手稿本《贞社题名》中李叔同住址信息

杭州甲种工业学校的前身是浙江官立中等工业学堂。清宣统二年（1910）十一月，刚从日本东京藏前大学学习染织回国不久的德清人许缄甫筹办浙江中等工业学堂，面向社会广招青年学子，校址设在杭州报国寺久已停办的铜元局。

1911 年学校正式开学，许缄甫出任校长，学校开设机械、染织二科，附设艺徒班，是杭州有史以来第一所技术职业学校；1912 年，学校改称浙江公立中等工业学校；1913 年又更名为浙江省立甲种工业学校。也就是说，浙江省立甲种工业学校校名的出现，始于 1913 年。所以，可以确定黄宾虹此名录中李叔同、费剑石住址的记录时间不是贞社成立时的 1912 年 6 月所记，而应该是在 1913 年或 1913 年后记录。也就是说，1913 年李叔同住在华兴坊一弄底。

与黄宾虹之交谊

明确了记录的时间，我们再来看看贞社初创时期李叔同与黄宾虹之交谊。

1912 年的李叔同虽然在沪上只驻留半年多时间，但在新文化启蒙的实践上却做了大量的工作。先是在杨白民的城东女学任教职，宣扬妇女解放，推动艺术教育；旋又加入柳亚子等人发起的南社，置身资产阶级民主革命；在《太平洋报》主事编辑，激扬文字，指点江山；发起“文美会”，办“文美杂志”，创“国学商兑会”，风华正茂，引领文艺潮流。其时，李叔同与黄宾虹彼此多有交谊互动。

1.同为南社社友

1912 年 2 月 11 日，南社社员们联合《克复学报》社、淮安学团，假西门外江苏教育总会，为周实丹、阮梦桃两位烈士召开追悼会，柳亚子在会上作慷慨祭词《祭周、阮二烈士文》，时任《神州日报》笔政的黄宾虹作为曾出席 1909 年 11 月 13 日首次雅集的 17 位南社元老之一也参加了此次会议，与高旭、宁太一等在会上相继演说，声讨凶手。

南社入社書 庚戌年十一月 日

姓名	年歲	籍貫	居址	通訊處	介紹人
黃質 號朴人	四十一	徽州府歙縣	歙西潭渡村	國粹學報館	朱少屏君

黄宾虹的南社入社书

李叔同在朱少屏的引荐下一起参加了此次活动，被现场强烈的忧国忧民气氛和社友们天下兴亡的责任感、文化上的觉悟、思想上的觉醒所深深感染，就在这一天，李叔同加入了南社，与黄宾虹成为志同道合的社友。

3 月 13 日南社在愚园举行第六次雅集。内容包括茶会、民权照相馆合影、杏花楼聚餐等；李叔同携留日时的同窗好友曾孝谷一起参加了此次 40 人的雅集，而黄宾虹亦参加了此次雅集，同人相聚，言谈甚欢，现场气氛热烈，一如柳亚子所言“今日为南社雅集之期，狂客骚人，联镳并至”，李叔同与黄宾虹诸社友齐聚一堂论国事、叙友谊，重整骚坛旗鼓。1912 年 7 月 23 日，李叔同曾在《太平洋报》“文艺批评”栏目中撰文推荐《宾虹印谱》。

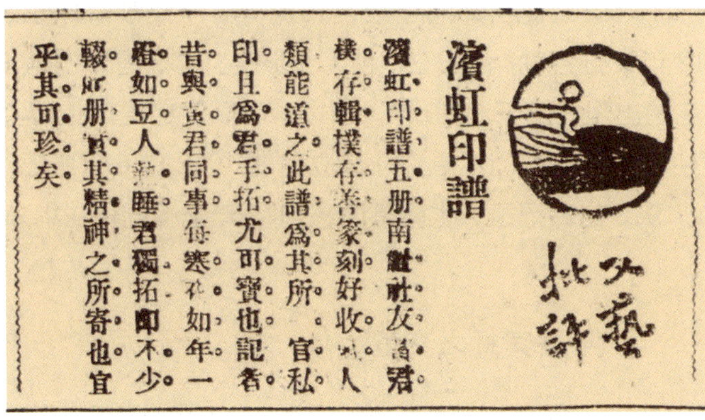

文藝批評

濱虹印譜

濱虹印譜五册。南社社友[illegible]君樸存輯。樸存善篆刻。好收[illegible]人頗能道之。此譜爲其所[illegible]官私印。且爲君手拓。尤可寶也。記者昔與黃君同事。每[illegible]如年一晤。如豆人[illegible]睡。君獨拓。即不少輟。此册其精神之所寄也。宜乎其可珍矣。

李叔同在《太平洋报》上宣传《宾虹印谱》

2.文美又成同志

3 月，李叔同参考自己在日本留学时加入的书画团体“淡白会”之形式，

1912 年，李叔同主编《文美》杂志

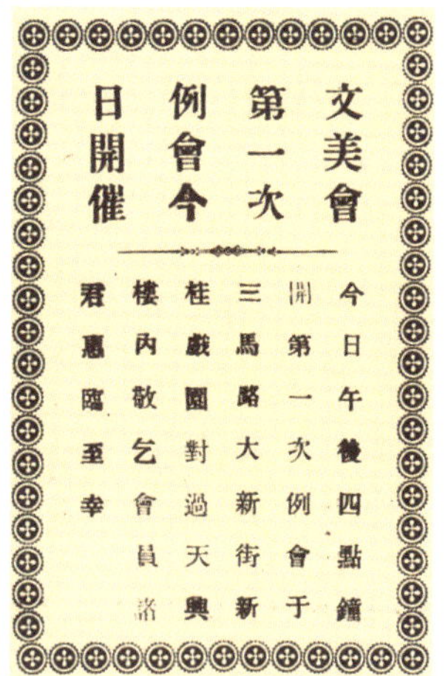

文美會第一次例會今日開催

今日午後四點鐘開第一次例會于三馬路大新街新桂戲園對過天興樓內敬乞會員諸君惠臨至幸

李叔同在《太平洋报》发布的文美会第一次例会通知

与柳亚庐、朱少屏、叶楚伧、曾孝谷等共同发起成立“文美会”，并创办《文美杂志》，以文学、美术之器，唤醒民众，启蒙民智；文美会址设在李叔同所在的《太平洋报》社，黄宾虹闻声入会响应，与李叔同又成同志。

5 月 14 日，李叔同假三马路大新街天兴酒楼设宴文酒，主持文美会第一次雅集，李叔同、柳亚子、黄宾虹、曾延年、叶楚伧、朱少屏、李瑞清、陈师曾、吴昌硕等二十多人参加；并设一单间特别陈列各会员作品以交流互换，黄宾虹就是此次与会的二十余会员同仁之一。李梅庵、吴昌硕当场挥毫。蒋卓如、朽道人、范彦珠、诸贞长、费公直、柳亚子、余天遂、严诗盦、黄宾虹、叶楚伧、夏笑盦、李叔同、曾存吴等 13 人出交换作品；李梅庵、朽道人、李叔同、曾存吴、沈筱庄等出出卖作品 20 余件。参考品另陈列一室，有曾存吴所藏日本文部省美术展览会之选品及日本西洋画家之画集多种，朱少屏所藏古画多种。

李叔同和黄宾虹在雅集上都提供了各自创作的作品用于会友间交换，并当场由李叔同用拈阄的方法决定互换之作品。交换时，因黄宾虹久慕陈师曾名，而恰巧换得朽道人所画古梅一幅，甚是得意；范彦珠出手之诗扇，李叔同赏之爱不释手，而抽签结果，此扇竟为李叔同所得；而曾孝谷则抽得李叔同以篆法书莎士比亚英文诗，别具一格，各得所好，皆大欢喜。

《太平洋报》之《文艺消息》栏目在 5 月 16 日、17 日、18 日连篇刊登李叔同撰写的《文美会第一回开会之盛况》，从《速开第一回月会之理由》

《地点之意外适宜》《陈列品之种种可观》《杂志之特色》《交换书画品之愉快》五方面作详细报道：

文美会第一回开会之盛况

1.速开第一回月会之理由

文美会以研究文学美术为宗旨。阳历三月即已成立。发起人为柳亚庐、叶楚伧、朱少屏、李息霜、曾存吴诸氏。照章每月须开例会一次。因同人事务繁忙，第一回月会本拟月底举行。而文学书画家陈师曾（即朽道人）、范彦殊二君向在南通州主持政教，日前适以事来沪。良朋快聚，佳会难得，同人特尽力摒挡，赶于14日午后四时，在三马路大新街天兴楼上开第一回月会。文酒设宴，成于咄嗟，而其盛况实有令人惊叹者，亦可谓空前之韵事也。

2.地点之意外适宜

原拟借愚园或扆虹园一席之地，陈列文艺品及会友小集，而以上各地稍嫌偏远，运送品物或多不便，屋宇于陈列品物亦未必适用。会期已迫，而会场未定，同人非常焦灼。忽有谓天兴酒楼后楼有屋三楹，足供应用者，不得已而定议，以该楼为第一回月会之会场。屋共三间，一间陈列各会员交换品，书画家当宴挥毫亦附于此室；一间陈列卖品；一间陈列参考品。琳琅四壁，照眼光耀。屋虽略小而颇合用，一切供应亦颇亲近，而会友往来交通复极便利。不谓于十丈红尘、万种喧阗之中，忽现此淡泊而不谐俗之冷会，与会者咸谓，为初念所不及料云。

3.陈列品之种种可观

是日因会期定于仓促，发表甚迟，而到会者尚有二十余人之多。李梅庵（即玉梅花庵道士）、吴昌硕两先生，亦以客员资格来襄盛举，且皆临时挥毫，应人之请，其豪兴正复不浅。出交换品共十三人，一人有出二件或四件者，共得二十余件。其中最可宝（保）贵者，为八十二岁老人蒋卓如先生书联，文曰："以人为纪，得天之时。"又，朽道人之梅花条幅，枝干皆用篆法画成，古香古色，洵推杰作。又，范彦殊氏之折扇，自书文美小集之律诗一首，流连文酒，感时得意之怀，溢于楮墨。得此为纪念，文美增色多矣。其它交换品十余件，如诸贞长、费公直、柳亚庐、余天遂、严诗庵、黄朴存、叶楚伧、夏笑庵、李息霜、曾存吴诸氏，或录旧诗，或抒新采，兴酣落笔，皆具特殊之长。出卖品二十余件，李梅庵氏之折扇二柄，皆两面书画，笔墨题识，趣味入古，一望而知为名手。朽道人山水二幅，气韵浑厚。李息霜氏以篆法书英字，自成派别，而不伤雅，所书系英国大文豪沙翁之诗，体裁恰好。曾存吴氏之花卉团扇，摹模恽派，颇有心得。沈筱庄之雕刻象牙扇骨，于三四分宽、四寸长之物，刻字八行，每行百二十字左右，细入毫芒，而笔意直逼米老，精妙绝伦。谓之魔术中之雕刻家，非过誉也。

参考品另为一室。曾存吴氏所藏五六年来日本文部省美术展览会之选品及日本西洋画家之杰作集五六种，参照印证，引增兴趣不少。朱少屏氏所藏古画多种，皆名人之作。其最夺目者为于海屋之手卷，花木数十种，穿插配合，实具苦心。异禽二十余种，共四十余尾，构图设色，迥异时流。他若朽道人之《残荷》，运笔疏宕，觉秋水伊人，呼之欲出。又，沈墨仙氏之《枇杷》，李梅庵氏之《松》，吴昌硕氏之《梅》，（三氏皆临时挥毫），一时兴来之作，莫不韵味天然，一洗凡近之习也。

4.杂志之特色

同人制作品凡百余页，首文，次诗，次词，又图画十六幅，印五种，滑稽告白数种，及附录文艺纪事，用杂志体裁装成一册，名曰《文美》。叙言系姚锡钧氏所作，他为黄宾虹氏之古玺印铭，息霜氏之《李庐印谱序》，存吴氏之《与某记者论西洋书画》，（天）遂氏之《遂庐笔记》，亚子氏之《血泪碑历史》，皆饶有趣味之作。诗词则洪思默感，沉艳浓郁，无件不精。图画中山水最多，绵密轻妙，各有家法。息霜氏之《昐》，以洋画笔墨写优美之意，实为吾国画界之创格。存吴氏之《马》，用笔设色，纯仿宋法。比较息霜氏之《昐》，一新一旧，恰是背道而驰。对照参观，可见艺术之头头是道也。朽道人之广告集图案，系用汉竹叶碑文组织而成，趣味高古，可以为亚东国粹之代表。严诗庵氏之《文美纪念碑》，别开生面，而独具匠心。以上各品装成杂志，原以备临时传观会友。因佳制甚多，秘之可惜，刻拟集资印，不日即可发行，诚快事也。

5.交换书画品之愉快

会友十三人，共出交换品二十余件，于尊酒微醺之际，由李、曾二氏用抽签法彼此互换。此时，凡出品者，皆于其所欣感之物生无限希望。每揭一物名，则属耳注目者举场一致，其情与昐望选举之发表都无殊异。黄朴存氏慕朽道人之名已久，及是日，见朽之交换品系古梅一幅，垂涎特甚。未几发表，应得是画之主人竟是黄氏，合堂喝采。而黄氏之得意，尤不可形容。范

彦殊之诗扇，李息霜读之，爱不释手。当用笺纸书是诗纳入衣袋中，虑少缓为他人所得，不及抄录也。不意发表后，此扇亦竟为李氏所得，皆可谓随心所欲矣！曾存吴氏之画扇，初用纸套封固，未露真面，人皆疑为裸体美人。于是引起一般好奇之心。欲得是品者不知凡几。及至揭晓，仍是恽派花卉，为费公直氏所得。而存吴氏所得，系息霜氏之书。曾、李本旧同学，交换书画之事非止一次。是日用抽签法，曾又得李之制作，一若数由前定之也。讵最后之一人为严诗庵氏所得，仍是自作之品。无已，乃与存吴氏所得再相交换，然后毕事。洗杯更酌，夜色已初更矣。（《太平洋报》1912年5月16日–18日连载）

二十多年后的1935年，黄宾虹在他的《俞剑华画展志感》一文中也曾回忆过往旧事："先是师曾寓沪上，偕清道人、弘一法师（原注：即李叔同）立文美会，约余入座，赠自写墨梅一枝，叔同出篆刻，清道人作分书，昕夕晤谈，颇极一时之乐。"

文美会期间，李叔同还编有会刊《文美杂志》，但仅出一期；内容分文、诗、词、画、印五大类，系会员所作书画及印章拓本，皆为手稿，极为精美，开会时会员彼此传观；叙言系姚锡钧所作，李叔同以洋画笔墨写优美之意创作的画作《盼》《李庐印谱序》和黄宾虹的古玺印铭、曾存吴的《与某记者论西洋书画》、余天遂的《遂庐笔记》、柳亚子的《血泪碑历史》、严诗庵之《文美纪念碑》皆别开生面，独具匠心。

3.共入国学商兑会

5月23日，南社社员李叔同、柳亚子、高燮、高旭、姚石子、叶楚伧、胡朴安、蔡守、余天遂、姚锡钧、林百举、陈范、周伟及非社员文雪吟等人，以"扶持国故，交换旧闻为宗旨"，共同发起组织国学商兑会；同日，李叔同在《太平洋报》"文艺集"刊发高燮的《国学商兑会小启》；5月23日至27日，李叔同又在《太平洋报》"文艺消息"栏日连载《国学商兑会章程》；6月30日，国学商兑会在金山张堰召开成立大会，文美会随即并入其中，李叔同与黄宾虹遂又成会友。

4.贞社又成艺友

受李叔同发起文美会的启发和影响，黄宾虹与宣哲等亦发起成立了金石

貞社發起消息

城東女學宣講會誌盛

自由演劇團開會

五十步軒劇談

李叔同在《太平洋报》上刊文介绍黄宾虹发起贞社

书画社团——贞社，黄宾虹出任社长。从 1912 年 4 月 27 日《神州日报》所刊《贞社征集同人小启》及 28 日刊出的《贞社简章》可知，贞社社址当时设在上海宁波路江西路转角处四明银行二楼，活动地址在哈同花园等处。社名取“抱守坚固，行久远名”之义，贞社的宗旨是保存国粹、发明艺术，启人爱国之心，陈列古物、展览交流。研究范围包括书画卷册、诗文题跋、金石谱集、收藏著录、古籍版本、古铜玉器、古今（民间）工艺及欧亚翻译有关考古之作。其实，在《神州日报》发布贞社消息的五天前，李叔同已经在 1912 年 4 月 22 日、23 日的《太平洋报》上率先撰文报道贞社发起之消息：“南社社友歙县黄朴存君，金石大家也。近与同志数人在海上发起贞社。所撰小启已采入本报文艺集中，兹录其简章如下。”告示同人。

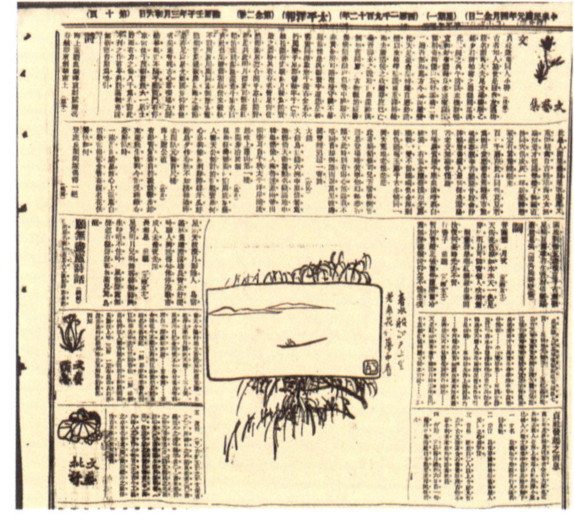
李叔同在《太平洋报》上刊文介绍黄宾虹发起贞社

李叔同（左）与贞社社友毛子坚

1912 年 6 月 26 日贞社举行第一次雅集，冯超然、费剑石、陈绥伯、汪乐川、日本人正木小三郎等作为来宾参加了这次聚会。贞社成员有：宣哲（古愚）、庞泽銮（芝阁）、张云门、邹安（景叔）、王仁俊、赵叔孺、程云岑、毛子坚、江晓楼、管坪孙、黄少牧、王恕安、潘老兰、龙伯纯、郭闻庭、陶小柳、王捍郑、方宝荃、雷润民、李晓墩等。4 月 29 日贞社又在广州设立支部，成员有蔡守、邓尔雅、黄节、陈树人、王秋湄、李尹桑、谢抱香、铁禅、马梦奇、汪玉泉等，5 月 14 日的《广州日报》刊发了此则消息。后因资金匮乏、黄宾虹生活不安定等，至 1922 年 6 月，贞社停止活动，前后历时 10年。

以往人们只知道黄宾虹曾参与了李叔同主持的文美会，而李叔同是否也参加了黄宾虹组织的贞社，始终无史料支撑，而未被肯定。此次黄宾虹自订“贞社题名”册手稿中发现的李叔同名录，或许可以成为李叔同早期亦曾加入过贞社的一个线索，而贞社题名册或许也可成为李叔同参与贞社活动的一份实证。

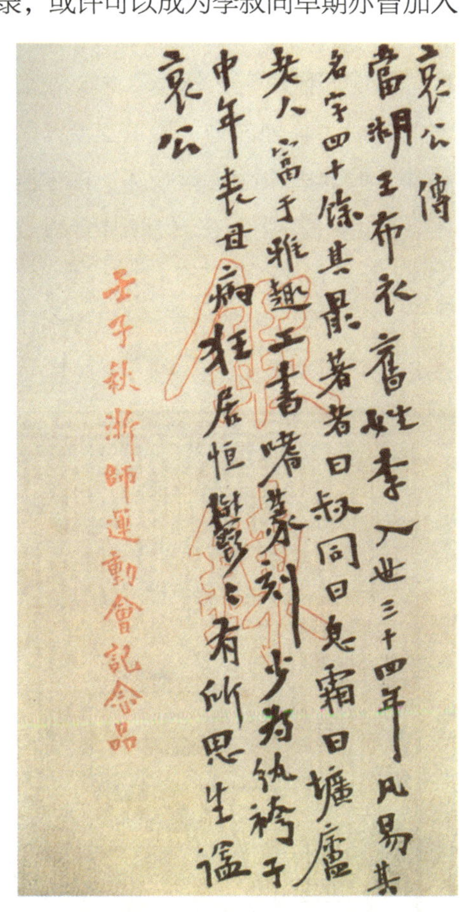
哀公傳
當湖王布衣舊姓李入世三十四年凡易其
名字四十餘其最著者曰叔同曰息霜曰瓘廬
老人富于雅趣工書嗜篆刻少為紈袴子
中年喪母病狂居恒鬱鬱有所思生謚
哀公

1913 年李叔同加入西泠印社时所作小传《哀公传》

5.西泠再成社友

1912 年秋，李叔同应浙江两级师范学校经亨颐校长的邀请赴杭州出任该校之音乐、美术教席；1913 年，西泠印社举行建社十周年纪念大会，修《西泠印社成立启》，立《西泠印社社约》，纠集同人，发展会员，一时精英云集，李叔同亦加入其中，并撰《哀公传》述其事，与 1909 年加入印社的黄宾虹再成同道社友。

黄宾虹与李叔同彼此欣赏、惺惺相惜的友谊，直到李叔同转身成为弘一大师后仍念念不忘。李叔同出家后，其最亲近的学生刘质平发心护法供养，故弘一大师常将自己的书法作品相赠以谢，曾云“我自入山以来，承你供养，从不间断，我知你教书以来，没有积蓄，这批字件，将来信佛居士中，必有有缘人出资收藏，你亦可将此款作养老及子女留学费用”，并不失自豪地对刘质平说“艺术家作品，大都死后始为人重视，中外一律。上海黄宾虹居士或赏识余之字体也”，可见李叔同一直视黄宾虹为识己之知音。

而弘一大师圆寂后，黄宾虹还曾分别应夏丏尊、傅雷之请，二度绘就弘一大师图，这在傅雷 1943 年 11 月 29 日致黄宾虹的信函中有记述：“又夏丏尊君嘱代求绘已故弘一法师‘晚晴山房图’，以二尺长度为最宜。闻弘一法师亦为先生旧盟友，谅必乐为纪念也。夏君云，前吾公曾为绘过一图，嫌篇幅略小，故敢再求一帧，存放纪念弘一法师之公共场所，彼另有纪念弘一之刊物邮奉，作为参考，或吾公阅后可有诗篇附在图上云云。”然未知此图如今尚存否？

某次師對余言，藝術家作品，大都死後始為人重視，中外一律。上海黃賓虹居士（第一流鑑賞家，現已去世）或賞識余（師自称）之字體也。師之書法，乃學問，道德，環境，藝術，多方面之結晶，晚年作品，已臻超然境界，絕無塵俗氣，宜乎鑑賞者之傾倒也。

刘质平回忆手稿，弘一大师曾言：上海黄宾虹居士或赏识余之字体也。

沪杭行状

1913 年 5 月，浙江省议会通过《筹设省立师范学校决议案》：“第二条：第一师范学校设立于杭县，第二师范学校设立于嘉禾，第三师范学校设立于吴兴，第四师范学校设立于鄞县，第五师范学校设立于绍县，第六师范学校设立于临海，第七师范学校设立于金华，第八师范学校设立于衢县，第九师范学校设立于建德，第十师范学校设立于永嘉，第十一师范学校设立于丽水。第三条：前条师范学校已设立之地，应将其原有者改为省立，未设者，民国三年七月一日以前，一律成立。第一师范学校以两级师范学校划分初级一部改设之。”1913 年 7 月起，李叔同所在的浙江两级师范学校更名为浙江省立第一师范学校。

1913 年 5 月 14 日是浙江省立两级师范学校成立五周年纪念日，当日，学校举行五周年纪念大会，并于 5 月 13 日至 15 日，于校中举办美术技艺等品陈列展览，除了展示李叔同等教师的篆刻、油画、书法、国画等作品，以

李叔同编《癸丑五月浙江两级师范学校成立五周纪念会寄览书画册》，并书题。

及教师收藏的名人书画印章外，主要展示学生们在李叔同、姜丹书、堵申甫等老师教授下在美术、书法、手工诸方面的学习成果。学生们创作的展品形式有隶书、小楷、草书、毛笔画、铅笔画、水彩画，以及豆细工、切纸细工、编纸细工、厚纸细工、黏土细工、纽结细工、竹细工、雕刻细工等，丰富多彩，观者纷纷，参观券发放逾万张。此次活动还专门制作了纪念信笺和展寄览书画册，李叔同并为之题字。

其时，李叔同奔波于沪杭两地，周末回上海看望日籍夫人，家校兼顾，在教学实践上认真用心，创新教学，艺术活动频频。浙一师的艺术教育成果亦日现突起，学生们对音乐和美术的兴趣日浓，李叔同对音美教育更是心得多多，而许多文论、曲歌之创作，皆在沪杭两地完成。如浙江省教育会出版的《教育周报》，于1913年刊行的第一期、第二期、第八期的“学术”栏目上，连续发表李叔同的《唱歌法大意》《西洋画特别教授法》；1913年夏，浙一师校友会会刊《白阳》创刊，李叔同独立完成《白阳》诞生号的设计、编撰、绘图、手抄等工作，并在《白阳》上发表了《白阳诞生词》：“技进于道，文以立言。悟灵感物，含思倾妍。水流无影，华落如烟。掇拾群芳，商量一编。维癸丑之暮春，是为《白阳》诞生之年。”宣告《白阳》诞生。李叔同的《音乐序》《西湖夜游记》《近世欧洲文学之概观》《西洋器乐种类概说》《石膏模型用法》《喝火令》等诗文论说皆刊其上。李叔同还在美术教学中首开野外写生课，让学生走出课堂到美好的大自然中寻找艺术灵感，改变了传统教学一味临摹的教学模式。1914年，他在教学中引进西洋绘画理念，首用裸体模特，成为我国裸体写生教学的开创者。在金石刻画上，李叔同召集乐石之师生友朋，于

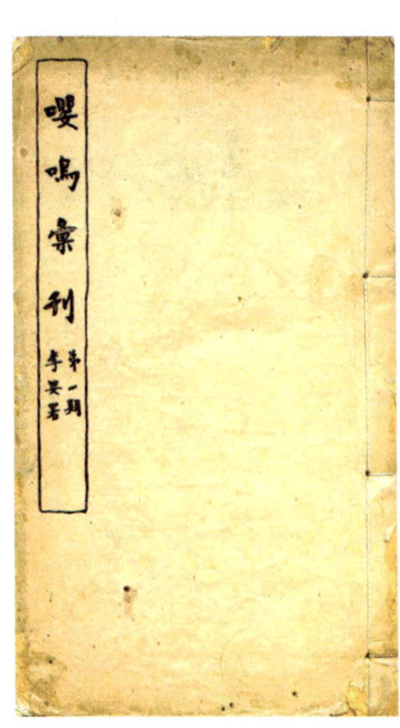

李叔同为嘤鸣吟社社刊《嘤鸣汇刊》题写刊名，署名李婴。

1914 年组织成立“乐石社”，进行治印和木刻创作，并相继出版《乐石社社友小传》《乐石集》《木板画集》《乐石第一集》至《乐石第八集》等，这段实践，使李叔同成为中国现代木刻倡导和创作实践的开先河者。其时，

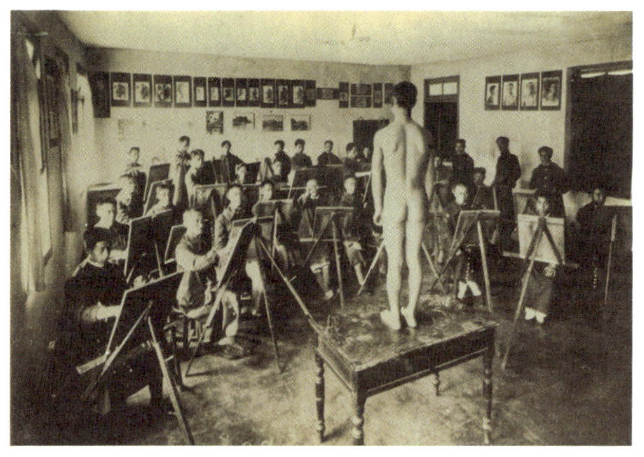

1914 年，李叔同在教学中引进西洋绘画理念，首用裸体模特，成为我国裸体写生教学的开创者。

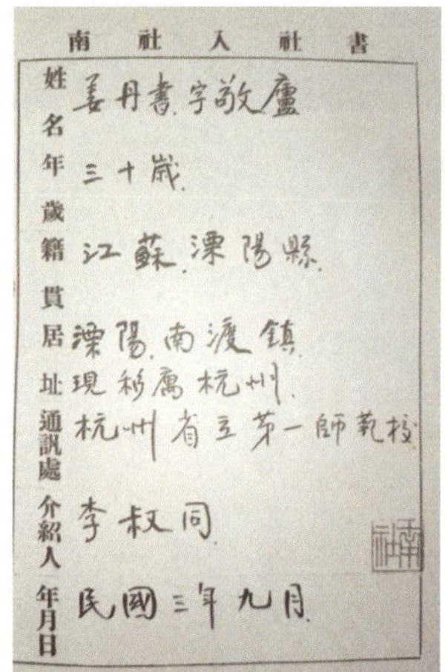

南社入社書

姓名：姜丹書 字敬廬
年歲：三十歲
籍貫：江蘇溧陽縣
居址：溧陽南渡鎮 現移寓杭州
通訊處：杭州省立第一師範校
介紹人：李叔同
年月日：民國三年九月

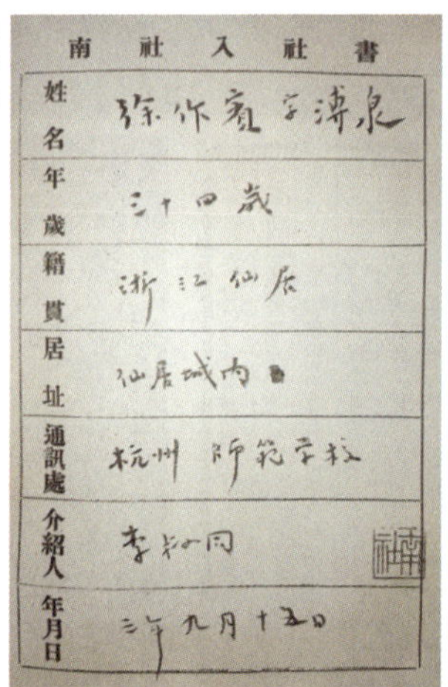

南社入社書

姓名：徐作賓 字濤泉
年歲：三十四歲
籍貫：浙江仙居
居址：仙居城内
通訊處：杭州師範學校
介紹人：李叔同
年月日：三年九月十五日

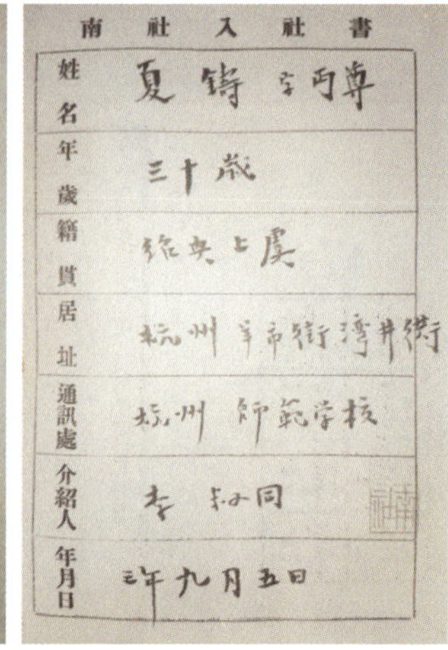

南社入社書

姓名：夏鑄 字丏尊
年歲：三十歲
籍貫：紹興上虞
居址：杭州羊市街灣井街
通訊處：杭州師範學校
介紹人：李叔同
年月日：三年九月五日

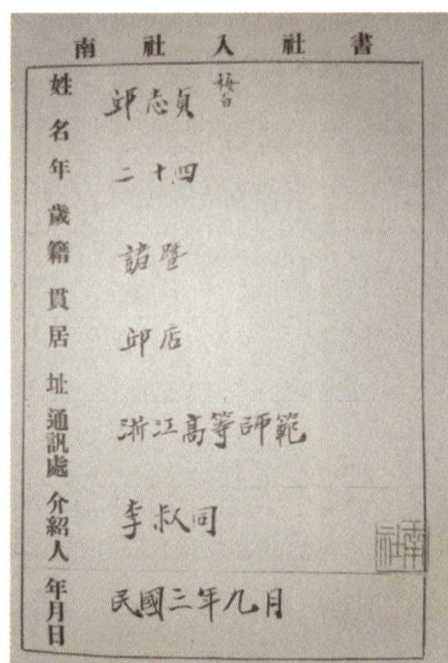

南社入社書

姓名：邱志貞
年歲：二十四
籍貫：諸暨
居址：邱店
通訊處：浙江高等師範
介紹人：李叔同
年月日：民國三年九月

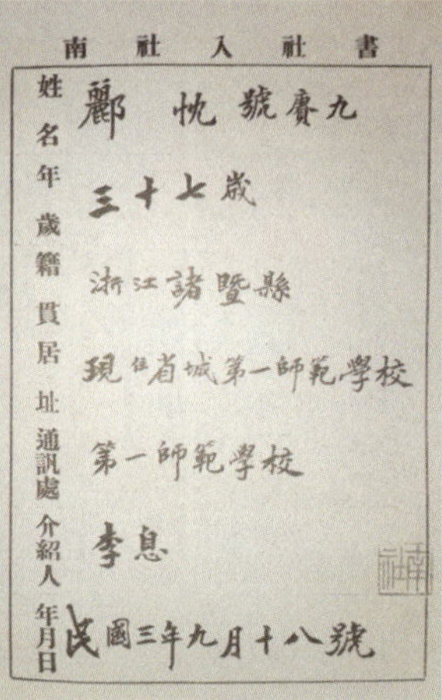

南社入社書

姓名：酈忱 號賡九
年歲：三十七歲
籍貫：浙江諸暨縣
居址：現住省城第一師範學校
通訊處：第一師範學校
介紹人：李息
年月日：民國三年九月十八號

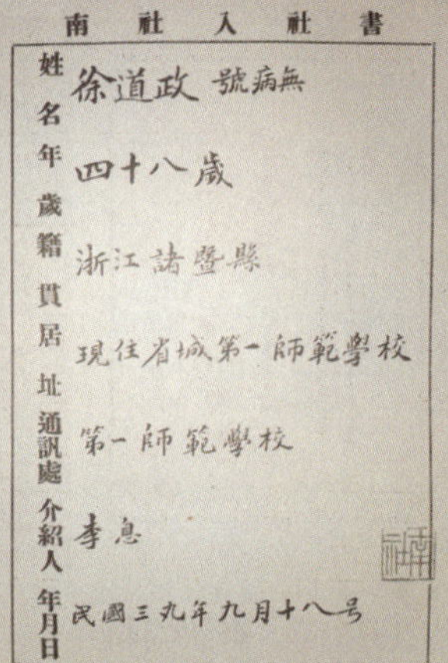

南社入社書

姓名：徐道政 號病無
年歲：四十八歲
籍貫：浙江諸暨縣
居址：現住省城第一師範學校
通訊處：第一師範學校
介紹人：李息
年月日：民國三年九月十八号

1914 年，李叔同介绍姜丹书、徐作宾、夏丏尊、邱志贞、郦忱、徐道政加入南社

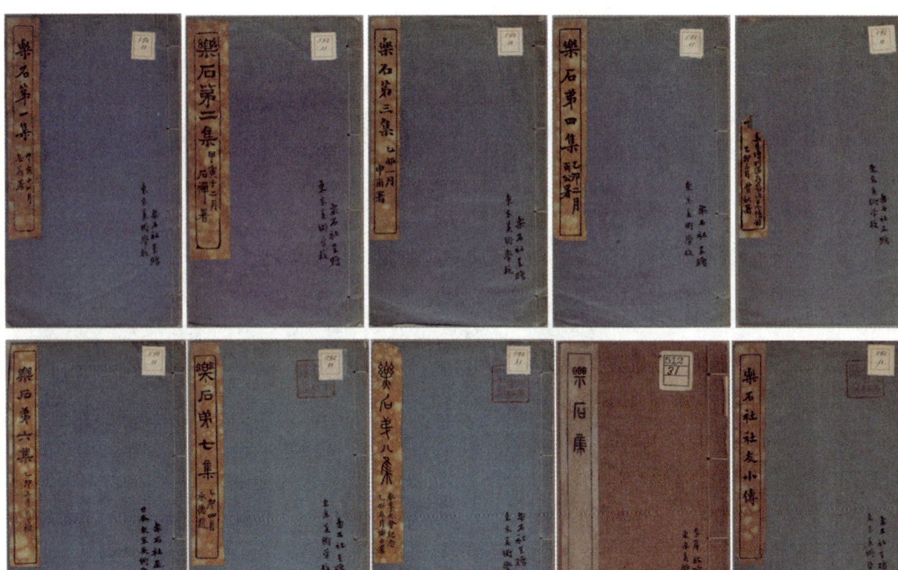

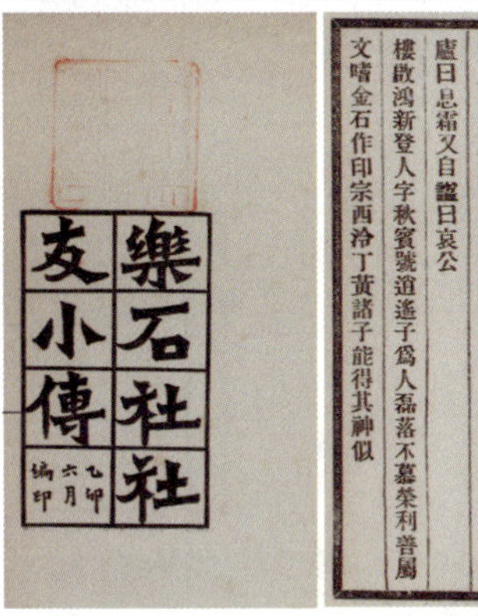

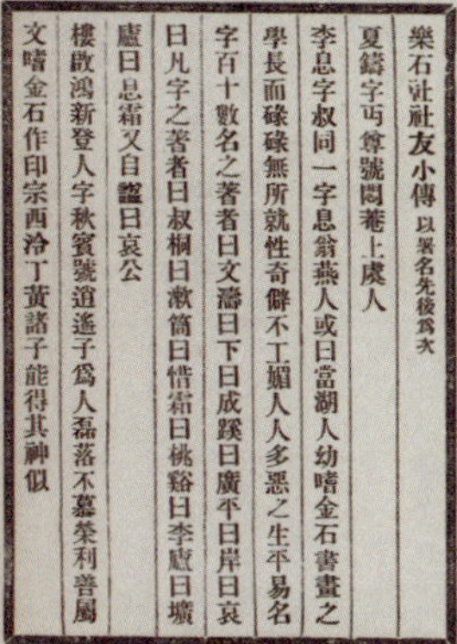

樂石社社友小傳 以署名先後爲次

夏鑄字丏尊號悶菴上虞人

李息字叔同一字息翁燕人或曰當湖人幼嗜金石書畫之學長而碌碌無所就性奇僻不工媚人人多惡之生平易名字百十數名之著者曰文濤曰下曰成蹊曰廣平曰岸曰哀曰凡字之著者曰叔桐曰漱筩曰惜霜曰桃谿曰李廬曰壙廬曰息霜又自謚曰哀公

樓邨鴻新登人字秋賓號遁遙子爲人磊落不慕榮利善屬文嗜金石作印宗西泠丁黃諸子能得其神似

李叔同将乐石社所编诸集寄赠东京美术学校

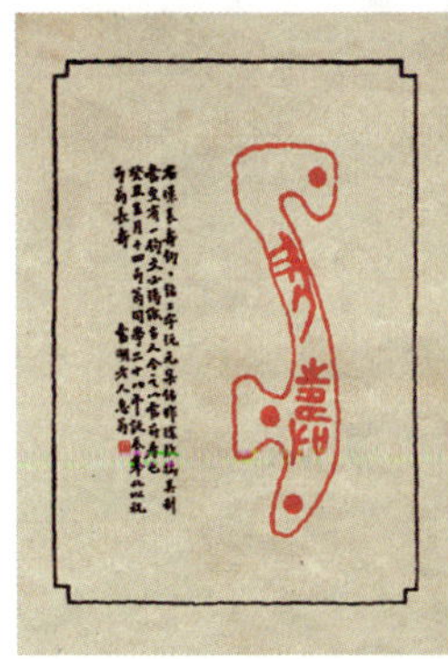

1913年，李叔同摹写汉长寿钩钩铭，赠夏丏尊

1913年，《教育周报》创刊，李叔同题写刊名

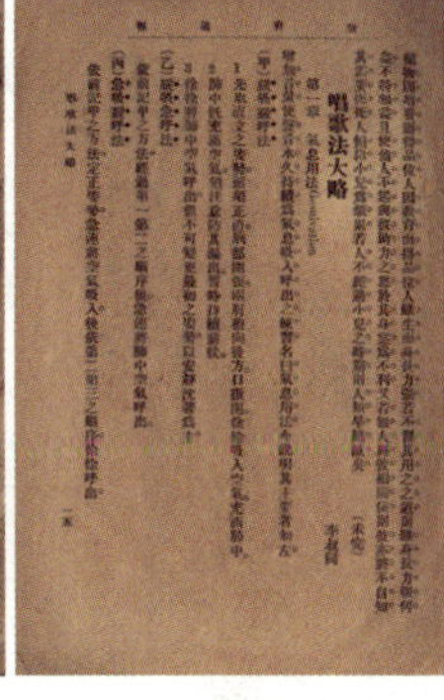

1913年，《教育周报》刊发李叔同的《唱歌法大略》

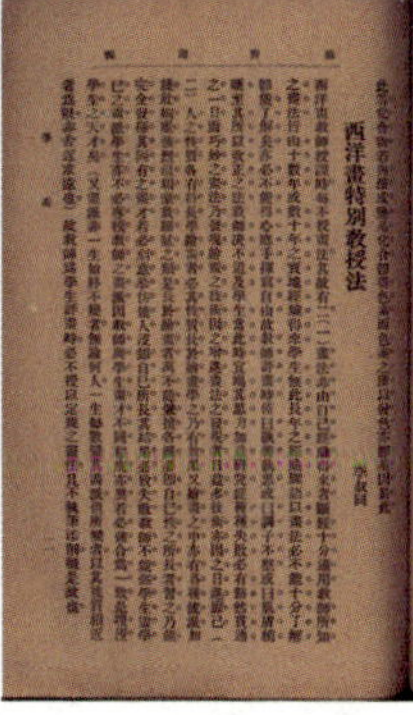

1913年，《教育周报》刊发李叔同的《西洋画特别教授法》

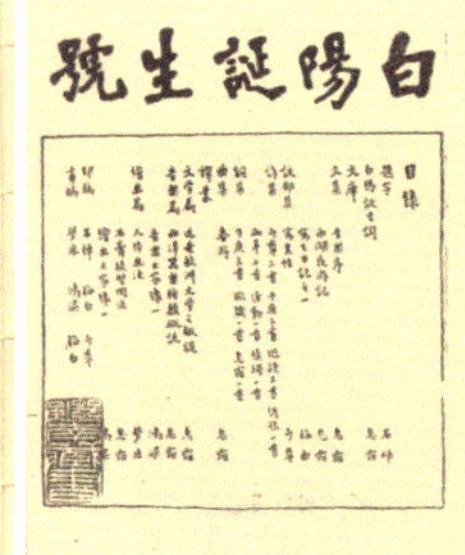
白陽誕生號

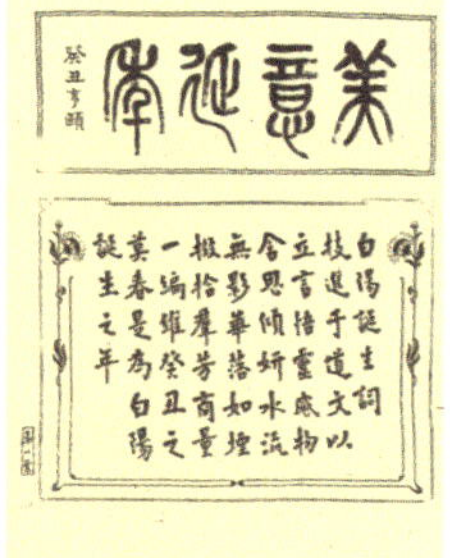
美意延年
癸丑李哀

白陽誕生詞
技進于道文以
立言言指靈感物
含思傾妍水流
無影華落如煙
掇拾群芳商量
一編維癸丑之
莫春是為白陽
誕生之年

1913 年五月，浙江省立第一师范学校校友会会刊《白阳》创刊，李叔同集撰稿、编辑、题图、设计于一身，全部文字亦由其手书

在李叔同的引荐下，夏丏尊、姜丹书、徐作宾、邱志贞、郦忱、徐道政也先后加入南社。

1915 年，李叔同的学生方扶云、吕伯攸等在浙一师创嘤鸣吟社，会员学生有五十余人，分甲乙丙三组，激扬文字，请李叔同为顾问，李叔同曾出题目“烟寺晚钟”，众学生得题而作，吕伯攸以诗作答：“修竹掩深山，钟声来何处？日暮暝烟沉，翠微笼古寺。老僧亦幽闲，松下独延伫。钟声断复续，欲破云飞去。”《嘤鸣汇刊》第一期亦由李先生书题。在李先生的倡导下，丰子恺等同学们组建了桐荫画会，每周缴画作，每月搞画展，李叔同当场指导点评。同时期，李叔同在音乐创作上，除了发表在《白阳》上的我国音乐史上第一首三声部合唱曲《春游》，李叔同或在沪，或在杭，先后创作了《送别》《忆儿时》《采莲》《早秋》《悲秋》《落花》《归燕》《西湖》《人与自然界》《晚钟》等数十首学堂乐歌，他用音乐深深影响着他的学子们。1934 年上海《人世间》第 8 期刊登曹聚仁的忆文《李叔同》，他在文中感慨道：“在我们教师中，李叔同先生最不会使我们忘记。他从来没有怒容，总是轻轻地像母亲一般吩咐我们。我曾经早晨三点钟起来练习弹琴，因为一节进行曲不曾弹熟；他

1915 年西湖临时雅集合影，中间头转向侧者为李叔同

1915年5月14日，柳亚子（前排中）与南社社友在印泉旁留影，柳亚子微醉，高吹万（前排右）取名《西泠扶醉图》，前排左为柳亚子夫人郑佩宜

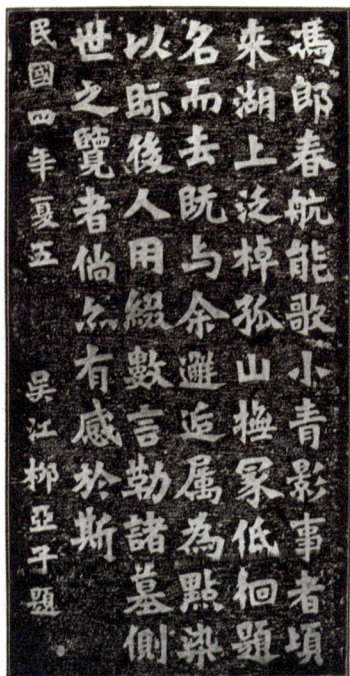

就这样旋转着我们的意向。同学中也有愿意跟他到天边的，也有立志以艺术作终身事业的，他给每个人以深刻的影响。”即使是一个世纪后的今天，这些歌，同样还影响着我们。

1915年春，南社拟在上海举行社友的又一次雅集，邀李叔同于5月9日参加在上海愚园举行南社的第12次雅集，而李叔同因教务缠身、无暇前往，未能赴会。9日雅集那天，恰逢袁世凯政府接受日本政府最后通牒，承认耻辱的“二十一条”，柳亚子、陈去病、姚光、高燮、叶楚伧、朱少屏、邵力子、陈布雷等南社雅集之四十二社友，激昂而论，义愤填膺，柳亚子在《南社纪略》中言：“这是光复以来第一次的国耻，民气沸腾，达于极点。可怜我是手无寸铁的书呆子，只好抱着满腔孤愤，寄沉痛于逍遥。”5月10日，沪上雅集散后，柳亚子、高燮、姚光等携眷及社友共11人赴杭游湖，往新舞台观冯春航演剧。5月14日，诸友在湖滨杏花村宴聚后，又泛舟湖上，纵情湖光山色，借酒消愁，醉后又忧及国事，众生抚膺恸哭，襟袖俱湿。柳亚子更有效屈子抱石投江之举，欲纵身西湖，为丁善之、丁宣之诸友所阻而未成。醉意阑珊，柳亚子、高吹万、冯春航等

馮春航小青墓題名

馮郎春航能歌小青影事者頃來湖上泛棹孤山撫冢低徊題名而去既與余邂逅屬為點染以貽後人用綴數言勒諸墓側世之覽者倘亦有感於斯

民國四年夏五 吳江柳亞子題

柳亞子撰 李息翁書

1915年5月，柳亚子撰文，李叔同书丹

一行在孤山西泠印泉旁留影一叶，高燮名之曰《西泠扶醉图》。意犹未尽，柳亚子又邀集李叔同等杭州社友，于5月16日于孤山之西泠印社举行南社临时雅集，再抒情绪。李叔同与柳亚子、高燮、姚光、丁三在、丁以布、陈樗、陈无用、张心芜、林之夏、郑佩宜、王海帆等27人出席了此次西湖临时雅集。孤山会上李叔同等众书生痛念时局惶惶，国事茫茫，百端交集，五中楚裂，抒愤后于孤山合影留念。柳亚子又在孤山冯小青墓畔手书“明女士广陵冯小青墓”，并为冯春航作题“冯郎春航，能歌小青影事者。顷来湖上，泛棹孤山，抚冢低徊，题名而去。既与余邂逅，属为点染，以示后人；用缀数言，勒诸墓侧。世之览者，倘亦有感于斯。民国四年夏五，吴江柳亚子题”，李叔同更欣然应允为柳亚子所作题记书丹，勒碑纪念之。一行人等在杭州看似胜概豪情，实则是黄连树下弹琴，苦中作乐罢了，这一聚，留驻几近半月，陆续散去。

当其时，恰逢李叔同津门好友严修携陶孟和、张星六、刘啸东、郭际昌等一行来杭访李叔同。途经上海，停留数日，严修等入住在麦家圈惠中旅馆，在沪考察、会友、应酬，参观江苏省立第二师范学校，校长贾丰臻陪同介绍学校详情；与张伯苓、王梦臣、张星六、陶孟和、郭际昌和赵廉臣等一起前往李叔同早年就读的南洋公学（时已更名为交通部工业专门学校）参观，校长唐文治亲自接待，工科主任胡士熙陪同考察校区各科及附属小学办学情况，并参观学校运动会盛况。其间，李叔同天涯五友之至交许幻园得悉严修来沪消息，便至惠中旅馆登门拜访，表明其与李叔同之关系种种，并出示许幻园亡妻宋梦仙之遗画索题，未果。

5月18日，严修一行9人离开上海，去赴杭州，行前，严修致电李叔同好友经亨颐，告知行程。下午两点从上海发车，5点40分抵达杭州火车城站，经亨颐早在火车站迎候，随即乘轿至湖滨延龄路清泰第二旅馆下榻。19日，中华书局杭州分局傅炳三租好了船，邀严修一行登船畅游西湖，上午游断桥、平湖秋月、放鹤亭、岳坟，中午傅炳三在岳庙前之杏花村备饭用餐；下午再游宋庄、高庄、廉庄、三潭印月、湖心亭等，每至一处，皆流连忘返。当晚，李叔同在火车城站附近有名的老字号菜馆“老半斋”订下晚席，以淮扬菜备位，为严修接风洗尘。除了严修，李叔同还邀请了张伯苓、王梦臣、陶孟和、经亨颐以及浙一师的教员三人，席间，聊教育、谈交谊，直至十点半方散。

为尽地主之谊，21 日一早，李叔同便来到严修下榻的旅馆作陪。经亨颐、傅炳三也先后赶来，于是一行 12 人租了轿子，在李叔同的导引下，去领略杭州之湖光山色。先游九溪杨梅岭古道旁的理安寺，理安寺出来，再游西湖十八景之一的“云栖竹径”，在云栖用过午餐后，李叔同带着严修一行又至钱塘江边游六和塔，上白塔岭，登驾涛仙馆，极目望远，虽细雨遮眼，然雨雾缭绕，正中文人情怀，严修趁着雅兴作有《西湖杂诗》以抒叔同陪游诸景之心旷和神怡：

处士郡侯兼少尉，千年鼎足荐馨香。谁知蔓衍滋他族，直抒西泠当北邙。
岳王祠宇崭然新，片石嶙峋入写真。军学日精容日盛，孤忠独恨少斯人。
主人酌酒苦相邀，为展行程五里遥。无意却逢佳妙处，西泠桥接跨虹桥。
别墅西泠榜印书，池亭错落树扶疏。饭余莫惮登楼望，左右能看里外湖。
韬光重访昔游踪，丹艭重重改旧容。失喜鲰生题字在，乍看直拟碧纱笼。
松杉夹路间修篁，樟树含风十里香。舍却烟云论竹树，理安十倍胜韬光。
越岭缘江路转宽，寻幽重入五云端。若论深秀清幽处，又觉云栖胜理安。

天色近晚，李叔同带着严修一行从杭州南大门凤山门入城，尽兴而归。为答谢李叔同、经亨颐等几日来的辛苦作陪，是日晚餐由严修、张伯苓、王梦臣、张星六、陶孟和作主，在火车城站之“聚丰园”宴请李叔同、经亨颐、鲍子刚、傅炳三、裘公勃、王少卿、严渔三、严仲锡等。22 日，严修与张伯苓等又去李叔同任教职的浙江省立第一师范学校参观，考察学校教育情况，观后感慨颇多，尤其对李叔同执教下的浙一师艺术教育成绩，嘉言频频，言浙一师学生“书画秀润，尤其特长”。与一年前之 1914 年 5 月黄炎培考察浙江省立第一师范后，于 5 月 23 日日记上发感慨言，赞誉浙一师艺术教育之所以成绩斐然，皆得益于“主事者吾友美术专家李君叔同（哀）也”，堪称异口同声。李叔同的学生吕伯攸后来在回忆这段学习经历时，在《小说世界》第 14 卷第 12 期上发表《记李叔同先生》中亦曾这样感慨的：“当时我们的自修室中，仿佛就像一个美术院一般，没有一个不在努力着这些工作的。”

5 月 23 日，严修由杭返津，在沪上又作停留三日，在南洋中学校长王培孙的陪同下，对南洋中学进行全面考察；又由校长李廷翰陪同，详细考察了小北门万竹小学；再去民立中学校，在校长苏颖杰的介绍下参观了校况；并去商务印书馆晤客及参观印刷厂，赴张元济饭局，晤沈心工、杜亚泉、蒋维乔、高梦旦等学界名流。

许幻园知严修由杭至沪，因前次索题未果，23 日复持其先夫人宋梦仙遗墨至惠中旅馆再寻严修索题；24 日，许幻园再至旅馆，邀约严修 26 日共进午餐；26 日上午，曾任北洋武备学堂总教习的黄书霖来严修下榻的惠中旅馆访见严修，许幻园复来访，再以其亡妻画幅作题一事相索，黄书霖作题"乙卯五月黄书霖严修同拜观"，严修另书题签"幻园许君德配宋梦仙女史遗墨"。严修、黄书霖题罢款后，许幻园邀上两位一起去粤华园中餐，同邀共餐的还有李瑞清和姚子良，严修在当天日记中还记下了许幻园的通信地址："许通信处：上海小南门外南张家弄西口；又英大马路南香粉弄 69 号。"这为后人了解许幻园租出城南草堂后的别处居址提供了线索。6 月初，严修回抵天津，分别致函李叔同、经子颐、许幻园告知返津近况。

查阅资料时还发现，李叔同在 1912 年 4 月 11 日《太平洋报》第六版上，曾为他留日时的同学好友曾延年所编的《和汉名画选》设计过一则广告，广告中注明当时曾延年租住在上海寓所地址是：北浙江路华兴坊五弄底柴公馆内，与李叔同的居处相距不远。当时曾延年在沪上与进化团的任天知在上海新新舞台有过新剧上的合作。

寻　踪

"华兴坊一弄底海盐张寓 李叔同"，从黄宾虹"贞社题名"之姓名、住址的亲笔记录中，我们可以作此解读：1913 年李叔同租住着华兴坊一弄底的一套寓所，房东张姓，是浙江海盐人。

士庆路华兴坊

查民国资料种种，知旧时同名的华兴坊共有两处：一处是在当时的士庆路 47 号；另一处是在原来的浙江北路与华兴路交会处附近。为弄清楚华兴坊旧址具体所在位置，笔者开始了再一次的实地调查。

在现有的上海地图上是找不到士庆路的，新中国成立后早已更名为海伦西路了，位于现在的虹口区。

从虹口区新旧里坊弄名对照资料中查得民国时士庆路 47 号的华兴坊，

士庆路 47 号华兴坊，即现在的海伦西路 45 弄

位于现在的海伦西路 45 弄。坐地铁十号线，在四川北路站下，沿吴淞路北行至衡水路，再沿衡水路继续北行至邢家桥路，向东转入邢家桥北路，再前行至海伦西路，沿海伦西路前行，在东西向的长春路与海伦西路的交叉转角处不远，就是现在的海伦西路 45 弄。

海伦西路 45 弄建筑，或许是几经改造的缘故吧，除了坡顶上的老虎窗，外表已看不出旧建的特征结构，各种搭建混杂着，显得特别杂乱无序。

问询居民，对于华兴坊旧称几乎无人晓知。而边上的永乐坊则知者甚多，偶有老者忆道，新中国成立前有博物馆和学校就在此处附近，其他无更多信息收获。

于是再查沪上资料和老旧地图，悉海伦西路 45 弄之华兴坊系建于 1937 年之建筑，隔壁是当时的大同织造厂，后面是旅沪广东中华基督教会创办于 1916 年的郇光小学及 1946 年开放的四川北路 1844 号上海市立博物馆，倒与前次采访时老者所言类同。因建筑年代不符，故排除此华兴坊为李叔同所住华兴坊之可能。

华兴路华兴坊

民国时期的另一华兴坊位于浙江北路与华兴路交会区域，在闸北区。据上海地方志记载，1908 年我国第一所体操学校——中国体操学校就创办于浙江北路的华兴坊。1907 年 11 月 16 日，同盟会会员徐一冰联合徐卓呆、王季鲁等在上海成立筹办中国体操学校的六人小组，校址初设北浙江路华兴坊，1908 年 2 月 28 日中国体操学校正式开学，其宗旨是秘密宣传革命，志在颠覆满清，同时提倡国民教育，强身御侮，发扬民族精神。李叔同的学生刘质平从东京音乐学校留学回国后，就曾在中国体操学校任过教职。

华兴路上华兴坊 56 号，则是革命报刊《热血日报》发行所所在地，也是中共中央宣传部创办的国民通讯社所在旧址。1925 年五卅惨案发生后，中国共产党的第一张日报、八张四版的《热血日报》于 6 月 4 日在上海创办，由瞿秋白出任主编。与《热血日报》同时创办的还有中共中央宣传部创办的国民通讯社，编辑部和通讯处都设在浙江北路华兴坊 56 号。

对于士庆路华兴坊的被否定和排除，笔者并未有多少失望，因为这反而为华兴路华兴坊的调研带来了更多的希望。整理好资料，带上地图、相机、纸、笔、卷尺和干粮等，振作精神，重新出发。迎着晨曦，坐上第一班去上海的动车，再一次踏上寻访李叔同沪上旧居之路。

华兴路里弄

在虹桥火车站下车，挤上地铁十号线，一个小时后，在老西门站下，再转地铁八号线，至曲阜路站下，出地铁口北行百米至海宁路，在海宁路与浙江北路的十字路口北行入浙江北路，沿浙江北路继续北行，至东西向的华兴路，转至华兴路西行，传说中的华兴坊就藏在这片被浙江北路、海宁路、华兴路、西藏北路围合的区域里。

走街穿巷，一路打听，逐一搜寻。眼前是成片老房子的旧住宅区，环境脏乱。街道上到处挂着旧城改造动员的红色横幅，狭窄的过道上各自搭建的自来水池、洗衣台面和各式各样的遮阳棚、晾衣架等，比比皆是。

华兴路 64 弄就是华兴坊所在

除了上海本地的住户，从听到的夹杂着天南地北的

采访 103 岁的华兴坊原住民

华兴坊底搭建的矮屋后面可以看到南林里建筑的山墙

口音中可以知道，这里住着不少外地来沪谋业的新上海人。沿路找了几位说着上海话的老上海询问，弄清楚了华兴坊的位置。

按着老人指示的方向，七转八拐，在破旧杂乱的一排排老屋群中，找到了华兴路。在采访的原住民中，一位居住在华兴路 64 弄 1-121 号长达八十多年的 103 岁老太太告诉笔者：现在的华兴路 64 弄，即旧时华兴坊所在。但问到清末民初此处是否有张姓房东时，却告未知。

华兴路 64 弄

华兴路 64 弄，是一条南北走向的弄，弄的东西两侧是一排排旧式砖木结构的联排独院二层式建筑，前后共有六排，每排二十来户，年纪大的居民们说，这六排建筑就是民国时期的华兴坊，现在一起编入华兴路 64 弄，入户编号从 64 弄 1号至 64 弄 121 号，但有的一户院子出租给了好几户人家，故华兴坊现在的实际住户数比编号的 121 户要多出许多。

按现在的编号，第一弄到底、最西面的一户是华兴路 64 弄 89 号，再往西，被一排搭建的矮屋建筑横挡着，隔住了去路，无法再西行。

居民们说，这排房子搭建以前，华兴坊与相邻的南林里是相通的。边说，边指着这排搭建矮屋背后高高矗立的山墙。南林里？笔者听到“南林里”三字，心里一惊，这华兴坊的尽头就是南林里？与华兴坊相隔不过十步的就是笔者三年前来实地调研的李叔同曾经居住过的南林里？几乎有点不相信自己的耳朵，赶紧追问道：“紧挨着华兴坊西侧，被这排矮层阻隔的一排排建筑就是南林里?”“是的!”答复是肯定的。

依着居民们的指点，笔者马上绕过这幢搭建的排屋，快步绕过华兴路，前去查看。果然，与华兴坊东西相邻的就是笔者数年前多次寻访过的海宁路1132弄，也就是笔者在第六章中已作过叙述考证的李叔同曾经居住的南林里!

随即，笔者再次走进海宁路1132弄26号（南林里四弄），沿着东西向查看比对。正是巧啊，与南林里四弄比肩相邻的，正是华兴路64弄89号所在的华兴坊第一弄。从南林里四弄由西向东走到底，指向的正是华兴坊第一弄由东向西的尽头。要不是那排后来搭建的矮屋相阻隔，南林里四弄和华兴坊一弄是彼此毗邻相通的。

原来，笔者2012年3月考察南林里时是由海宁路、西藏北路相交段从西向东搜寻，而此次华兴坊调查则是由浙江北路从东向西寻找，而这幢搭建的低矮排屋刚好将南林里和华兴坊隔断东西，不再连通，致使两处建筑近在咫尺，互不识察，擦肩而过，无视了三年。

经此次调研所知，华兴坊一弄底所指向的正是南林里四弄底张寓，只不过是殊途而已，最终还是同归于一。此时，心中豁然开朗。而黄宾虹所记的李叔同住址，从另一个角度再次印证了蔡元培笔下李叔同住址的正解无误，彼此互

华兴坊建筑局部

华兴坊一弄底

横亘在华兴坊和南林里之间的一排搭建的矮屋

为见证。且黄宾虹记录李叔同住址的时间是在1913年后的某个时期，蔡元培日记的时间是在1913年7月，彼此在时间上亦默契吻合。故可以确定，黄宾虹所记录的李叔同住址：华兴坊一弄底张寓，即是蔡元培记录的李叔同住址：海宁路南林里四弄底张寓；两者合二为一，殊途同归，实为同一处。

疑惑待解

南林里和华兴坊指向的归一和释然，并未了却另一个困惑，即蔡元培、黄宾虹提供信息中共同指向的李叔同租居之张寓，这张姓房东，到底是谁？为弄清事实究竟，笔者又继续从“张寓、海盐人”这两个关键词切入调查，意在厘清房东者何。遂去海盐图书馆查阅了当地民国文史资料、咨询了海盐博物馆及当地的史志研究者，逐一梳理在沪上的海盐张氏族人，张元济、张世桢等，但无一线索和信息指向华兴坊，一个个的猜测和推定，先后都被排除否定，最终还是劳而无功，未有收获。在此，留下一个待解的问号，引玉来者，对海盐张寓再作进一步调研释解。

小　结

如上所述，华兴坊一弄底，即当下之闸北区华兴路64弄89号底，此居址与第六章探考所得之李叔同南林里四弄底张寓居处指向重合，是同一居处之两种不同的居址表述方式。李叔同及日本夫人1913年及以后的一段日子曾居住于此。

第八章　海宁路太安里二十号暨沈家湾海能路太安里二十号

事　迹

2012 年笔者在上海交大校园内调研时发现李叔同手书残碑后，专注于《李叔同为白毓崑烈士碑所书铭文之发现与考证》课题调研，当时为查找李叔同与南洋公学之史料，在上海图书馆查阅了不少与南洋公学相关的书刊资料，其中包括《南洋》《交大三日刊》《校庆纪念册》《学生杂志》《南洋大学学生生活》等。而盛宣怀于 1896 年创办了南洋公学后，该校隶属关系屡有改变，校名亦频频更改。为了在这频频变更的学校沿革中，寻找出南洋公学时期李叔同的更多信息，笔者特别关注南洋公学沿革中相关演变学校之校史文献资料。

查阅民国诸种资料后得知，1912 年，曾经的南洋公学已改名为交通部上海工业专门学校；1916 年，恰值南洋公学建校 20 周年，为了纪念和庆祝南洋公学建校 20 周年，回顾和总结 20 年来的办学成果，1917 年 4 月 26-28 日，交通部上海工业专门学校隆重举行校庆 20 周年纪念大会，学校放假 8 天，以行庆祝。

交通部、教育部、财政厅、铁路局、北京大学、唐山大学、同学会、历届学生代表等政府和教育界、学界嘉宾 2000 多人参加了校庆开幕式，唐文治、蔡元培在会上祝词；校庆期间还举办演说会、成绩展览会、学术报告会、兵式体操表演、烟火会、歌唱会、运动会、足球赛、电影放映、魔术表演等各种纪念活动。据记载，活动期间共有来宾近 15000 人参与，在沪上轰动一时。

为此，南洋学会主办的《交通部上海工业专门学校学生杂志》第 2 卷第

1 期出版了建校 20 周年纪念增刊；活动结束后，学校也编辑出版了《交通部上海工业专门学校原名南洋公学二十周纪念》文集。

根据以上线索，笔者在上海图书馆找到了《交通部上海工业专门学校原名南洋公学二十周纪念》文集，仔细阅览了书中统计辑录的“大事记”“各班学生人数比较表”“各地学生人数比较表”“历年派送出洋学生人数比较表”“现任职员姓氏录”“退任职员姓氏录”“校歌”和“历年同学姓氏录”等专栏。此等诸种表录，详细罗列和记录了南洋公学 20 年来的历史，信息量丰富。

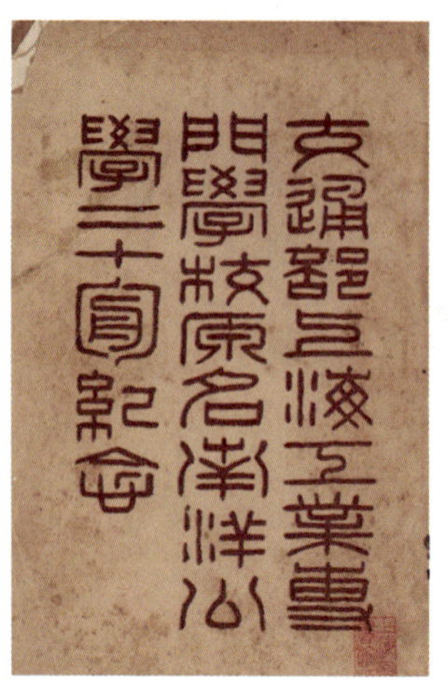

1917 年春，《交通部上海工业专门学校原名南洋公学二十周纪念》刊行

笔者特别关注到其中的“历年同学姓氏录”一章，该姓氏录中将每位学生按“姓氏”“字”“籍贯”“学位”“职业”“通信处”五个栏目进行列表记录。仔细查看后，在这一章的第 13 页上找到了李叔同署名李欣的详细个人信息：“姓氏：李欣，字：俶同，籍贯：浙江平湖，职业：南京高等师范、浙江第一师范教员，通信处：上海海宁路太安里廿号。”这份同学姓氏录中，清晰地记录着李叔同沪上的又一处居址。而此纪念文集出版发行的时间是 1917 年，可见 1917 年李叔同沪上居址是：海宁路太安里廿号。

歷年同學姓氏錄

李大椿	傳封	江蘇松江		南菁學校教員	江陰城內南菁學校恒廿九號
李高涓	清夷	浙江象山		建昌輪船二等駕駛員	建昌輪船
李佑儒	保民	江蘇崑山		崑山高小女子學校教員	崑山城內柴王街七號
李大中	孟瓊	廣東			廣東梅縣松口碗街李璧祥號轉交守經堂李宅
李衷	慶恆	廣東			北京清華大學
李學海	效蘇	江蘇江都		江蘇第五師範第八中學教員	揚州舊城南門新橋西
李曾齋	梅蓀	江蘇上海		商業	上海西門學宮路榮興里
李鳴龢	竹書	江蘇江寧		漢陽鐵廠煉鋼廠工程師	湖北漢陽鐵廠
李維格	一琴	江蘇吳縣		漢冶萍公司	上海寶昌路仁和里十二號
李嘉鼎	惕深				常州織機坊新街巷斜對門
李定夷	健卿	江蘇武進		國華書局編輯長	上海四馬路國華書局
李欣	俶同	浙江平湖		南京高等師範浙江第一師範教員	上海海寧路太安里廿號
李文淵	希顏	廣東香山		本校化學室	上海北四川路虬江路三元里第二十九號李錦記
吳敬恆	稚暉	江蘇武進		中華新報館總編輯	上海中華新報館

十三

《交通部上海工业专门学校原名南洋公学二十周纪念》之《历年同学姓氏录》中李叔同信息

从名录中找线索

从《交通部上海工业专门学校原名南洋公学二十周纪念》文集收录的这份“历年同学姓氏录”中，我们除了可以获得李叔同当时沪上新居址这一重要信息外，还可以通过分析梳理，得出一些其他相关信息，来印证居址的可靠性。

丙辰岁末，1916 年 12 月 25 日 -1917 年 1 月 10 日，李叔同在杭州虎跑寺经历了一次影响他以后生命轨迹的特别体验——断食。

李叔同虎跑断食之缘起，是李叔同在读了浙一师同事好友夏丏尊介绍的日本杂志中有关断食的文章，说及断食可以治疗各种疾病。当时李叔同正患神经衰弱症，于是就起了好奇心，想来断食一下，或者可以治愈自己的神经衰弱，亦未可知。行断食，须于寒冷的季候方宜，所以，李叔同便以 1916 年的岁末作为断食之时。而断食之地点，则考虑选一幽静之处。李叔同把自己的想法告诉了西泠印社的好友叶为铭，并与之商量择地断食。而当时的虎跑寺游客甚少，十分冷静，若居此断食，可以说是最相宜的了。叶为铭遂推介以虎跑寺作为断食的地点，且虎跑寺的大护法丁辅之是西泠印社的创始人，也是叶为铭的好朋友。于是李叔同请叶为铭去信，托丁辅之代为介绍。待一切安排妥当，李叔同便于 1916 年 12 月 24 日（农历十一月三十）入大慈山虎跑寺，25 日开始断食。断食期间，李叔同将自己断食经过，起居衣食，身心体验及种种感悟，事无巨细每天一一记下，录成《断食日志》一册。整个断食分：1916 年 12 月 25 日（腊月初一）至 12 月 29 日（腊月初五）为断食前期，共 5 天，食渐减；1916 年 12 月 30 日（腊月初六）至 1917 年 1 月 5 日（腊月十二）为断食正期，共 7 天，断食，饮汁水等维继；1 月 6 日（腊月十三）至 1 月 10 日（腊月十七）为断食后期，共 5 天，食渐增。1 月 12 日（腊月十九）下午 1 时，出山归校，前后断食共 17 天，住虎跑 20 天。

20 年后弘一法师应《越风》编辑黄萍荪之函请，以西湖因缘为题约稿，弘一法师在厦门南普陀寺，口述一个多小时，讲述其当时在杭州出家之因缘经过，经高文显现场笔录成篇《我在西湖出家的经过》，其中回忆这段断食往事时说："到了民国五年的夏天，我因为看到日本杂志中有说及关于断食方法的，谓断食可以治疗各种疾病。当时我就起了一种好奇心，想来断食一下。"1941 年第 20、21 期合刊，登载夏丏尊的忆文《弘一法师之出家》，文中叙述："有一次，我从一本日本的杂志上见到一篇关于断食的文章，说断食是身心'更新'的修养方法，自古宗教上的伟人，如释迦，如耶稣，都曾断过食。断食能使人除旧换新，改去恶德，生出伟大的精神力量，并且还列举实行的方法及应注意的事项，又介绍了一本专讲断食的参考书。我对于这

篇文章很有兴味，便和他谈及，他就好奇地向我要了杂志去看。以后我们也常谈到这事，彼此都有‘有机会最好断食来试试’的话，可是并没有作过具体的决定。至少在我自己是说过就算了。约莫经过了一年，他竟独自去实行断食了，这是他出家前一年阳历年假的事。他有家眷在上海，平日每月回上海二次，年假暑假当然都回上海的。阳历年假只十天，放假以后我也就回家去了，总以为他仍照例回到上海了的。假满返校，不见到他，过了两个星期他才回来。据说假期中没有回上海，在虎跑寺断食。”

民国初时之学界，教制以每学年分三个学期计。1912 年 9 月 13 日，民国教育部曾颁布《学校学年学期及休业日期规程令》规定：“各学校以八月一日为学年之始，以翌年七月三十一日为学年之终。一学年分为三个学期。元月一日起至三月三十一日为一学期；四月一日起至七月三十一日为一学期。八月一日起至十二月三十一日为一学期。”关于寒暑假的时间，规定暑假休业日定为 30 日以上，50 日以下，起止时间由各校根据地方气候自定。年假休业定为 7 日以上，14 日以下。

而经亨颐主持浙一师时，虽然力主取消寒、暑假和年假，主张通过减少老师每天的授课量、增加学生每天的课外活动和自修时间，将定期的放假休息改为平均的经常休息，但这仅是经亨颐的主张而已，尚未落实实施。故学校依旧实行着旧历春节期间的寒假、45 天的暑假以及 10 天的阳历元旦年假。李叔同就是利用阳历元旦浙一师的 10 天年假去实践了他的断食。

断食后，李叔同自觉神怡欣然，感似脱胎换骨，又获新生。遂在断食最后一天的日志中写下这样一段文字：“拟定今后更名欣，字俶同。”并在记录自己断食全过程的《断食日志》封页上，写下一行小注“断食后易名欣，字俶同”。为示新生之意，李叔同便依老子“能婴儿乎”之意，再添名李婴。

断食后的李叔同即以新添之名——李婴给旧友杨白民去函，言及断食之事：“日前出山，曾复一函，计达览否？顷又奉到十六号寄来之手书，屡承关注，感谢无似。前寄来琴书预约券、《理学小传》等，皆收到。因入山故，未能答复，为罪。”

《断食日志》向我们传递出这样一个信息：1917 年 1 月 11 日，李叔同易名李欣，字俶同。这与 1917 年 4 月出版发行《交通部上海工业专门学校原名南洋公学二十周纪念》文集之《历年同学姓氏录》中所记录的李欣，字俶同，在时间节点上是彼此相吻合的。

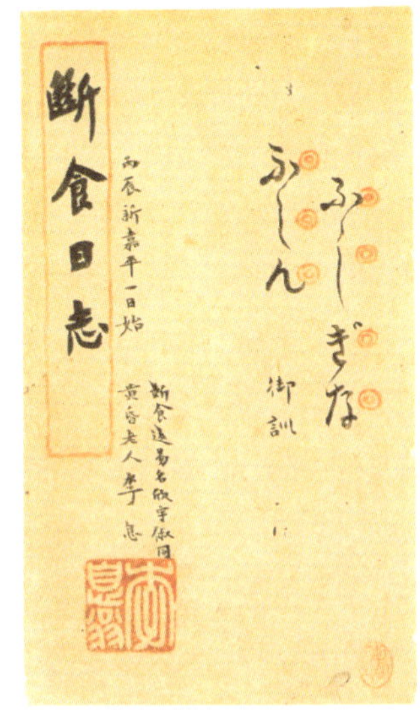

李叔同在《断食日志》封面上小注：断食后易名欣，字俶同

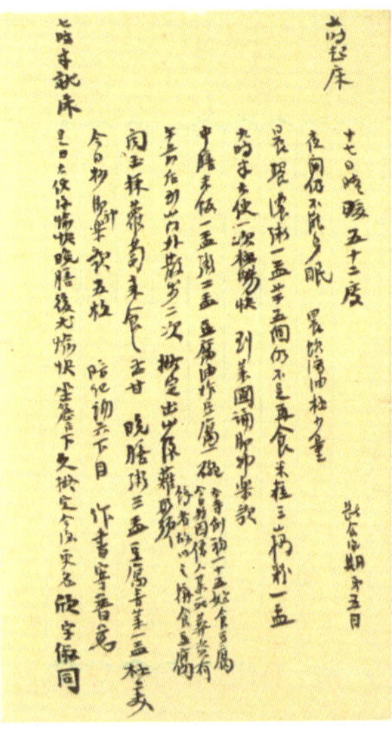

1917 年 1 月 10 日，李叔同在断食最后一天的日志上写道：“拟定今后更名欣，字俶同”

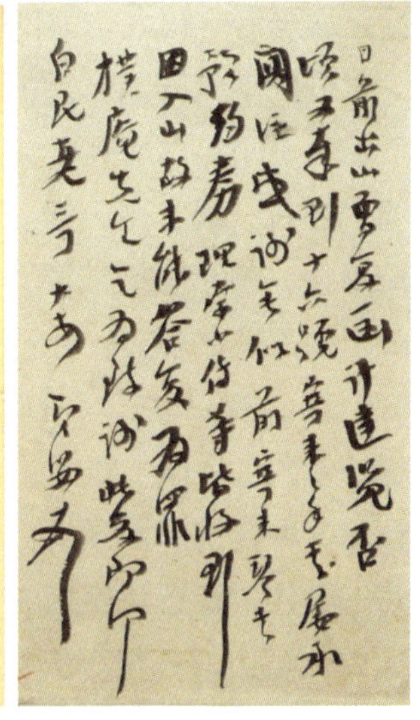

李叔同断食后致函沪上杨白民，署断食后新名：婴

因李欣之名是李叔同断食后新取，当时知晓者尚甚少，故该同学姓氏录中所采信息想必是李叔同在向学校提供编辑同学名录所需个人资料时，提交了他刚启用不久的新名；故可以判定，同学录中的数据并非摘录于旧时，而是出自李叔同本人提供的最新信息资料，具有较高的可信度。

如此算来，1917 年 4 月出版《交通部上海工业专门学校原名南洋公学二十周纪念》文集前，也就是 1917 年年初或更早，李叔同与他的日本夫人已

李叔同断食后书“灵化”二字赠朱稣典，署名李欣

经迁居至海宁路太安里廿号了。

说到李叔同断食后的更名，笔者曾在书市购得一册 1917 年李叔同断食后的手迹印稿《凡例》，看罢方知李叔同与民国初期移居沪上的绩溪胡氏胡祖德，还有一段笔墨因缘。胡祖德（1860—1939），字云翘，号筠桥，生于上海陈行，祖籍安徽绩溪，祖上自清初迁至陈行，系陈行名儒秦荣光之弟子。胡祖德喜读书著述，能诗画，致力于地方掌故、民俗文化之收集、挖掘和研究，编著《沪谚》《沪谚外编》各二卷，收录沪谚近 2000 则，又有里巷歌谣、俚曲、俗话、新词、隐语、行话等，富有地方情趣。方言部分列举字形、读法，保存上海地区语言特色，反映风俗民情，是第一部结集的记录上海方言的著作，开近代民俗文学研究先声，是研究上海方言、俚语、风土人情的重要文献史料，至今仍被广为引用。胡氏家境富厚，乐施好善，热心慈善、教育事业，曾先后督建、出资捐建陈行镇上“度民”“裕民”“苏民”“粒民”“齐民”“寿民”六桥，自称“六桥老人”，为乡人称颂。其中的度民桥遗存至今，依旧连接着周浦塘两岸，是浦东现存最长的石梁桥。民国初期，胡祖德有感于沪上胡氏自三百年前由徽州绩溪迁至上海陈行后，仅见“某公配某氏传某支”之简述，而未有胡氏族谱之系统记载述考之状况，为避免“闻见湮没弗彰”“后之视今，犹今之视昔，悔可追欤”，于是收集整理胡氏本支

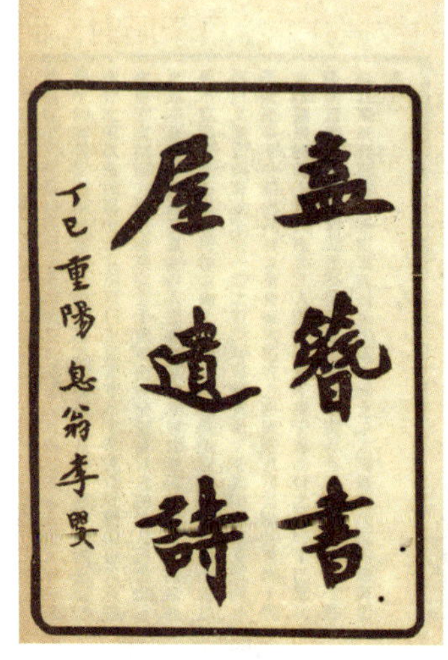
盍簪書屋遺詩
丁巳重陽息翁李嬰

1917 年，李叔同为《盍簪书屋遗诗》书题

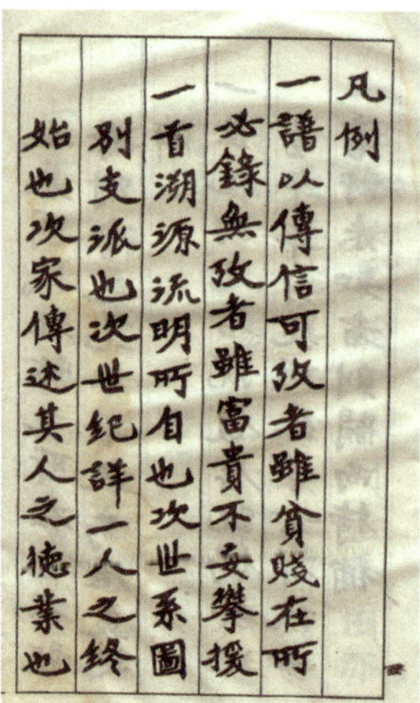
凡例
一譜以傳信可攷者雖貧賤在所
必錄無攷者雖富貴不妄攀援
一首溯源流明所自也次世系圖
別支派也次世紀詳一人之終
始也次家傳述其人之德業也

1917 年，李叔同为《胡氏家乘》手书“凡例”一章首页

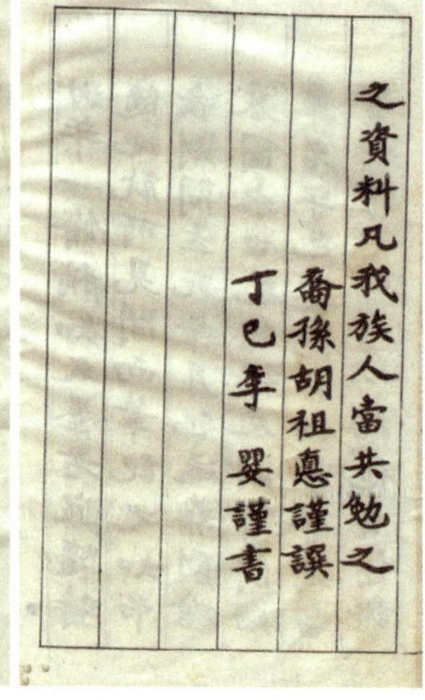
之資料凡我族人當共勉之
裔孫胡祖惪謹識
丁巳李嬰謹書

1917 年，李叔同为《胡氏家乘》手书“凡例”一章末页

各种旧稿，增订胡式钰的《胡氏宗谱》，编刊《胡氏杂钞》；并编纂《胡氏家乘》，请国史馆纂修倪锡湛为之撰序、伊秉绶之孙伊立勋为之书；胡祖德自序记录编纂因缘，由内阁中书吕景端为之书。此谱由吴昌硕为之题签，张祖翼隶书题扉，朱声树题“胡氏宗祠图”，何维朴、耿道冲、清道人李瑞清、天台山农刘文玠、汪克埙、周承忠、左孝同、郑孝胥等为之作书，1918 年刊印。在《胡氏家乘》中，胡祖德就族谱纂修原则和编纂内容、体例、结构以及编修中一些基本问题的规定和说明等另列“凡例”一章，加以阐明。而胡祖德为此“凡例”所邀抄录的书家就是当时名闻沪上的李叔同，而笔者所购《凡例》，即是《胡氏家乘》中之一章。

李叔同为《胡氏家乘》所书“凡例”一章，前有倪锡湛撰序和胡祖德自序，后有胡氏宗祠图、祠堂联、祭文、祭祠规则、建宗祠记、节妇传等。“凡例”共有 14 页，每页竖排六行，落款为“裔孙胡祖德谨撰丁巳李婴谨书”。李叔同在杭州虎跑寺断食 17 天后，自我感觉甚好，似脱胎换骨，焕然一新，便用老子“能婴儿乎”之意，添名李婴。故从“凡例”中“李婴”之落款，可知此手稿与南洋公学二十年纪念册中历年同学姓氏录之时间类似，皆系李叔同 1917 年断食后所录。

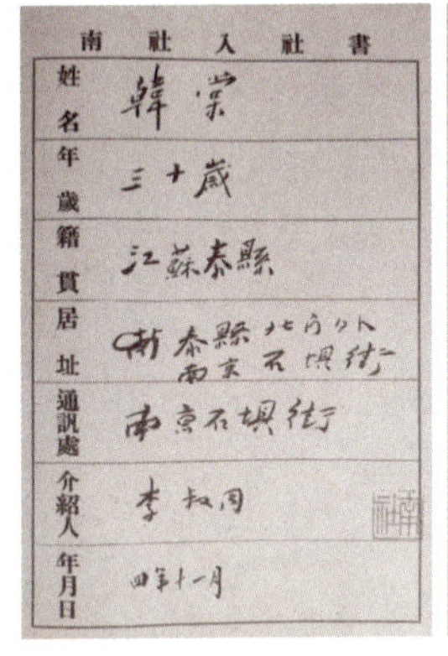
南社入社書
姓名：韓棠
年歲：三十歲
籍貫：江蘇泰縣
居址：泰縣北門外 南京石壩街
通訊處：南京石壩街
介紹人：李叔同
年月日：四年十一月

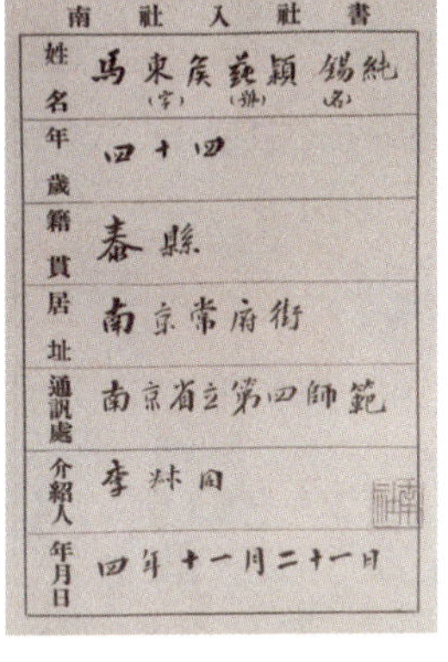
南社入社書
姓名：馬東侯（字） 蘧潁（號） 錫純（名）
年歲：四十四
籍貫：泰縣
居址：南京常府街
通訊處：南京省立第四師範
介紹人：李叔同
年月日：四年十一月二十一日

1917 年秋，柳亚子拟出版清嘉庆年间江苏吴江吴云璈盍簪书屋所藏江庵遗诗，请李叔

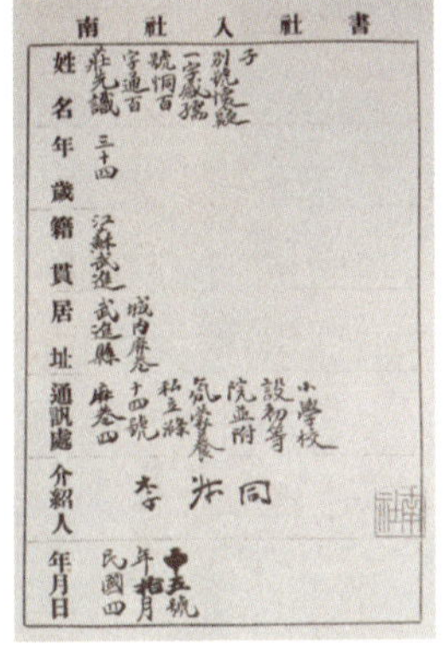
南社入社書
姓名：莊先識 字通百 號侗百 [illegible]
年歲：三十四
籍貫：江蘇武進
居址：武進縣城內麻巷
通訊處：麻巷四十四號 [illegible]小學校
介紹人：李叔同
年月日：民國四年[illegible]

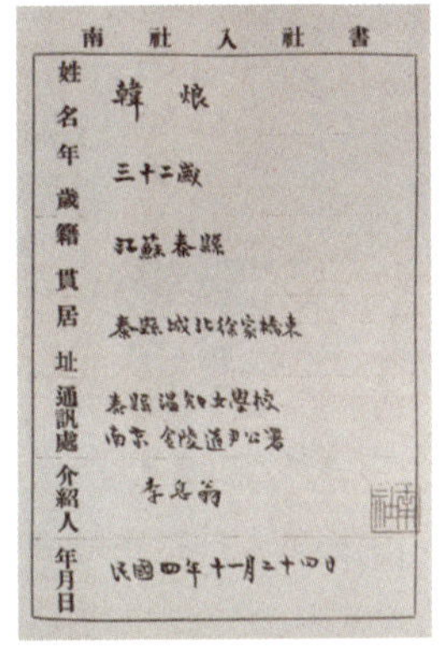
南社入社書
姓名：韓悢
年歲：三十二歲
籍貫：江蘇泰縣
居址：泰縣城北徐家橋東
通訊處：泰縣[illegible]女學校 南京金陵道尹公署
介紹人：李息翁
年月日：民國四年十一月二十四日

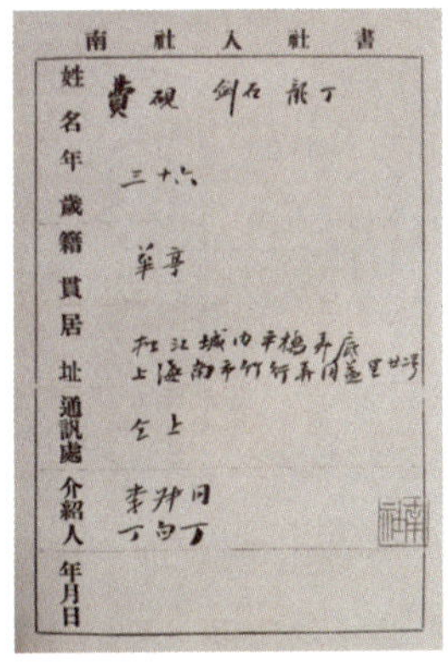
南社入社書
姓名：費硯 劍石 龍丁
年歲：三十六
籍貫：華亭
居址：松江城內[illegible] 上海南市竹行弄[illegible]里廿號
通訊處：仝上
介紹人：李叔同 [illegible]
年月日：

韩棠、马东侯、庄先识、韩悢、费龙丁的南社入社书，介绍人均为李叔同

同为之书题，当时李叔同所题《盍簪书屋遗诗》之落款亦为李婴，“丁巳重阳息翁李婴”。

李叔同在“历年同学姓氏录”职业一栏里提供的信息有“南京高等师范教员”“浙江第一师范教员”两项。李叔同的教师生涯中，除了直隶高等工业学堂、城东女学和浙江省立第一师范学校，高京高等师范学校亦曾留下过他的踪迹。

1914 年 8 月，江苏巡按使韩国钧委任江谦为校长，就前两江师范学堂校舍勘察筹备开校。1915 年 1 月，江谦聘郭秉文为教务主任，陈容为学监主任，请袁希涛、黄炎培、沈恩孚等会商学校进行事宜，并在江苏省议会设立办学筹备处，由袁希涛主任筹备事宜，同时对战火毁损过半的校舍进行修筑。为充实南高师师资力量，江谦遂联络当时在浙江省立第一师范学校任教职的李叔同，邀请来宁，入职南高师。但李叔同不舍浙一师师生情谊及西湖山色，故留职浙一师，允兼职南高师，担南高师音美教职。1915 年 9 月 10 日，南京高等师范学校举行开校仪式，宣告正式成立。自此，李叔同往返沪杭宁间，家事、教事三地兼顾。1915 年秋，新学年开学伊始，李叔同在致其学生刘质平的信中留下了这些文字记录，可知当时情形：“不佞于本学年兼任杭、宁二校课程，汽车往来千二百里，亦一大苦事也！”“鄙人后日往南京，又须二星期乃可返杭。”在南京高等师范学校任教期间，李叔同创立“宁社”，为学生交流书画印创作心得提供平台，提倡艺术，不遗余力。江谦在《寿弘一大师六十周甲》诗之跋文中回忆：“乙卯年，谦承办南京高等师范时，聘师任教座。师于假日倡‘宁社’，借佛寺陈列古书字画金石，蔬食讲演，实导佛归儒方便门也。”刚到南京，李叔同又引荐友人韩烺、韩棠、马东侯、庄先识加入南社。同年，费龙丁亦在李叔同介绍下，成为南

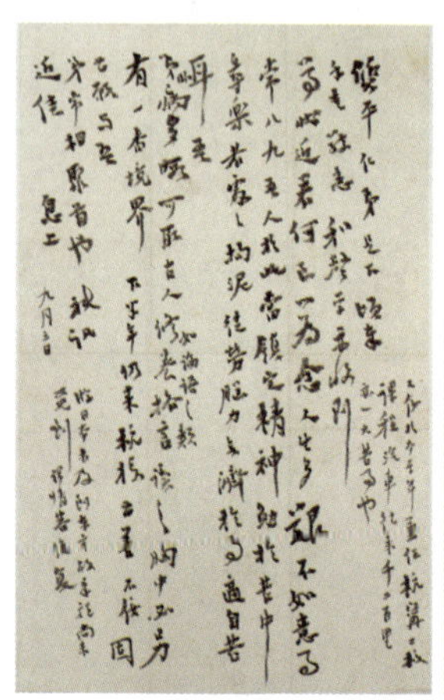
1915 年 9 月，李叔同致函刘质平，告知兼任杭宁两校课程

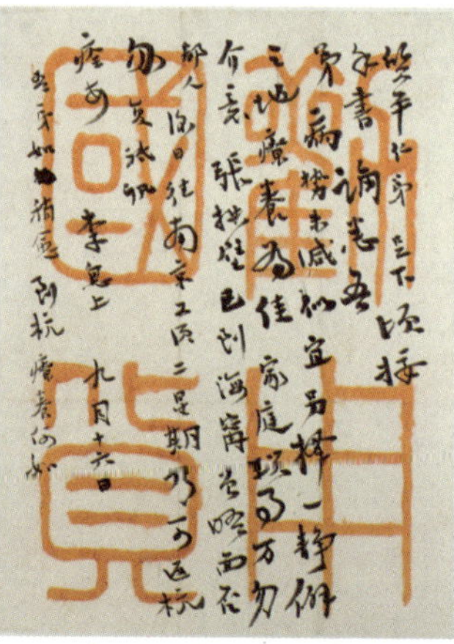
1915 年 9 月，李叔同致函刘质平，自言在南高师授课为两周一期

李叔同谱曲，江谦作词的《南京高等师范学校校歌》

李叔同谱曲，夏丏尊作词的《浙江省立第一师范学校校歌》

社一员。1916 年，李叔同又与江谦合作，由江谦作词，李叔同谱曲，创作了南高师的第一首校歌，现在仍作为南京大学的校歌，广为传唱。这是李叔同继与夏丏尊合作，为浙江省立第一师范学校创作校歌后的又一次校歌创作实践。

在收集整理李叔同音乐资料时，笔者发现，1933 年二月由上海商务印书馆印发、周玲荪编《新时代高中唱歌集》中，有一首李叔同作词配曲的歌曲《诚》，以往未被人知，《弘一大师全集》等文献中皆未收录此歌。

周玲荪，浙江海盐人，1912 年就学于浙江两级师范学校图画手工专科，与吴梦非、李鸿梁等同班，师从李叔同。吴梦非于 1959 年曾撰写《五四运动前后的美术教育回忆片断》，文中回忆诸同学道：“我们这一班学生有二十多人，如周玲荪、金咨甫、朱酥典、李鸿梁、朱蕴孙等。”受李先生的影响，周玲荪对李叔同任教的音乐、图画两科尤感兴趣，专注有加。1915 年毕业后，周玲荪任商务印书馆南京分馆编辑，后任南京高等师范艺术系主任。1937 年十一月一日，当时正驻锡厦门中山公园妙释寺的弘一大师致函刘光华，告知其父克定法师（俗名刘绍成）已于前日因病示寂之事时，信中就有提及到周玲荪，言周玲荪系大师旧日学生，曾就教职于南京高等师范：“尊翁在家时，为余之再传弟子（尊翁入南京高师时，余已出家，由旧生周玲荪任课）。出家后，于去年一月到厦门，依余学习戒律。”1919 年，周玲荪的同学吴梦非、刘质平等在上海发起成立一个以提倡美育为主旨的新式音乐社团、中国第一个美育学术团体——中华美育会。1920 年 4 月 20 日，美育会在小

西门外黄家阙路的上海艺术专科师范学校内创刊了中国第一本美育学术刊物《美育》，吴梦非出任总编辑、音乐编辑主任刘质平，手工编辑主任姜丹书，文艺编辑主任欧阳予倩，周玲荪则从第三期起出任图画编辑主任。在《美育》杂志上，周玲荪先后发表了《教授音乐应该怎样》（第一期）、《新文化运动与美育》（第三期），周玲荪一生致力于音乐美术教育理论和实践的探索，编著有《中等学校唱歌集》《新学制高级中学教科书——水彩风景画》《金陵名胜写生集·第一集油画写生集》《金陵名胜写生集·第二集水彩写生集》《新编金陵名胜写生集·第一集油画》《新编金陵名胜写生集·第二集水彩写生集》《中等学校乐理唱歌合编》《师范学校风琴练习曲集》《新时代高中唱歌集》《钢琴教本》等。

周玲荪编《新时代高中唱歌集》一书，封面由于右任书题，身任南京高等师范学校校长和东南大学校长的郭秉文为书作序：“周君玲荪，潜心音乐。曾任南高、东大、中大教授有年。课暇编辑中等学校唱歌集两大册，业有商务印书馆印行，风行全国。”周玲荪自己则在目录前的“编辑大意”中就歌集所选内容作一说明：“本书所有歌曲，除编者创作外，又选用李叔同、萧友梅、易韦斋、戴季陶、刘大白、胡寄尘、吴梦非、沈秉廉、白露汀诸先生之

新发现的李叔同创作歌曲《诚》

作品。其声调与词旨，俱极高雅。富有发扬蹈厉之精神，颇足以激励青年，涵养美感。”编入该歌集的歌曲共有52首，皆系周玲荪亲笔手抄，其中署名李叔同的歌曲共有8首，分别是《诚》《月》《忆儿时》《幽居》《西湖》《落花》《晚钟》《送别》，另有一首李叔同的《采莲》（未署名）。歌曲《诚》刊登在歌集的第6页和第7页上，署名李叔同。歌词内容：“大哉一诚，圣人之本。弥纶六合炳日星；唯诚可以参天地，唯诚可以通神明；大哉一诚，执厥中；大哉一诚，圣人之本，大哉，大哉，一诚！”周玲荪在该歌曲后面还加了尾注，对歌词内容作释文解读，并附撰李叔同先生小传：“李叔同先生高士也。岸，哀，息，婴，皆其名，籍平湖，迁居天津。家本世阀，而先生则厌之。清光绪间，游海上，结交知名士，旋留学日本东京美术学校，专究西洋画，暇则旁及音乐。卒业返国，历任浙江两级师范及南京高等师范图画音乐教授，实开吾国美育之先导！民国七年夏，薙度於西湖虎跑寺，是年冬，即于灵隐寺受戒焉，法名演音，号弘一。生平杰作以油画为最，出家时除布施外，均由北平国立艺术专科学校保管。先生尤长书法，兼工诗词，所作歌曲亦甚多。”而在另一本周玲荪所编、上海商务印书馆1924年发行的《中等学校唱歌集第二编——歌曲集》中，《诚》亦编入在内，《歌曲集》内容分为“曲谱”和“歌词注释”两部分。“曲谱”共选编歌曲25首，对词作者一律不作标注，若曲谱系选用外国作曲家的作品，则大都署明原曲作者（亦有不少曲谱未署曲作者，或未知佚名）。《诚》被编录在《歌曲集》的第二首，曲谱作者署名：美人 Smith.W.G 作曲。李叔同创作的其他歌曲作品《丰年》《归燕》《忆儿时》《人与自然界》《月》《幽居》《废墟》《西湖》《落花》《晚钟》《采莲》《送别》等，亦编入在该歌曲集中。结合周玲荪所编之《新时代高中唱歌集》《中等学校唱歌集第二编——歌曲集》两本歌集中对《诚》作者之署名，我们可知，《诚》应该是李叔同选美国作曲家 Smith.W.G 的曲子，配上自己撰写的歌词而创作的歌曲作品。而南京高等师范学校当时的校训就是“诚”，故李叔同创作的《诚》应该与他谱曲的《南京高等师范学校校歌》皆为同期作品，两首歌曲都围绕一个“诚”字，彼此互为呼应。李叔同在南高师的这段经历，与1917年4月刊行《交通部上海工业专门学校原名南洋公学二十周纪念》文集之《历年同学姓氏录》职业一栏中记录李叔同在南高师的时间亦相契合。

《重订南社姓氏录》中又有新见

那么，是否还有其他资料可以印证 1917 年初或者更早李叔同已经迁至太安里二十号这样的判断呢？笔者在搜集李叔同与南社关系之资料时，查阅到浙江图书馆古籍部所藏《重订南社姓氏录》一册，可以为此论断充作佐证。

按照《南社条例》规则，南社春秋两季各举雅集一次，邀社员参与，主任每岁一选举，秋季雅集前一月由书记部分发选票于全体社友，社友接票后即照式填寄，俟雅集之日检视票额，以多数者当选。

1916 年 9 月 24 日，星期天，南社在上海愚园举行第 15 次雅集并改选南社主任。李叔同趁着周末，由杭州来沪上，一是与日本夫人团聚，二是参加南社雅集。而当时刚从浙一师毕业不久的吴梦非，经李叔同推荐，正在杨白民的城东女学任教职。吴梦非向慕李先生之南社诸同道先进，指点江山，激扬文字，当得知李先生此次来沪将赴愚园雅集，遂请李先生引荐，有意加入南社，成其一员。

24 日，李叔同便带上他的旧日学生吴梦非，一起去愚园参加了南社的第 15 次雅集。出席此次雅集的社友有李叔同、吴梦非、柳亚子、郑佩宜、黄复、朱锡梁、叶楚伧、姚光、何痕、姚锡钧、张翀、奚襄、汪文溥、陆曾沂、朱少屏、蔡璇、周斌、钱厚贻、张传琨、张一鸣、徐思瀛、邵力子、章闾、

1916 年 9 月 24 日，李叔同（前排左二）携吴梦非（后排左五）上海愚园举行第 15 次雅集

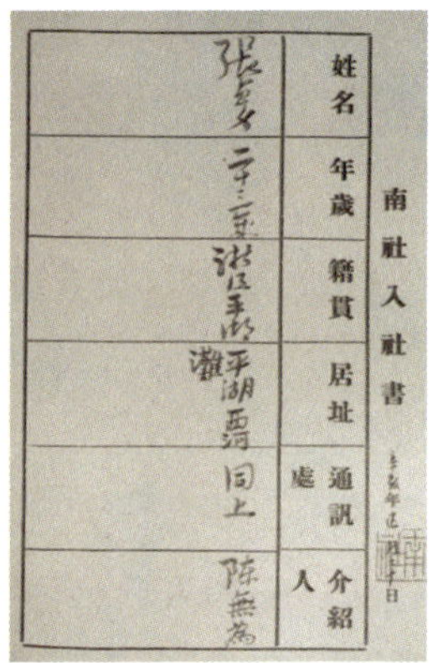

南社入社書

姓名 张卓身

年歲 二十三歲

籍貫 浙江平湖

居址 平湖西河灘

通訊處 同上

介紹人 陳無為

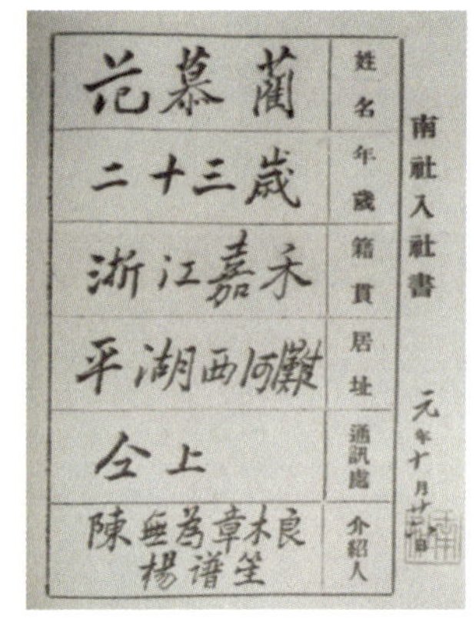

南社入社書

姓名 范慕蘭

年歲 二十三歲

籍貫 浙江嘉禾

居址 平湖西河灘

通訊處 仝上

介紹人 陳無為 章木良 楊譜笙

元年十月

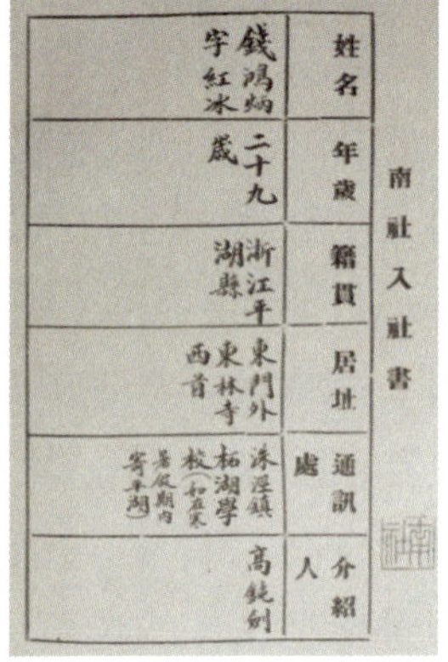

南社入社書

姓名 錢鴻炳 字紅冰

年歲 二十九歲

籍貫 浙江平湖縣

居址 東門外東林寺西首

通訊處

介紹人 高鈍劍

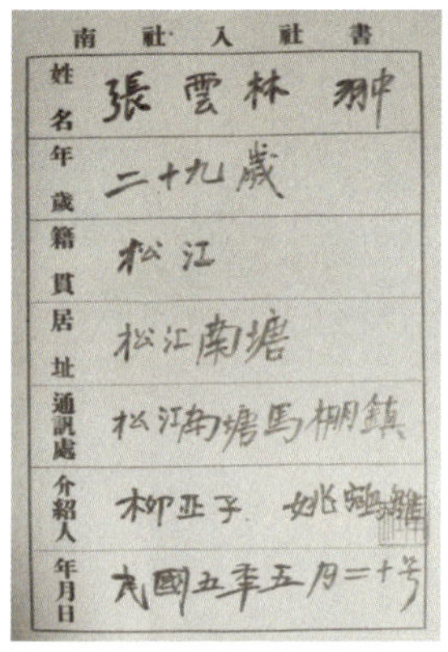

南社入社書

姓名 張雲林

年歲 二十九歲

籍貫 松江

居址 松江南塘

通訊處 松江南塘馬棚鎮

介紹人 柳亞子 姚鵷雛

年月日 民國五年五月二十号

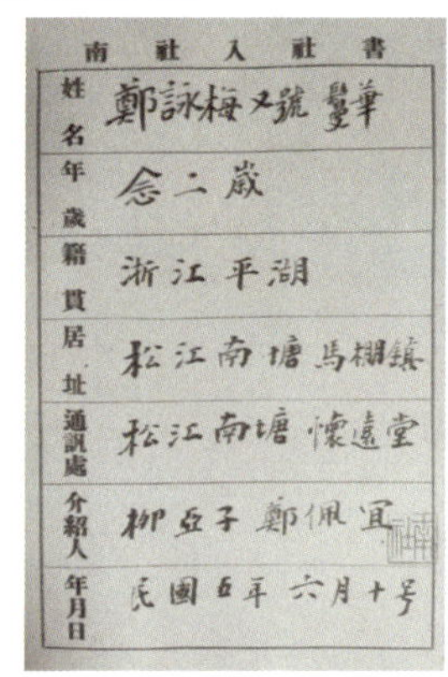

南社入社書

姓名 鄭詠梅

年歲 念二歲

籍貫 浙江平湖

居址 松江南塘馬棚鎮

通訊處 松江南塘懷遠堂

介紹人 柳亞子 鄭佩宜

年月日 民國五年六月十号

张卓身、范慕、钱鸿宾、张云林、郑咏梅的南社入社书

程苌碧、汪洋、张焘、黄澜、谢华国、凌景坚、蒯贞干、刘天徒、于定、郁世羹、丁汀田等，共 34 人。其中有好几位平湖人，除了李叔同，与会的张传琨、钱厚贻亦是浙江平湖人，张翀则是平湖女婿，也算半个平湖人。张传琨

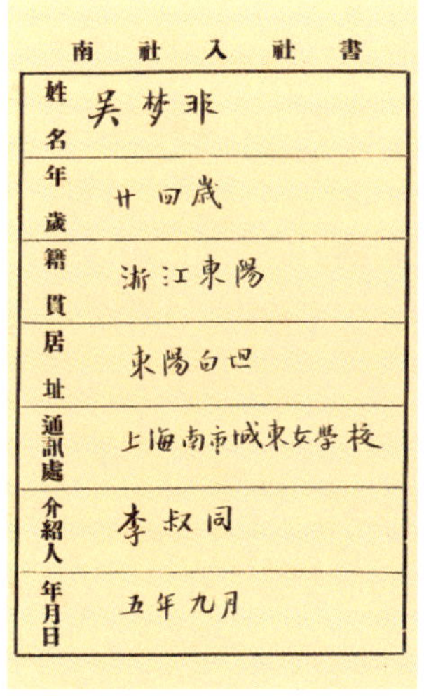

南社入社書

姓名 吴梦非

年歲 廿四歲

籍貫 浙江東陽

居址 東陽白巴

通訊處 上海南市城東女學校

介紹人 李叔同

年月日 五年九月

吴梦非的南社入社书，介绍人李叔同

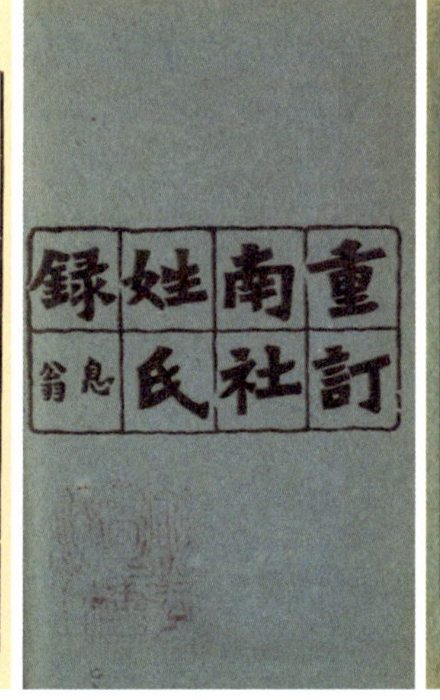

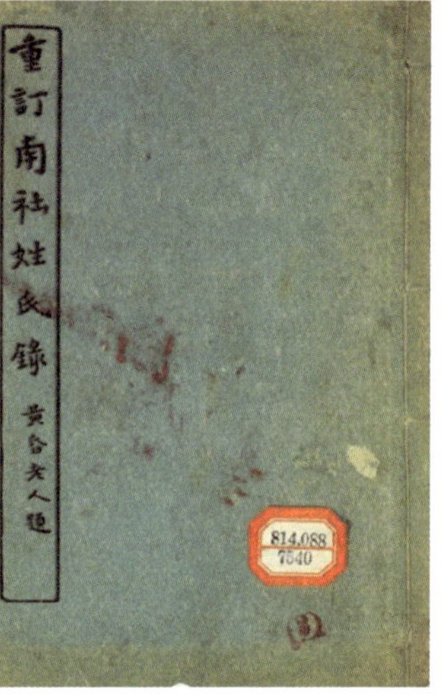

1916 年 10 月，李叔同设计的《重订南社姓氏录》刊行

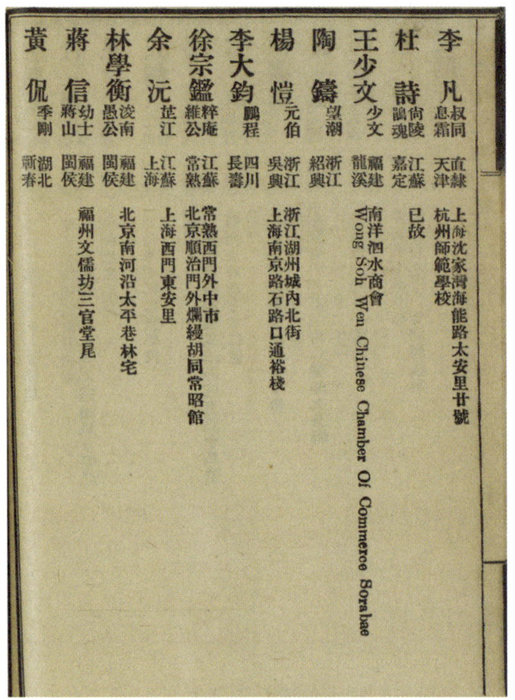

姓名	字號	籍貫	通訊處
李凡	叔同 息霜	直隸 天津	上海沈家灣海能路太安里廿號 杭州師範學校
杜詩	倚陵 韻魂	江蘇 嘉定	已故
王少文	少文	福建 龍溪	南洋泗水商會 Wong Soh Wen Chinese Chamber Of Commerce Sorabae
陶鑄	望湖	浙江 紹興	
楊愷	元伯	浙江 吳興	浙江湖州城內北街 上海南京路石路口通裕棧
李大鈞	鵬程	四川 長壽	
徐宗鑑	粹庵 維公	江蘇 常熟	常熟西門外中市 北京順治門外爛縵胡同常昭館
余沅	芷江	江蘇 上海	上海西門東安里
林學衡	淡南 愚公	福建 閩侯	北京南河沿太平巷林宅
蔣信	幼士 蔣山	福建 閩侯	福州文儒坊三官堂尾
黃侃	季剛	湖北 蘄春	

李叔同在自己设计的《重订南社姓氏录》中提供的个人近期信息

（1887—1961）字卓身，号子石，曾在平湖主持《民声报》，晚年寓平湖城西大悲庵。张传琨之妻范慕蘭，系弘一大师好友范古农之妹，嘉兴人，亦南社中人。钱厚贻，字鸿宾，一作鸿炳，号红冰，顽石，平湖人，钱家堂号为聚奎堂曾在金山柘湖书院任国文老师。张翀，字云林，号东谷，晚号晚翠老人，室名宝书堂，松江人，其夫人郑咏梅，字鬘华，平湖人，夫妻皆系南社社员。由于此次雅集前的一个月，已向诸会员发出改选南社主任的选票，此次因故未能到会的社员，大都将选票填好后寄上，故此次雅集之选举共收到选票 306 张，柳亚子以 196 票再次当选南社主任。

考虑到会员迅速增加，且许多社友之联系地址多有变动，会上决定重新编印社员通讯录，柳亚子便请参会的李叔同就通讯录重行设计装帧。李叔同遂继 1912 年 5 月为南社第三次修订《南社通讯录》题字并设计图案之后，此次再度受命，欣然应允，着手社员新通讯录的设计。

此次，李叔同将原来通讯录的洋式装订改成中式装帧，并选用蓝色封面，手工划黑色题签竖框，再以楷书题签“重订南社姓氏录”，署名“黄昏老人题”；翻过来的扉页上也是李叔同的手笔，划作四行八格，以魏碑体书写横额“重订南社姓氏录”，落款“息翁”，在形式上与南社以前编辑的三本通讯录和一本姓氏录都有不同。既为南社社友姓氏录，李叔同之相关信息必录其中，且此通讯录由李叔同亲自担纲设计装帧，其本人信息必定准确实时无误。

《重订南社姓氏录》共分上下两编，删除了旧姓氏录中的“南社启”，篇首是“南社条例”，后分两编，上编收录了已收到入社书者，并以入社书年月先后为次序，自陈巢南起，至杨仲禴止，计 750 人，其中已故 40 人；下编

太安里最北面的一幢建筑，与衡水路相邻

收录了未收到入社书者，并以介绍先后为次序，自俞廷材起，至张遵午止，计 75 人，其中已故 6 人；共计编入社员 825 人，其中已故 46 人。出版时间为 1916 年 11 月。

李叔同的通讯信息被编入在该通讯录的第 10 页上，通讯栏内并列着两项信息，一是上海的地址“上海沈家湾海能路太安里廿号”，二是杭州的校址“杭州师范学校”；对照前面《交通部上海工业专门学校原名南洋公学二十周纪念》册中所录通信处“上海海宁路太安里廿号”，此处地址记载更为详细。不同的是，太安里廿号前的路名有不一样表述。而从《重订南社姓氏录》编辑时间来分析，李叔同 1916 年 10 月已经是住在太安里廿号了，这与《交通部上海工业专门学校原名南洋公学二十周纪念》同学录中推论的居址相衔，而时间则前推了半年。也就是说，1916 年 10月前，李叔同和他的日本夫人已经从海宁路南林里四弄底搬迁至太安里二十号居住了。

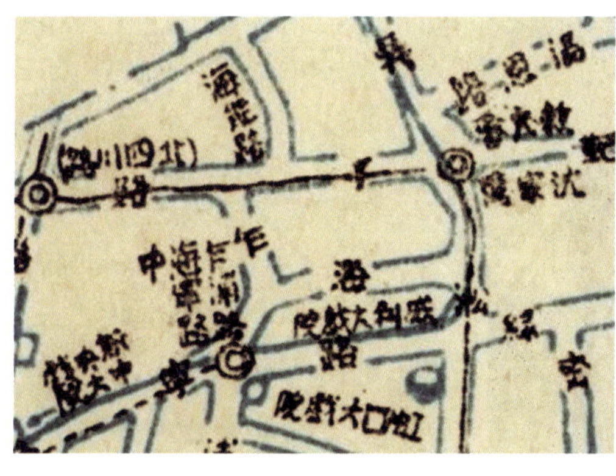

上海老地图中的海能路

找到了太安里

寻 踪

根据沈家湾、海能路、海宁路、太安里这四个关键词，先做好功课，为接下来的现场调研作好前期准备工作。先后搜寻了众多老上海资料和旧地图，最后在虹口区老里坊弄名资料中，找到了位于现在海南路 82 弄的太安里。据此线索，再查阅诸种史志，悉知海南路即清光绪时的海能路，又通过民国早期地图查到了位于海能路右侧的沈家湾，再按图索骥，在海能路南端附近找到了海宁路；在海能路北端又找到了海山路，现在的上海地图上是找不到海山路的，代替海山路的是现在的衡水路了。

寻找太安里

有了头绪，便坐上了去上海的动车，开始太安里的实地调研。

民国时的虹口大戏院

海南路 82 弄

在上海虹桥火车站乘地铁 10 号线，经过 17 站，约 1 小时，在四川北路站下车，沿四川北路再向北不远，即是东西向的衡水路。在吴淞路与衡水路交叉口的申贝大厦北门西侧的衡水路上终于找到了太安里。

而与太安里仅一路相隔的便是四川北路绿地公园，公园在衡水路北侧，中共四大纪念馆坐落其中。

路南是太安里建筑群中最北面的一幢沿街建筑，整幢建筑的墙面以灰色清水砖为主，间以红砖相砌，硬山两坡顶的两层楼，甚是雅致。在建筑西端的尽头，筑有过街门楼，门楼上方书三个楷体大字“太安里”。

按着当下太安里的地理位置，笔者比对民国早期的老地图，太安里所处位置应该是坐落在旧时海宁路之北侧，靠近当时的靶子路（现在的武进路），即东西向的靶子路与南北向的海能路相交之临近区域。

从老地图上看，太安里南面不远便是中国第一家电影院——虹口活动影戏院，该影院创建于 1908 年（光绪三十四年），创建者是西班牙商人安·雷玛斯。最初是一座在溜冰场上用铁皮搭建起来的仅能容 250 人的简易房子，俗称“铁房子”，同年 12 月 22 日对外营业，首映电影是西片《龙巢》；1913 年，虹口活动影戏园由日本人接办，更名为“东京活动影戏院”；1915 年，又改名“虹口活动影戏院”。1919 年，再改“虹口大戏院”之名，1988 年因海宁路拓宽被全部拆除，2006 年虹口区人民政府公布虹口大戏院遗址为虹口区历史遗址纪念地，现有纪念石碑竖于遗址，嗜戏的李叔同，当时抑或也曾出入戏院其间。

太安里的西面则离 1908 年建成的沪宁线上海火车站——老北站相距甚近。1916 年 12 月，沪宁铁路和沪杭铁路接轨，老北站又成为两线的总站，自此在北站不仅能去南京，且也能直接去杭州，而不必再到火车南站上车了，这给李叔同之出行，无疑带来了极大的方便，或许这也是他择址太安里的动因之一吧。

海南路旧城拆迁办公室

而现在的上海地图早已没有了海能路、海山路和靶子路，太安里也已编属了海南路，路牌编号为海南路 82 弄。

在上海，与海南相关的路有两条：一条是海口路，在福州路以南，与浙江中路湖北路的交会口，不长，只一小段；另一条就是海南路了，南北向，与四川北路相近，邻其东。往南至武进路，向北至衡水路，东西分别与吴淞路、乍浦路平行相邻，全长仅一百多米。

拆迁中的海南路

太安里当下路址是海南路 82 弄

海南路正进入拆迁

沿着四川北路，现有两座公园：一座是鲁迅公园，位于四川北路甜爱支路，即始建于 1896 年，1905 年建成开放的“新靶子场公园”，也就是 1922年的虹口公园，1988 年改为鲁迅公园现名，占地面积 28 万平方米。

另一座就是与太安里仅一路之隔的四川北路公园，占地 4 万多平方米，西起四川北路，东至东宝兴路，南接衡水路，北临邢家桥路，是一座开放式绿地公园。在公园的中央是中共四大纪念馆，金色的馆名是江泽民的题字。中共“四大”历史原址其实并不在此，而是在虹口区东宝兴路 254 弄 28 支弄 8号，后于 1932 年“一·二八”淞沪抗战中毁于战火，2006 年，虹口区人民政府在多伦路215 号建立了 186 平方米的中共四大史料陈列馆，而现在的四川北路1468 号中共四大纪念馆，已是二易其地，是 2011 年重新建设的新馆。

走进太安里

从中共四大纪念馆往南，出绿地，过衡水路，便是太安里。

与四川北路上的熙熙攘攘相比，太安里要清静许多。从弄口一幢房子的墙上挂着“海南路 97 号地块旧城区改建房屋征收办公室”的牌子，以及类如“推进旧区改造，加快虹口发展”的宣传牌和挨家挨户墙上被涂写的一个个大红拆字上不难看出，太安里已被纳入整体拆迁改造范围，居民也已大都迁出，偶尔有几户还没搬走的人家，在破败的屋子里进进出出，空气中弥散着一丝静寞的悄怆。

穿过太安里沿街那幢建筑的过街楼，一一数来，沿着衡水路由北向南延伸，太安里共有三幢形制相同的建筑，依次坐北朝南并排着。从墙上钉的路牌来看，整个太安里三幢二层式建筑共有居民 21 户，统编为海南路 82弄，这与笔者查到的 2011 年 2 月 16 日《虹口文化报》之《虹口石库门里弄风情介绍》中所述“太安里（老石库门里坊），海南路 82 弄，建于 1910 年，弄内有二层砖木结构住宅 21 幢，建筑面积 1500 平方米”相同。

太安里廿号

太安里的这三幢建筑，每幢都是七户连排，每户路牌编号取奇数，分别是海南路 82 弄 3-45 号，其中最南面的第一幢七户分别是 82 弄 3 号、5 号、7 号、9 号、11 号、15 号、17 号；第二幢是 19 号、21 号、23 号、25 号、27 号、29 号、31 号；最北面的第三幢是 33 号、35 号、37 号、39 号、41 号、43 号、45 号，不知何故，户号跳空了 1 号，而 11 号和 15 号之间也跳空了 13 号，“13”或因数字忌讳而空缺，那“1”号为何空缺？不得而知。

太安里现有门牌奇数号之排法，与李叔同时期出现的廿号有偶数之编号法有所不同，故 1916 年太安里各户如何之编号排列不明。但整个太安里共有 21 户，那么，我们或可设想，若要出现廿号，当时不外乎有两种排序法。

拆迁中的太安里建筑南门

海南路 82 弄太安里紧邻衡水路建筑的北门

拆迁中的海南路 82 弄太安里 17 号南门

海南路 82 弄太安里山墙

海南路 82 弄太安里最北面一幢建筑，是主入口

要么以自然数顺序排，要么以偶数顺序排。而若以偶数编排的话，则无论从南幢排起，还是从北幢排起，廿号都应该在居中的第二幢；而若以自然数次序递进编排的话，也无非是两种排法，要么由南至北排，则廿号出现在北面沿街的第三幢；若由北至南排，那么廿号应该在南面的第一幢。如此算来，这三幢中的任何一幢都有可能是当年廿号之所在。

为了解房屋的结构，便在太安里寻了一间半掩着门的残屋，试着进去看看。刚推开歪斜着倒了半边的门，对面不远便传来断断续续的犬吠声，有一老人探出身来张望了下，目光中流露着一个个问号，遂又慢慢地关上了门，太安里便恢复了它原有的宁静。

院子里的墙垣已塌了半截，从结构上看，建筑属前院后屋的形制。整幢建筑七户人家连排着，每户独门独院，院子不大，十多平方米，围墙高约三米多，围合成封闭式空间。外户是石框板门结构，石框上刻有浅雕素花图案，朴素简练，应该是当时的原始构件。而板门已无户枢，应非原物，想必是门庭易主，几经改造，木作屡有更换了。

过了院子里的建筑是上下两层，屋顶是传统的硬山顶，外墙以灰色的清水砌砖为主，稍以红砖间砌，成条状装饰，倒也显得很是雅致。建筑进深为前后两间，楼下南间常作客厅，北间多为厨房，北墙开有后门与外相通；二楼多作卧室和书房，北间辟有格窗四扇，亦甚通亮。

最北面沿街的那一幢，因尚未动拆，故保存得相对完好，看上去风韵依旧。而最南面的那幢，有好几户的屋架已被拆去，满地砖瓦狼藉，摇摇欲坠的板门歪斜着，唯有围墙和石门框还固执地坚守着，抑或在与命运作着最后的抗争。

老地图来印证

与太安里紧邻着，并与之一弄相隔的是海南路 81 弄 16 号，这是一幢显眼的黄墙红瓦建筑——慈航仙观，应该是一座道观，也是民国旧建吧。

进去一看，虽然黄色建筑外依旧写着慈航仙观四字，但已不是道观了，而是一家个人开设的素心堂图文制作公司，名为图文制作，实际上做的是古旧字画复制。问询后，知老板姓章，一番聊谈，才知此道观系民国二十三年，广东籍全真教道士陈白若来沪，看到上海广东商人较多，又多信奉黄大仙，遂集资 1.8 万元向当时的申达公司购屋改建而成，民国二十四年对外开放。该观占地 430 平方米，建筑面积 870 平方米，是五开间的三层楼房。“八·一三”淞沪会战役时，该观曾迁往宁波路顾家弄，与中国济生会同址，抗日战争胜利后又迁回原址。据说，原道观门前曾置有石狮 1 对，内有花园，大殿中供奉着黄大仙，两旁祀奉十八罗汉，二、三楼为客房和宿舍。1956 年，由于香火衰落，二、三楼房屋出租改作民屋，楼下仍作庙堂。1958 年，大殿租给里弄加工组，神像和道具均移存上海道教协会白云观，宗教活动自此停止。

太安里西侧的慈航仙观

与太安里相邻的海南路 84 号老洋房

章先生听说笔者此行系调研李叔同旧宅居址，遂生兴致，并从内间工作室取出许多复制的字画，一一介绍分享，其中就有一幅弘一大师的对联“素壁淡

海南路 80 号老洋房现在是部队用房

描三世佛，瓦瓶香浸一枝梅”，再走进工作室一看，只见墙上中堂挂着的就是弘公的这幅对联，原来章先生亦是弘迷李粉。

借着弘一大师的这一缘分，遂向章先生聊问起太安里的情况。章先生侃侃而谈，指着旁边即将拆除的建筑 84 号洋房，大呼可惜。

原来民国时期，紧邻太安里东侧的是宋子文任董事长的淮南矿路公司，即现在的吴淞路 669号申贝大厦；太安里南面一墙之隔的园子，新中国成立前则是国民党海军司令部和空军司令部所属机构，多为西式建筑，现在是海南路 80 号解放军的部队用房，各式建筑依旧保存得非常完好，并修葺得甚是气派，外人一般不让进，据说是会所机构之类。

章先生说着，还拿出他收藏的该地段民国老地图比画起来。章先生收藏的这份老地图是 20 世纪 30 年代末太安里区域的详细住宅分布图，虽然与李叔同居住的时间相去了 20 载，但太安里的这三幢建筑依旧清晰地描画标注着，且所署住户路牌号与笔者现在所见相同无异。

从地图上看，太安里南面为第一幢，编号为奇数 3、5、7、9、11、15、17，同样缺 1 号和 13 号；中间的第二幢编号为奇数 19～31 号；最北面沿街的是第三幢，编号为奇数33～45 号。可见，现在之编号继续沿用着 70 年前的旧编法，从图上还可以看到，太安里的位置就在海南路一端，并在海南路旁加用括号注明海能路，而海能路南边不远就是海宁路。

我们若仔细阅读丰子恺于 1926 年 8 月 4 日在桐乡石门写的回忆文章《法味》，从中也可以发现李先生对于海宁路环境熟识的一些细节描述：“步行到海宁路附近，弘一师要分途独归，我们要送他回到灵山寺，他坚辞说‘路我认识的，很熟，你们一定回去好了。’”可见，海宁路对于李叔同是熟悉得很。

由此可知，《交通部上海工业专门学校原名南洋公学二十周纪念》文集同学名录中的“海宁路太安里廿号”与《重订南社姓氏录》记录的“沈家湾海能路太安里廿号”应为同一处。

小　结

如上所述，我们可以明晰，李叔同在南林里四弄底（华兴坊一弄底）寓所之后的 1916 年前后，携日妻曾居住在海宁路太安里廿号（沈家湾海能路太安里廿号，两处居址实为同一处居所），也就是现在的虹口区海南路82 弄太安里。

道别太安里时，已近黄昏，脚步有点犹豫。回望被高楼包围中的太安里，在斜阳余辉的衬托下，整个太安里显得那么地无奈，但又充满着凄美的张力；在寂静中仿佛听到一种苍老的声音，似乎在咏叹着它的前世今生；我不知道这余音还能缭绕多长，相信过不了多久，太安里将带着它的昨天和今天会永远消失在人们的视线里，今天的道别也许再也看不到下一次的再见了，或许这就是所谓的世事无常吧。但愿今日的寻踪能为明天留下些许记忆的痕迹，即使是零碎的、抽象的。

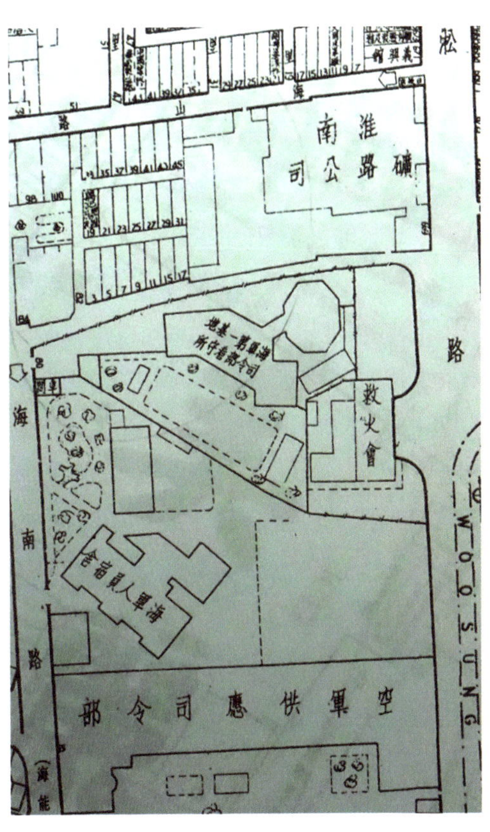

在民国时期上海老地图中找到太安里北侧的海山路（现在的衡水路），以及与太安里相邻的空军供应司令部（现在的海南路 80 号）海山路南侧的三排建筑就是太安里所在

转身间，耳畔萦绕起李叔同的声音，不绝于耳：“纷纷纷纷纷纷，唯落花委地无言兮，化作泥尘。寂寂寂寂寂寂，何春光长逝不归兮，永绝消息。”过去的终将过去，问自己，还能为明天留下一些什么样的昨日记忆？

第九章　海伦路

事　迹

1917年1月虎跑寺断食后，李叔同对寺院的僧人生活，颇生欢喜并羡慕起来了，而且对于僧人们所吃的菜蔬，更是欢喜吃。回到学校以后，也就请佣人依照和尚们吃的那些菜依样煮来吃。这一年，李叔同在信仰上发生了很大的变化，从断食前受日本夫人的影响，崇信日本天理教，到断食期间供神、记诵敬抄《神乐歌》，感谢神恩，誓心皈依天理教的同时，开始亲近佛教，侍和尚念佛、借佛经来看、阅览《释迦如来应化事迹图》等，至9月间，李叔同还依旧信奉天理教"助人救人"之信条，这在1917年9月致刘质平的信中可以找到痕迹："不佞近来颇明天理，愿依天理行事，望君勿以常人之情推测不佞可也。"到了1917年的冬，李叔同向好友马一浮请了《普贤行愿品》《楞严经》《大乘起信论》等许多佛经来读，自此世味渐淡，法味日浓，不仅辞去了在南京高等师范学校的三年兼职，且信仰也发生了转变，开始发心吃素了，手里有了念珠，看起了佛经，并在房间里供起了佛像，从原先的崇信天理，开始信仰佛教了。

1917年11月，虎跑寺二房长老法轮禅师在虎跑说法，李叔同闻讯后便趋步入寺，拜见闻法，听罢更觉甚有所悟，回到学校后即书联"永日视内典，深山多大年"，并作题记"余于观音诞后一日，生于章武李善人家，丁巳卅八。是日入大慈山，谒法轮禅师，说法竟夕，颇有所悟。归来书此，呈奉座右。婴居士息翁"，呈赠法轮禅师。

到了1918年放年假时，李叔同没有像以往那样回上海的家，与日本夫人团聚，而是独自又去了虎跑，还是住在去年断食时住的方丈楼下，准备在寺里过年。当时，马一浮好友彭逊之有意向佛，欲觅一清净处，修习禅定。而李叔同自虎跑断食回来后，曾向马一浮赞叹虎跑之幽静，马一浮便介绍彭逊之亦去虎跑寺，依法轮禅师修习禅观。与李叔同会于虎跑，同修净业。至正月初八日，彭逊之突然发心出家，即礼虎跑寺法轮和尚为师，剃度成僧，法名安忍。李叔同在虎跑寺见证了彭逊之即修即悟、当下出家后，被彭逊之的毅然决然深深触动，大为感动。遂有意礼虎跑寺弘祥法师，归入释氏，但弘祥法师未敢受纳，向李叔同推荐虎跑寺退居老和尚、他的师父了悟法师。于是弘祥法师请来住在松木场护国寺的了悟法师，于 1918 年 2 月 25 日（农历正月十五），李叔同礼虎跑寺退居方丈了悟老和尚为师，皈依三宝，法名演音，字弘一。

李叔同任教期间，虽奔波于浙沪宁三地，但他对日本夫人在生活上的照顾是非常周详的，我们从李叔同每个月的工资分配计划中可见一斑。1916年秋，李叔同的得意门生刘质平在浙一师毕业，在李先生的鼓励下，是年冬，刘质平东渡日本求学深造。1917 年，刘质平考入当时日本最高音乐学府东京音乐学校就读。正当刘质平学业日进时，却收到家里从国内来信，告知因家境困难，再无力继续支付其在日本留学之开支。学费无着，意味着学业将半途而废之困境，筹款无门的刘质平情绪低落，甚至想到了自杀。1917 年 9 月，刚辞去南高师教职的李叔同得悉消息后，马上给刘质平去信："君学费断绝，困难之时，不佞可以量力助君。"他决意把自己每月的所有开支压缩到十元以内，然后从自己并不宽裕的教课薪水中每月节省出二十元，捐助其完成学业："此廿元，即可以作君学费用。中国留学生往往学费甚多，但日本学生每月有廿元已可敷用"，"此款系以我辈之交谊，赠君用之，并非借贷与君。因不佞向不喜与人通借贷也。故此款君受之，将来不必偿还"。在李叔同的这封信中，我们了解到他每个月薪水的收支分配："不佞现每月入薪水百〇五元。出款：上海家用四十元（年节另加）；天津家用廿五元（年节另加）；自己食物十元；自己零用五元；自己应酬费、买物添衣费五元。如依是正确计算，严守此数，不再多费，每月可余廿元。此廿元，即可以作君学费用。中国留学生往往学费甚多，但日本学生每月有廿元已可敷用。"李叔同花费在日本夫人身上的开支占了他薪水的四成，逢节日还另有添加，而自己的所有支出仅是日本夫人的一半，可见在经济上，李叔同对他的日本夫人应该说是颇为照顾的。即便是甚少联络的天津家人，李叔同同样每月寄去款资，充天

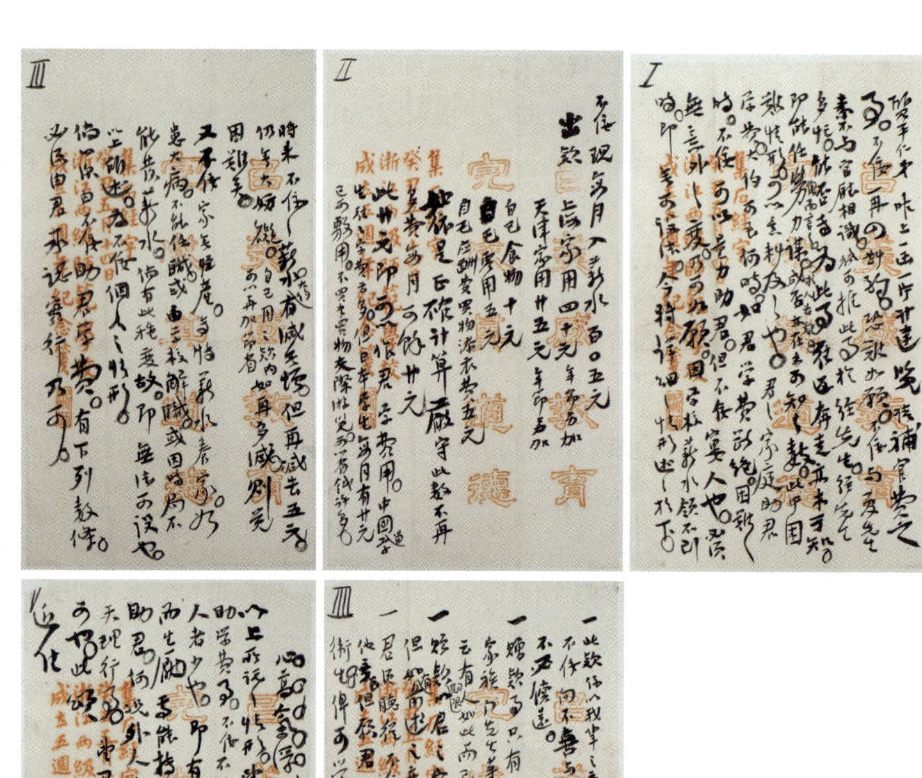

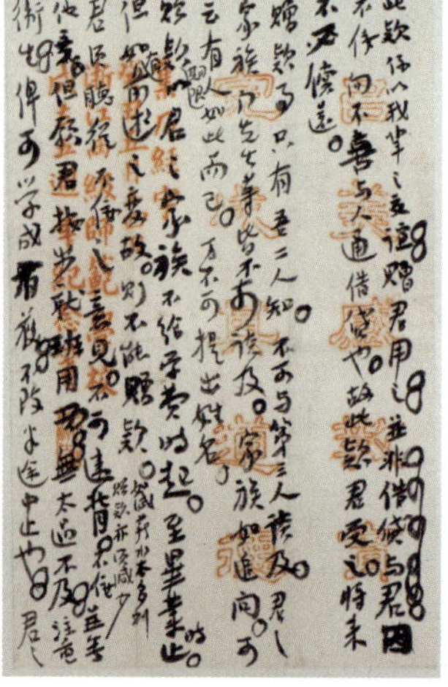

1917 年 9 月，李叔同致函刘质平，函告自己收支情况，并愿节省己出，资助其学业

津家用，其费亦胜于己出。

对于李叔同的出家和他对日本夫人的感情，不少人视其为决绝、冷酷、薄情寡义和不负责任的逃避。其实不然。他的学生们都说，李叔同和他的日本籍师母感情很好，李先生每星期都要去上海看她，还曾伴她回日本娘家去省亲、度假、洗温泉浴。而日籍师母亦常常帮着李先生了却琐事种种，如李叔同与在日本东京音乐学校留学的刘质平通信、寄款诸事大都是由日籍师母帮着去做的，这在李叔同致刘质平的函中可以看到：“五日后返沪补汇四元廿钱。前君投稿于《教育周报》得奖银十六元，此款拟汇至日本”，“附汇日

金二十元，望收入”，“两次托上海家人汇上之款，计已收入。致日本人信已改就，望查收”。1915 年夏，李叔同身兼浙一师和南高师教职，杭宁奔波千二百里，但依旧忙中抽闲，于这年的暑期，李叔同带着他的日本夫人回日本省亲度假。当时从上海去日本，邮轮大都从虹口三菱公司码头发船，有日本株式会社所造的博爱丸号，约 3000 吨，上等舱位 22 人，中等舱 24 人，皆在上层，三等舱 154 人，位于下层；另有株式会社 2500 吨的山城丸号亦辟此路线，定期开班，皆货客两用。邮船从上海出发，过黄海，途经长崎、马关、神户最后至横滨，全程大约五天时间。以往人们以为李叔同的日本夫人是其在东京美术学校学习时的人体模特，多说是其房东的女儿，故大都以为李叔同的日本夫人应该是东京都人氏，其实未必。从李叔同 1915 年 9 月 3 日致刘质平函中“游日本未及到东京”句，味其意，李叔同此次携日妻回日本省亲，其实并未去东京。设想，既回日本省亲，怎有不回日妻家乡会亲之理，由此分析，李叔同的日本夫人并非东京人氏。

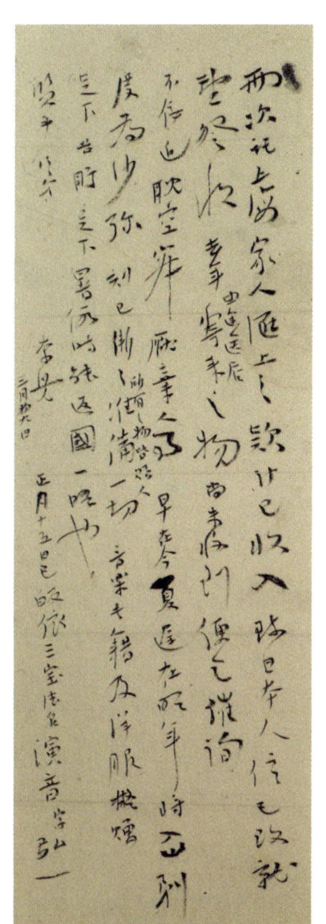

两次托上海家人汇上之款，计已收入。致日本人信已改就，望查收

1918 年 4 月，李叔同让日本夫人汇款资助刘质平

至于李叔同后来的出家，究其因，当然不是感情的变易，而是在于其信仰之使然。其实李叔同的出家，并非如传说中的独断，而是求得日本夫人答允的，李叔同在致郁智朗的信中曾就此专作说明。宁波郁智朗居士，仰慕弘一大师久矣，1939 年，郁智朗发心追随弘一大师出家，遂频频去函闽南，求请弘一大师为其剃度师。但弘一大师自出家后，屡在佛前发誓愿，愿尽此形寿，绝不收剃度徒众，不任寺中监院或住持，二十余年未尝有违此誓愿，故婉言谢之，并代为郁智朗推荐他位良师。1940 年秋初，郁智朗又致函弘一大师，信中有言，为避家人阻障，拟不告家人，潜行出走，来闽南投奔弘一大师，出家为僧。弘一大师闻后，遂于 1940 年 8 月 18 日和 9 月 5 日在永春普济寺两次去信劝导郁智朗，反复强调出家之事，一定须事先求得妻室等家人同意方可，并在两通信中一再说明自己当时出家前，事先告知眷属，陈明原委，求得同意，方才离

尘出家。并对其言，凡未经家人许诺，而私自出家者，多无好结果云云："来书所谓潜行出走，朽人窃以为未可。若如是者。将来恐不免纠葛。倘仁者之妻来闽寻见，谓仁者言：若不偕归者，即决定于仁者面前自杀。当此之时，仁者若任其自杀，则有伤仁慈。否则只可偕归矣……朽人出家以前，亦先向眷属宣布。其他友人有潜行出走而出家者，多无好结果。与其出家后而返俗贻人讥笑，不如不出家之为善也。""前来书所谓潜行出走，朽人窃以为不可。若如是者，将来必不免纠葛。宜先向家族诸人陈明，至要至要！朽人出家以前，亦先向眷属宣布。其他友人有潜行出走者，多无好结果。若妻来寺寻见，以于当面自杀而迫喝之。将任其自杀欤？抑偕妻归家欤？此事不可不预虑及，慎之慎之！障人出家有大罪。今录《出家功德经》文如下（依此《南山行事钞》中引文写录）经云：'若为出家者作留礙抑置，此人断佛种。诸恶集身，犹如大海现得癞病。死入黑暗地狱，无有出期。'（以上经文）乞仁者以此经文为家族诸人详释之，或可消灭阻止之意也。"由此可知，李叔同的出家并非如人们想像的那样决绝，他是在向日本夫人陈明理由种种，并得到夫人的许诺后，方才出家的，而非独断之不近人情。

自皈依释氏，成为佛门在家居士后，李叔同便发心修行，渐厌人事，并开始着手了却俗事种种。1918 年 1 月，李叔同致函在东京音乐学校留学的学生刘质平，吐露心声："鄙人拟于数年之内入山为佛弟子（或在近一二年亦未可知，时机远近，非人力所能定也），现已络续结束一切。"4 月 19 日，又致刘质平函，告知入山计划："不佞近耽空寂，厌弃人事，早在今夏，迟在明年，将入山剃度为沙弥，刻已渐渐准备一切（所有之物皆赠人）。音乐书籍及洋服拟赠足下。甚盼足下暑假时能返国一晤也。"又过半月，时至 5 月，李叔同再次去函东京，向刘质平透露拟将辞去浙一师教职、入虎跑寺静修之打算："不佞自知世寿不永（仅有十年左右），又从无始以来，罪业至深，故不得不赶紧发心修行。自去腊受马一浮大士之薰陶，渐有所悟。世味日淡，职务多荒（近来请假逾课时之半）。就令勉强再延时日，必外贻旷职之讥（人皆谓余有神经病），内受疚心之苦。君能体量不佞之意，良所欢喜赞叹！不佞即拟宣布辞职，暑假后不再任事矣。所藏之音乐书，拟以赠君，望君早返国收领（能在五月内最妙），并可为最后之畅聚。不佞所藏之书物，近日皆分赠各处，五月以前必可清楚。秋初即入山习静，不再轻易晤人。剃度之期，或在明年。"5 月 27 日，李叔同又致函马一浮云："不慧近拟入定慧寺为小沙弥，执烧火扫地之役”，“五月初十前惠书仍寄第一师范，以后寄杭州闸口大街裕丰南货号转致虎跑寺李叔同收。”

1918 年 4 月初，浙一师第二次联合运动会、学校十周年纪念植树等活动刚结束，李叔同便约沪上好友上海城东女学校长杨白民来杭州一晤。至交相见，李叔同袒陈入山归佛之心迹，并将归佛后如何照料沪上之日籍夫人等诸事，与杨白民商量办法种种，并拜托白民老哥代为照顾。4 月 7 日，李叔同陪杨白民去见浙一师校长经亨颐，经亨颐在当天日记中记录此事：“八时，李叔同偕上海城东女学校长杨君来谈，携有学生书画成绩，索余题署。”修道念切的李叔同意在尽早脱俗，但考虑到在东京音乐学校留学的刘质平，尚需李叔同每月的资助而继续学业，若此时出家，薪资不再，资助无继，那么刘质平的学习势必又将半途而废。能够放下家庭妻儿、放下红尘艺事俗务种种的李叔同，却无法放下他的学生刘质平。5 月 5 日，李叔同去函日本，嘱咐刘质平安心求学，学费诸事由其设法借款千元解决。若一时无法筹足学资，则情愿自己推迟入山时间，继续在校充任教职，仍以己薪供其学资所需，直至其毕业。望刘质平无须过虑学费诸事，只求安心学习，学业日进：“君所需至毕业为止之学费，约日金千余圆，顷已设法借华金千元，以供此费。余虽修道念切，然决不忍置君事于度外。此款倘可借到，余再入山；如不能借到，余仍就职至君毕业时止。君以后可以安心求学，勿再过虑。至要！至要！”然刘质平亦不忍因己之学业而耽搁老师的求道。不久，刘质平从东京归国，收受老师赠送之诸多音乐书籍及其他衣物种种。5 月 24 日（农历四月十五），李叔同携其最得意之门生刘质平、丰子恺，师生三人合影一叶，作为入山前的最后纪念。25 日，浙一师开运动会，刘质平到校看望诸师。经亨颐在当天

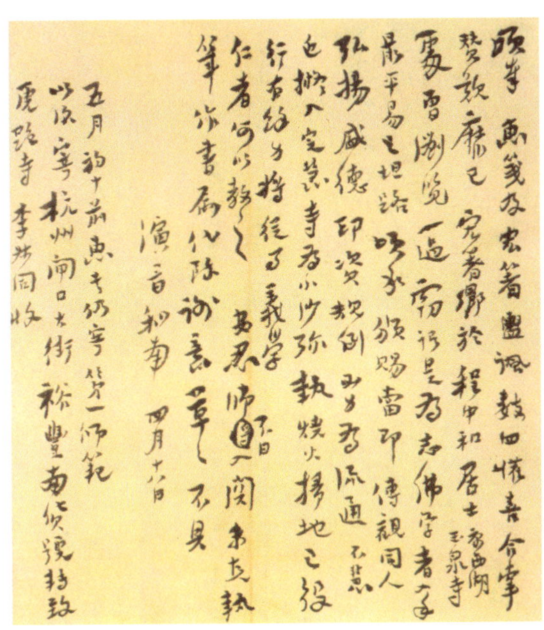
顷奉惠笺及大箸，尽诵数四，欢喜合掌。
……
也。拟入定慧寺为小沙弥，执烧火扫地之役。
行有余力，将从事义学。
仁者何以教之？……
笔作书为代陈谢意，草草不具。
演音和南　四月十八日
五月初十前惠书仍寄第一师范，
以后寄杭州闸口大街裕丰南货号转致
虎跑寺李叔同收

1918 年农历四月十八，李叔同致函马一浮，拟入定慧寺为小沙弥，执烧火扫地之役

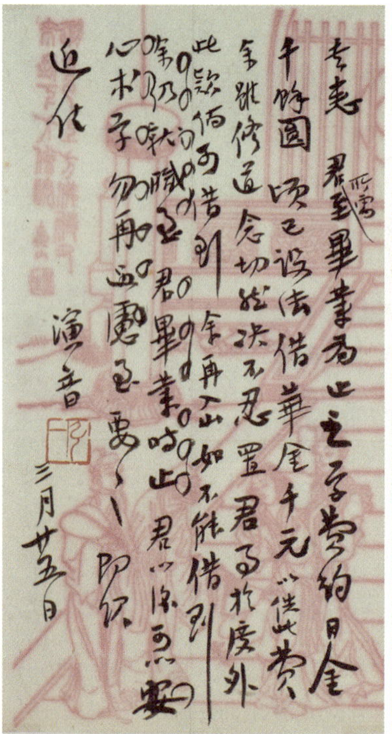

来惠君所需至毕业为止之学费约日金
千余圆顷已设法借华金千元以供此费
余虽修道念切然决不忍置君于度外
此款倘可借到余再入山如不能借到君以后可安
余仍就职至君毕业时止
心求学勿再以为虑至要至要
即颂
近佳
演音
三月廿五日

1918 年 5 月 5 日，李叔同致函刘质平，告知其学资由师设法解决，嘱其安心学业

1918 年 5 月 24 日（农历四月十五），李叔同携其最得意之门生刘质平（左）、丰子恺（右），师生三人合影一叶，作为入山前的最后纪念

的日记中写道：“本校毕业生潘锡九、陈俊晖、王兆全、刘毅四人，亦自东归，均在会场。”（笔者注：刘毅即刘质平）刘质平的归来，使李叔同的弃俗再无牵挂障碍，遂向家人眷属陈明归佛之愿景计划、宣布入山之去处时间，弥消阻障。

6 月 25 日（农历五月十七），江南的梅雨淅淅沥沥，空气湿闷得让人透不过气来，但李叔同精神甚觉清爽，他拿起笔，致函母校东京美术学校校友会，告知入山之打算：“校友会诸君博鉴：敬启者。仲夏绿荫，惟校友诸君动静安豫为颂。不慧近有所感，定于 7 月 1 日入杭州大慈山定慧寺（俗名虎跑寺）为沙弥。寺为临济宗，但不慧所修者净土。以末法众生障重，非专一念佛，恐难有所成就也。寺在深山中，邮便不通。今系通信处在杭州第一师范学校内李增荣方。草草。6 月 25 日。李岸，法名演音，号弘一。”

四天后的 6 月 29 日（农历五月廿一），李叔同与叶为铭通信，交代入山时间并嘱将所藏之黄宾虹藏印稿、日本印人滨村藏六自制之刻刀等赠西泠印社，瓮庐印纸则请转呈费龙丁：“叶舟社长大安：前承绍介澹云和尚，获聆法语，感谢无量。兹奉扇头一，又瓮庐印纸百张，便乞交龙丁。此外有日本畴村印人镌丁未朱白历，滨虹所藏印稿，日本滨村藏六手制刻印刀，皆赠社中。弟定于后日入虎跑寺，通讯乞寄：闸口大街裕丰南货号转交虎跑寺李口口收。即颂。李婴顿。小影一叶呈奉足下。”

同日，又致函同修程中和居士云：“中和大士座下：久未承教，至用为念。不慧定于后日午前入虎跑寺，暂不他适。仁者有暇，端时过谭，启发愚昧，感德无既。通讯寄：闸口大街裕丰南货号转致虎跑寺。彭安仁上人已掩关，专修净土，兼持楞严咒心，附以奉闻。演音和南五月廿一日。”

入山前，李叔同又以旧作赠金娃娃词横幅转赠夏丏尊，自跋其尾：“戊午仲夏将入山，检奉丏尊藏之，演音。”并将早年时相过从之沪上名妓朱慧百、李苹香相赠诸书画、扇面裱成之卷轴题之以“前尘影事”四字，亦赠夏丏尊，并书跋曰：“息霜旧藏此卷子，今将入山修梵行，以贻丏尊。戊午仲夏并记。”钤白文印“李婴居士之印”，断却前尘种种。

此前尘影事书画卷中，朱慧百所绘扇面为一山居图，扇面上并有 1899 年朱慧百书赠李叔同之三绝句：“水软潮平树色柔，新秋景物最清幽。小斋雅得吟哦乐，一任江河万古流。”“斯人不出世嚣哗，谁慰苍生宿愿奢。遮莫东山高养望，怡情泉石度年华。”“如君青眼几曾经？欲和佳章久未成。回首儿家身世感，不堪樽酒话平生。”及以述因缘之落款和题记：“漱筒先生，当湖名士。过谈累日，知其抱负非常。感事愤时，溢于言表。蒙贻佳作，并索画箑。勉以原韵，率成三绝，以答琼琚，敬乞方家均正。素馨吟馆主雁影女史朱慧百，设色于春申旅舍，时己亥十月小雪后并识。”

天韵阁主李苹香之扇面则书有赠诗六首：“潮落江村客棹稀，红桃吹满钓鱼矶。不知青帝心何忍，任尔飘零到处飞。”“风送残红浸碧溪，呢喃燕语画梁西。流莺也惜春归早，深坐浓阴不住啼。”“春归花落渺难寻，万树浓阴对月吟。堪叹浮生如一梦，典衣沽酒卧深林。”“满庭疑雨又疑烟，柳暗莺娇蝶欲眠。一枕黑甜鸡唱午，养花时节困人天。”“绣丝竟与画图争，转讶天生画不成。何奈背人春又去，停针无语悄含情。”“凌波微步紫杨隄，浅碧沙明路欲迷。吟遍美人芳草句，归来采取伴香闺。”落款：“惜霜先生大人两政，苹香录旧作于天韵阁南窗下。”

夏丏尊得此卷后，即邀陈师曾、马一浮、王瀣、杨千里、陈匪石、陈夔、绥竺等诸友题诗于卷后，一时成为美谈。1927 年上海《小说世界》曾刊其详。

1918 年农历五月，李叔同题《前尘影事》卷，1927 年刊于上海《小说世界》

旧历五月下旬，李叔同依计划提前结束学校的音乐、美术考试。如其致李圣章函中所言：“布置既毕，乃于五月下旬入大慈山（学校夏季考试，提前为之）。”

6 月 30 日（农历五月廿二），李叔同致函沪上好友杨白民，告知“弟定明晨入山”并书直幅“南无阿弥陀佛”佛号以赠之，落款“戊午

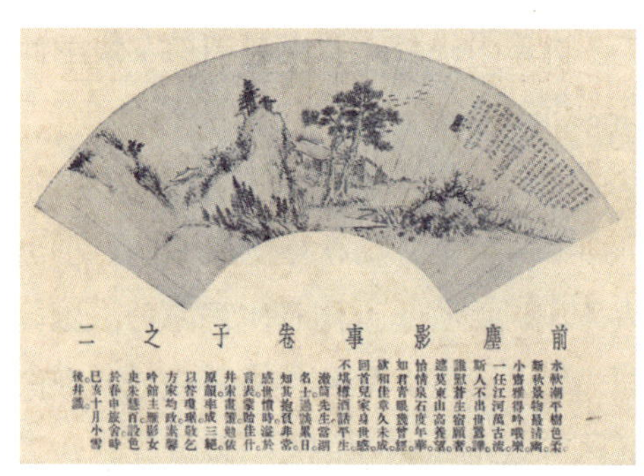

《前尘影事》之朱慧百山水画扇面赠李叔同

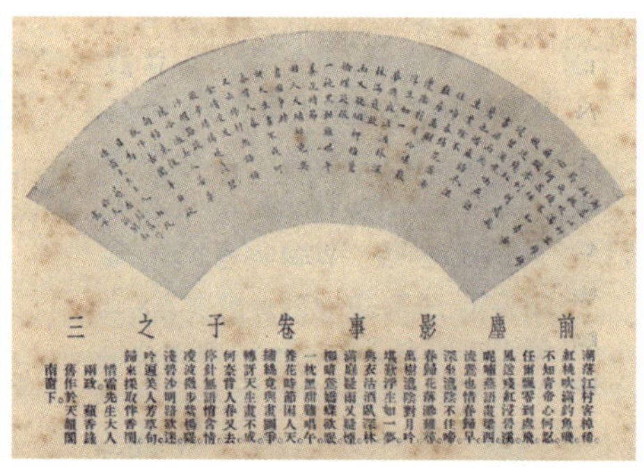

《前尘影事》之李苹香诗六首扇面赠李叔同

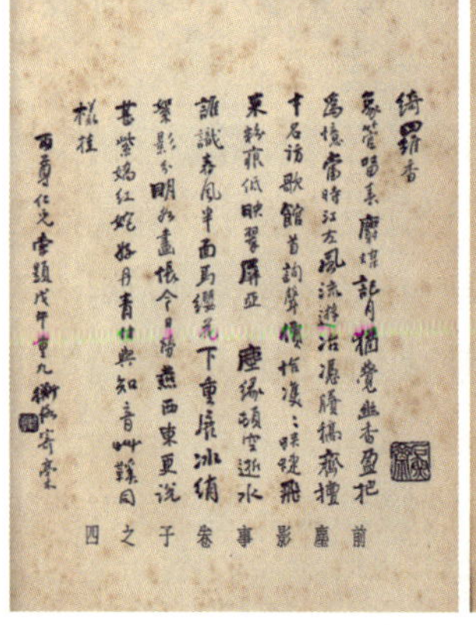

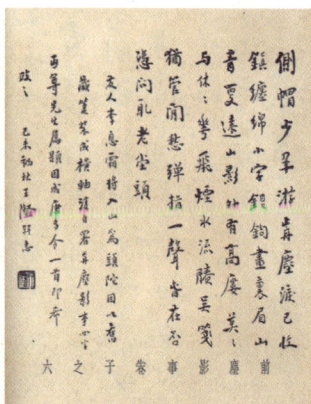

陈师曾为《前尘影事》题跋

马一浮为《前尘影事》题跋

王瀣为《前尘影事》题跋

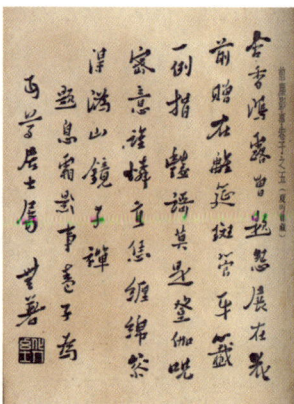

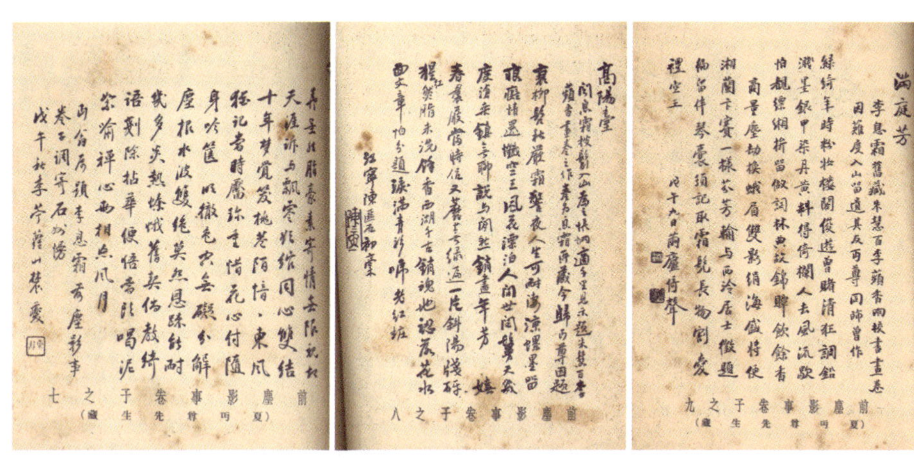
前塵影事卷子之七（夏丏尊先生藏）

高陽臺

前塵影事卷子之八

滿庭芳

前塵影事卷子之九（夏丏尊先生藏）

陈夔为《前尘影事》题跋　　陈匪石为《前尘影事》题跋　　杨千里为《前尘影事》题跋

仲夏演音将入山，为白民书南无阿弥陀佛”，钤白文方印“释演音”。另有赠沪上诸友人之件，皆一一整理包好，请杨白民代为转送，并书小幅字请杨白民转交在城东女学任教的刘质平。

这天，恰值浙一师校友会为毕业生开送别会，而李叔同的决意离去，倒好像是校友和学生们在为李先生送别。经亨颐校长在会上“李先生事诚可敬，行不可法”的训词，很难抹去李先生对学生们灵魂深处的影响，以后丰子恺的信佛、陈恭在天台出家、周贺章在杭州弥陀寺为僧，无不心受其染故。

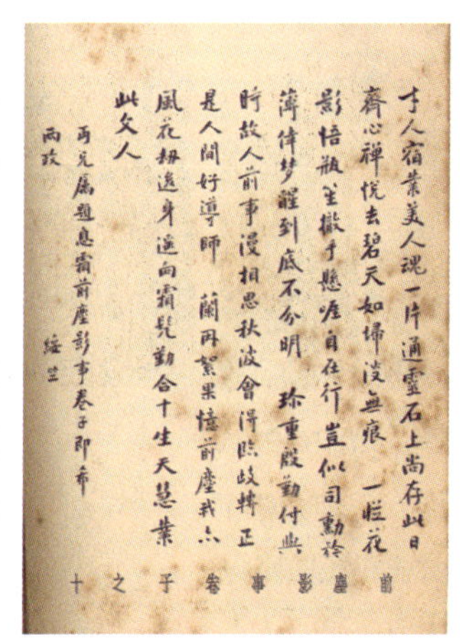
前塵影事卷子之十

绥竺为《前尘影事》题跋

这天晚上，李叔同又叫来丰子恺、叶天瑞、李增庸三人到他的房间里，把剩下的东西都一一尽分。

夜深人静，李叔同忆及去年曾答应浙一师同事好友姜丹书请为其母亲书写墓志铭一事，一直未暇落笔，遂磨墨书就《姜母强太夫人墓志铭》，署名大慈演音，了却旧诺。

7 月 1 日，农历五月廿三，天气一如连日来的炎热。上午九时，浙一师要为毕业生开毕业仪式，经校长要在毕业式上作训词。李叔同在晨曦中告别了任教 7 年的浙一师，再见了夏丏尊、姜丹书、堵申甫等好友，道别了丰子恺、徐仁诸学生，一袭背影迎着微拂的晨风，飘然出了校门，渐行渐远，隐

1918 年农历五月李叔同书佛号赠杨白民

1918 年 6 月 30 日，李叔同书《姜母强太夫人墓志铭》

入大慈山中，假林中幽棲，作人间净土。

学生徐仁撰文《送李师入山序》纪之，以抒情怀：“吾师李叔同先生，笃行淳备，悃愊无华；择地而蹈，鞠躬履方；神清智公，饮人以和；施教本校，已数载于兹。近慨于尘浊纷纭，欲图解脱。欲愿迹松子于瀛海，追许由于穷谷；抗志云霞，潜默幽岫；自足山水，咀嚼元气；拟六月间入山，忽忽流光行将另矣。而仁之从吾师游者才一年，虽历时也浅，而结契也深，方之诸同学之春风化雨沾被宏多者，其感想宁有异同耶？”“望望云山，悠悠潭水；师生之际，能不依依？虽然吾师固忘世者也，其于事于物，殆无乎不忘者也。愿吾师即忘余，而余则乌能忘吾师也。”对李师之情真意切，流溢于字里行间。

校长经亨颐则为学校失去一好老师而叹息不已，只好责之于西湖之磨人：

“吾浙人近来萧率之气，甚至消极而思入山者，颇有其人。西湖之胜，误我浙人不少。”“李叔同入山之事，可敬而不可学，嗣后宜禁绝此风，以图积极整顿。”话语中透着几许无奈。

这一天，定慧寺多了一个穿出家人衣裳、做出家人功课、过出家人生活的修行居士。

到了虎跑寺，李叔同将写了“功课忙不能多谈”七个字的纸条贴在墙上，于是，去看他的人自然不便多坐。7 月 13 日（农历六月初六）李叔同的学生李鸿梁从无锡赶来杭州，去虎跑寺看望旧日老师，但因李先生关照过寺僧“无论什么人，一概不见”，故被寺僧拒之门外，李鸿梁为此与寺僧闹了起来，李叔同闻之，出面关照，方才晤见。并告知李鸿梁，以后见面须预先约定时间，谈到经济，李先生说他现在每月只要四五角钱已足，衣服自己洗，除买邮票以外，可以不用钱。送别时，还将书写在毛边纸上的“老实念佛”字幅相赠，落款“戊午六月六日演音”，因李先生入山前已将旧时用印皆赠西泠印社及友人，故此纸无章可钤，以至于后来李鸿梁将此墨宝送去装裱时，裱画师见是一张没盖印的毛边纸，还不屑一顾。

当时，李叔同在虎跑所忙的功课其实也不单是诵经念佛，而是如他在给马一浮信中所言的那样，是执烧火扫地担水之役，一如当时见闻者所言：“每天挑水，要挑过几担，才算功课完毕。别人以为他是个文弱书生，怎能吃这苦头，但他挑着，不觉得苦。”1918 年 8 月 8 日《小时报》第 606 号上刊发了一则题为《虎跑寺中之苦行头陀》的消息：“杭州定慧山虎跑寺，为西湖千年古刹，其间高僧辈出，与山色湖光同相辉映。顷者，大书家李叔同先生竟趁暑假期内，辞杭垣师范学校教职，而翩然入寺度剃，为苦行头陀矣。昨闻其往寺省视之亲友言，李现洒扫庭除，烹茶送茗，实行其苦行头陀之课程。呜呼，敝屣功名，粪土富贵，李君可谓浊世之完人矣！”李叔同入山虎跑寺的消息，遂不胫而走。

杭州大慈山虎跑定慧禅寺

在虎跑修行的同时，李叔同不忘以佛缘相助旧日同好，劝夏丏尊戒除荤酒，并就夏丏尊父亲病体日剧之事，告以念佛往生之法。农历六月下旬，适周佚生、郁九龄、丁仲夫等邀嘉兴范古农居士来杭州于盐务学校讲《大乘起信论》，李叔同又函告夏丏尊，嘱其抽暇往听："丏尊大士座下：赐笺敬悉。居士戒除荤酒，至善至善。父病日剧，宜为说念佛往生之法。临终一念，最为紧要（临终时，多生多劫以来善恶之业，一齐现前，可畏也）。但能正念分明，念佛不辍，即往生可必（释迦牟尼佛所说，十方诸佛所普赞，岂有虚语）。自力不足，居士能助念之，尤善。劝亲生西方，脱离生死轮回，世间大孝，宁有逾于是者（临终时，万不可使家人环绕，妨其正念。气绝一小时，乃许家人入室举哀，至要至要）。净土经论集说，昭庆经房皆备，可以请阅。闻范居士将来杭，在佚生校内讲《起信论》。父病少间，居士可以往听。《紫柏老人集》（如未送还）希托佚生转奉范居士。不慧入山后，气体殊适，可毋念。演音稽首六月十八日。"借事化人度他。

8 月初，夏丏尊来虎跑寺看望曾经的李先生，见到昔日激扬文字、指点江山的同事，今日手拨念珠、颔首无语，便以赌气的口吻说道："既住在寺里面，并且穿了出家人的衣裳，而不即出家，那是没什么意思的，所以还是赶紧剃度的好""这样做居士究竟不彻底，索性做了和尚，倒爽快！"听了这些话，原本打算在寺里再熟悉一下僧众生活，等到来年再出家的李叔同，决意赶紧出家。

8 月 19 日，农历七月十三，大势至菩萨圣诞日，李叔同于杭州大慈山虎跑定慧寺，再依了悟老和尚，剃度为僧。在了悟和尚所诵"金刀剃下娘生发，除去尘牢不净身。圆顶方袍僧相现，法王座下又添孙"的法语声中，李叔同转身成为弘一法师。自此，世上再无李叔同！

那么，自 1916 年前后的海宁路太安里二十号之后，李叔同在出家前，与日籍夫人在沪上是否还有其他居所呢？

"那时候法师仍住在海伦路，这个地方我去过好几次"——李叔同在浙一师的学生李鸿梁如是说。

李鸿梁回忆

关于李叔同在上海海伦路的家，信息来源于李叔同在浙江省立第一师范学校任教时的学生李鸿梁的回忆。1962 年 8 月，李鸿梁为纪念他的老师李叔同离世 20 周年，撰写了《我的老师弘一法师李叔同》一文。文章分《潇洒豪放的佳公子》《严肃的名教师》《绘画、书法和音乐》《从尝试断食到披剃为僧》《三次绍兴之行》《犹有黄花晚节香》《先生为什么出家》等七章全面回顾介绍了老师的一生。

文中写到 1917 年李鸿梁去上海看望断食后的老师时，其中有一段文字描述了李叔同当时在上海的寓所：

“后来我到上海去看他，那时法师仍住在海伦路，这个地方我去过好几次，是一上一下的房子，除靠壁的书架以外，还有一架可以旋转的方形两层书架，摆在进门的右角，上面有一个圆盆，里面栽着松竹梅三友，半盆泥土低陷下去处铺上了些细粒的白石，法师说，这是代替水的。”

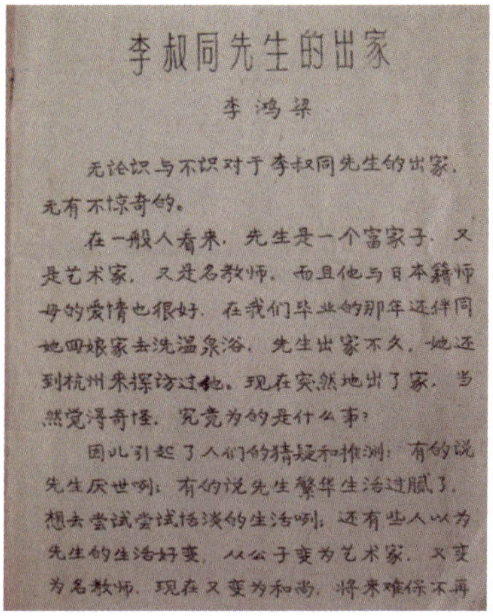

李叔同先生的出家

李鸿梁

无论识与不识对于李叔同先生的出家，无有不惊奇的。

在一般人看来，先生是一个富家子，又是艺术家，又是名教师，而且他与日本籍师母的爱情也很好，在我们毕业的那年还伴同她回娘家去洗温泉浴，先生出家不久，她还到杭州来探访过他。现在突然地出了家，当然觉得奇怪，究竟为的是什么事？

因此引起了人们的猜疑和推测：有的说先生厌世咧；有的说先生繁华生活过腻了，想去尝试尝试恬淡的生活咧；还有些人以为先生的生活好变，从公子变为艺术家，又变为名教师，现在又变为和尚，将来难保不再

李鸿梁撰《李叔同先生的出家》

李鸿梁在文中记述曾数次去海伦路李叔同的家看望老师，作为事件的亲历者，其信息的可靠性，按理说应该毋庸置疑。这也是现有资料中仅有的关于李叔同海伦路寓所的文字信息。

李鸿梁（1895—1972），字孝友，别号老鸿，绍兴人。1910 年鲁迅任职于绍兴府中学堂教务长时，李鸿梁就读于该校，是鲁迅的学生，曾在早期革命文学团体“越社”创办的由鲁迅任总编辑的《越铎日报》上发表漫画，抨击时弊。后来，鲁迅于 1925 年在北京创刊《莽原》时，李鸿梁又曾创作漫画寄奉，北京的鲁迅纪念馆至今还收藏着当年李鸿梁寄给鲁迅的两幅漫画和一封信。

1912 年秋，李鸿梁考入浙江省立第一师范学校，师从李叔同，与吴梦非、刘质平、丰子恺、黄寄慈等同为李叔同先生高足。其绘画天赋表现得尤为突出，深得李叔

李叔同为《越铎日报》设计的广告

同的赞赏。李叔同曾对他的浙一师同事好友、书法老师堵申甫说“鸿梁很像我”。无论先前之在俗，还是后来的在僧，师生俩彼此过从甚密，相交不浅。

李鸿梁在文章中这样回忆他们师生间深厚的友谊：“法师差不多每星期六必去上海一趟，星期日下午回来，从来不请假。法师爱吃糖果和水果，每次从上海来，一定带点来。他也常常写条子来叫我去吃的。”

1915年，李鸿梁毕业的那一年夏天，李叔同携日籍夫人回日本省亲。那时的李叔同除在浙一师任教外，还应南京高等师范学校校长江谦之请，兼着南高师的音乐美术教职，故教务甚忙，日本省亲回来后更是诸事累积。如他在旧历九月三给好友叶为铭的信中所言“昨到杭，俗事冗忙，不复走谒为怅”，于是便请刚毕业不久的李鸿梁去南京高等师范学校代课：

“他与日本籍师母的爱情也很好，在我们毕业的那年先生还伴同她回娘家去洗温泉浴……他是九月间回国的，回国前打了个电报叫我到南京高等师范（即东南大学前身），去代法师的课。因为我那时对于教学毫无经验，年龄又这样轻，骤然去教同等程度的学校，心里颇有点忐忑不定。但是见到法师，他马上拿出本学期的教学进度给我看，并且告诉我那边学校里的一切情形。同时交给我一串钥匙，还关照我，卧室与教员休息室很远，每天早晨必须把自己的表与钟楼的大钟对准，号声有时候听不清楚。如有事外出，叫车子回校时，一定要和车夫说清楚拉到教员房，否则头门离教员房是很远的。每逢吃饭时，要记住，每人两双筷子，两只调羹，如觉不便，可以关照厨房，把饭单独开到自己房间里来的……最后交给我两封介绍信：一封是给学校的；一封是给一个法师的朋友、当时在南京道尹公署任视察的韩亮侯先生的。这天我就在法师处吃的晚饭，临走时他送了我一把从日本带回来的绢面折扇，一面写的是天发神谶碑，一面是龙门三种（后来不幸失落在上海电车上了），另外还送了我一只日本温泉

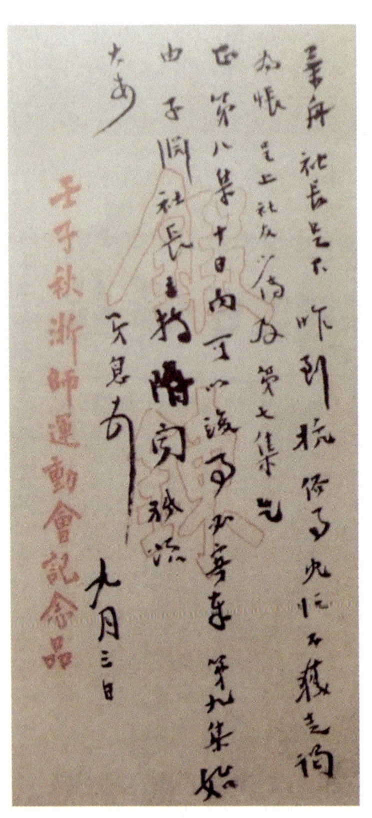
寿舟社長足下 昨到杭 俗事冗忙 不获走谒
為悵 [illegible]第七集已
出 第八集十日內可以[illegible]竣事 第九集始
由子[illegible]社長主持 [illegible]
[illegible]
大安
九月三日
壬子秋浙師運動會記念品

1915年9月，李叔同致叶舟函

李叔同任教时的南京高等师范学校一字房

邻近瓷场出品的底下雕刻一个鬼脸的三脚杯。”

可以看出，李叔同事无巨细，一一关照，对弟子提携爱护有加。

字画相赠

当时浙一师进校后的东西两长廊便是教职员宿舍，李叔同的宿舍在东廊，共有两间，是二楼最东面彼此紧挨着的两间。一间充作卧室，另一间是他的工作室，专供他写字的。工作室摆着一张空床，床上堆满素纸卷，屋角地板上摆满了装墨汁的茶杯瓶罐等，李叔同的许多作品就是在他的宿舍里完成的。李叔同曾将自己早年在日本留学时创作的第一张油画作品赠送给了李鸿梁。那是一个星期天的晚上，李叔同在浙一师校舍里整理日籍夫人刚从上海装箱运来的书画，请李鸿梁一起来帮忙整理：

“法师正在书架旁，好像在找什么书，见了我，就问：‘你没有什么事吗？给我整理一下书好吗？’他就领我到隔壁一间他平时写字的房间里，指着一只已经打开的木箱说：‘这是从上海新运来的，你给我整理一下。’并且关照我有几张画要检出来的。我见里面都是去了木框的一卷一卷的油画，都是法师自己的作品，在这些画中间，发现多张是同一模特儿的。——后来据夏丏尊先生说，这就是日籍的师母。这批画后来等法师将要出家时，都赠送给北京国立美术学校了。我得了一张十五号的画，画的是以大海为背景的一个扶杖老人，意态有点像米勒的‘晚祷’，不过色彩比较淡静，调子也比较柔和，这是法师在日本东京美术学校里的第一张油画习作。这张画，后来在抗日战争时期与其他书画文物，全数被绍兴城区三十五号主任汉奸胡耀枢抢去

了。最使我痛心的，是法师历年来写给我的二三十封信札、七八十条佛号，以及对联条幅等墨宝。后来有人在汉奸胡耀枢家看到过曾经法师和马一浮先生题跋的敦煌唐人写经，被小孩撕毁在地上任人践踏，其他可知！”

李先生在浙一师的宿舍布置，他的学生吕伯攸亦曾在上海的 1926 年《小说世界》第 12 期上刊文《记李叔同先生》以记之：

“先生的室中，布置很精雅。而对于中国自制的极粗拙的工艺品，收罗尤多。我们一起进去，但见壁间满贴着的，都是各种火柴盒上的商标画，书架上陈列着的，共有无锡泥人数百种（一小半，是我们休学旅行时，买回来送给他的。）以及江北人做的各种玩具；还有那床前高供着的，便是一个画得五色斑斓的，插着几茎芦花的花雕酒酒罐。这些，都是先生认为至美的美术品。在先生的书箱里，更宝藏着他幼年时作的试帖诗，和写着蝇头小楷的扇面；他曾说‘这几件，都是不可再得的纪念物了！’还有一根细长的松树枝，先生也像宝贝似地珍藏着，轻易不肯视人；据他说，这便是他当年呱呱坠地的时候，由一只喜鹊衔着飞进来，落在产妇的床前的。”

李鸿梁毕业时，李叔同还给他写过一封信，教导一向生性戆直、锋芒毕露的李鸿梁处世要圆通，要与世相融，并应着他的性格写了一副对联“拔剑砍地，投石冲天”和一条写着“豪放”两个大字的横幅，并题上小字七绝一首，送给他留念。

1917 年，李叔同断食后，手捧《断食日志》留影

函告断食

1916 年年末，李叔同决意悄然去虎跑寺断食，此事就连他的好友至交夏丏尊也未被告知，但李叔同把断食的想法告诉了他的学生李鸿梁：

“1916 年我结婚的时候，法师送了我四件衣料。这一年的夏季，我接到法师的信，告诉我他将去虎跑实行断食的事，说他很想一试，但苦无机会，想不到竟会实行起来了。后来大约过了二十多天，法师来信了，赶快拆开，里面还附有他断食后的半身像片，两手捧着经本，展开在胸前，他本来面容清癯，现在更其瘦削了。信中叙述断食的经过：第一周是半断食，就是渐减食量；第二周是全断食，只饮泉水；第三周一反第一周的顺序而行之，结果良好。还说到陪他去的工友闻玉，在他断食期间，常常唱些曲子，因此颇不寂寞云。”

海伦路访师

在接到李叔同断食后寄来的信不久，李鸿梁回忆曾去上海海伦路住所看望他的老师，老师还请他去饭店用了一次餐：

“我到上海去看他，那时法师仍住在海伦路，这个地方我去过好几次……法师本来清癯到像一只鹤，现在竟成了一枝竹了，但是精神很好。后来讲到断食，法师说，全断食开始的一二天，虽然有时想吃东西，但到后来也就不想了，所难受的倒是须饮大量的泉水。当时心地非常清凉，感觉特别灵敏，能听人所不能听到的，悟人所不能悟到的……后来法师邀我同到外面去吃饭，走到一家菜馆，他叫了好多菜，我就问：‘还有哪几位客？’他说：‘就是我们两个，并没有别的客人。’我说：‘要不了这许多菜。’他说：‘你能喝酒的，我虽然不能喝，可是我懂得喝酒的趣味……’临走时送了我一本他在断食期间所写的只有三寸高二寸宽的日本天理教经典。”

依文所述，可知李叔同断食后从海宁路太安里二十号搬走，和他的日本夫人迁居到海伦路住了。

快阁留影

而李叔同出家成为弘一法师后，还曾于1924年、1931年和1932年先后三次行脚绍兴。而此时，李鸿梁恰在故乡绍兴的省立五中（今绍兴中学）、省立第五师范、绍兴女子师范等校任职美术、音乐教师，故与李鸿梁有过更多的际会因缘。

1931年，李鸿梁陪同李叔同在绍兴快阁留影

1931 年秋天的那次，弘一大师与李鸿梁、蔡冠洛在绍兴戒珠寺合影留念，李鸿梁还陪同大师一起游陆放翁读书处，并在快阁上为大师拍摄半身侧影一页，此照片后来一直伴随李鸿梁挂在他的居室里。

宣扬师迹

1943 年，刘质平、李鸿梁先后至省立温州师范学校任教，其时，因日军侵略，为避战乱，学校刚从平阳郑楼迁至泰顺莒江不过一年。当时校本部和图书室、理化教室设在夏氏大宗祠内的莒江中心小学，普师部 6 个班级设在村东的东西扇宗祠，简师部 8 个班级设在五显殿和庄济王庙内；手工劳作和图画教室安排在灵芝寺内。刘质平出任温师的音乐教师，李鸿梁则任学校的民教馆主任，充全校书画教席一职并兼授学生治印。

1927 年秋，李鸿梁刻佛像印赠弘一大师

1944 年，刘质平为纪念恩师李叔同，将自己所藏之先师遗墨三百余件在莒江的温州师范举办“弘一法师书法展览会”。三进的夏氏大宗祠板壁上挂满了弘一大师的字幅，英士大学、北洋工学院及温州中学的师生闻讯分别从司前、百丈口、江口赶来参观，盛况空前。展览会上，刘质平向师生们介绍了保护大师遗墨的经过。为了让大家加深对弘一大师的了解和印象，展览会结束后，李鸿梁又在学校举办的报告会上作了一场关于弘一法师的专题讲座，宣扬弘一大师的伟大人格和艺术成就。李鸿梁还将自己的书斋取名为“慈晖草堂”，并自刻斋印闲章，以寄托他对恩师李叔同的思念之情。

20 世纪 60 年代，当得知泉州开元寺要成立弘一大师纪念馆，李鸿梁又将自己珍藏多年的弘一大师遗物全数捐赠。而李叔同出家后最喜欢用的那两方佛像印亦是李鸿梁为大师所敬刻的。类此种种事迹，足见师生间彼此关系甚密，感情笃深，故李鸿梁亲身经历之回忆具有很高的史证价值，其所述李叔同沪上海伦路之寓所当实不虚。

至于李叔同之寓所具体所处海伦路哪段位置，何时搬入，住了多久，李鸿梁在文章中皆未交代，目前也未有更详细的资料发现和其他记录可查。

寻 踪

虽然李鸿梁只告诉我们“海伦路”三个字，但我们从李鸿梁的文章中还是可以找到一些值得推断的线索。

时间之确定

李鸿梁在海伦路看望了断食后不久的老师，并一起用餐后，临走时李叔同将自己在断食时所抄写的一本约三寸高、二寸宽的天理教经典赠送给李鸿梁留念。故李鸿梁的此次海伦路之行，时间当在李先生断食后的 1917 年春后。

自这次见面以后，李鸿梁不久又在杭州与老师有过往来，“1917 年夏，我到杭州去拜访法师，那时他房间已供养佛像，凳上已设着大蒲团了”。可见，李鸿梁与李先生自断食后在沪上海伦路见面之后的再一次相见，是在 1917 年的夏天。

因此，依李鸿梁自述的这两段回忆文字，显见，李鸿梁那次上海海伦路之行，去见断食后的老师李叔同，时间应该是在李叔同断食后的 1917 年春后，且在李鸿梁 1917 年夏天去杭州拜见李叔同之前，也就是 1917 年的春夏间。而李叔同通常只在周末和假期才回上海陪他的日籍夫人，故李鸿梁与李叔同先生的此次沪上海伦路寓所之聚，当在 1917 年春夏之交的某个周末或假期。

若李鸿梁记忆无误的话，按其所言“那时候法师仍住在海伦路，这个地方我去过好几次”，可以得出这样的结论：李叔同与日本夫人 1917 年春后，已移居至海伦路寓所。

地址之梳理

因为李鸿梁所述李叔同寓居海伦路之回忆文章撰写于 1962 年，所以，有一点需要说明，李鸿梁文中所说的海伦路已是解放后撰文时的新路名了，而非李叔同时期的原始路名，因为民国时的上海尚无海伦路之名。

追溯海伦路的历史，原名为欧嘉路（UrgaRoad），其建设始于 1908 年，当时由上海公共租界工部局修筑，其中沙泾路以东部分位于公共租界内，沙

泾路以西路段属于越界筑路；1943 年汪精卫政府接收租界后，将其改名为库伦路，新中国成立后，于 1950 年更改为海伦路现名。

笔者按图索骥，坐地铁十号线，在海伦路站下来，出口即是四平路，边上紧邻着的便是海伦路。照着地图所示的方位，去现在的海伦路一带探寻一番，希望能拾得一些往日欧嘉路的岁月旧痕和曾经李叔同的些许记忆。

狄思威路

笔者在海伦路口沿邢家桥北路往北走不多远的溧阳路上，一路走去，发现在该路两旁还保存着成片的民国时期的花园式洋房，调查中，年长的居民们说，这里的许多房子新中国成立前大都是日本人的居宅别院，现在的溧阳路是 1943 年以后才取的路名，溧阳路以前叫狄思威路。民国年间，日本房地产商在狄思威路附近建造了许多住宅区供日人租住。

我国近代文化名人中与李叔同有过笔墨交谊的鲁迅、郭沫若、夏丏尊、曹聚仁、李圆净等亦都曾在这条当年的狄思威路，如今的溧阳路驻足生活和工作过呢。

狄思威路（溧阳路）两侧有不少老洋房

溧阳路 1355 弄西侧的 1359 号，是鲁迅的藏书室，1933 年至 1936 年间，鲁迅以内山书店店员镰田诚一的名义租下此屋，藏书约 6000 册。

鲁迅与内山完造是至交好友，鲁迅曾在内山完造家里看到一幅弘一大师书写的《金刚经》中的一段法语墨宝：“一切有为法，如梦幻泡影；如露亦如电，应作如是观。”甚是喜欢，便向内山完造托求弘一大师的墨宝。因内山完造与弘一大师颇有交往，大师所著《四分律比丘戒相表记》等许多著作以及 1929 年大师在福州鼓山涌泉寺发现并刊印的《华严经疏论纂要》，都是托内山完造之手转赠日本诸多大学和寺院收藏。1927 年 9 月，弘一法师返津未成而暂居丰子恺在江湾的家时，还曾与内山完造、丰子恺、夏丏尊、叶圣陶、周予同、李石岑等一起在功德林素食馆用过餐，叶圣陶在他写的《两法师》中记述过此事。

后来，内山完造从夏丏尊转赠给他的数件弘一大师墨宝中选取一幅“戒定慧”三字的横幅书件赠与鲁迅，鲁迅如获至宝。1931 年 3 月 1 日，鲁迅在他的日记中这样写道：“上午赠长尾景和君《彷徨》一本，午后往内山书店，赠内山夫人油浸曹白一合，从内山君乞得弘一上人书一纸。”一个“乞”字表达了鲁迅对弘一大师的尊敬，这在傲骨铮铮的鲁迅一生中难得一见。

日本神田神保町内山书店内山篱先生至今还收藏着弘一法师致内山完造的手札，难得一见，不妨分享之：

一

内山居士慧鉴：

久不晤谈，甚念。《华严经疏论纂要》已由福州运送至厦门，存南普陀寺苏慧纯居士处，此书每部计四十八巨册。应赠与贵国各处者约有十部，或增至十二部，其重量甚大。苏居士欲托人带至上海，一时难得便人。仁者如有友人在厦门旅居者，乞托彼至南普陀寺向苏居士领取此书，设法装运上海，最为迅捷。否则苏居士于何时能托人带至上海殊难预定，或恐甚迟滞也。此书存板在福州鼓山，知者甚鲜。清初所印之本，已如凤毛麟角。数年前，北京徐居士曾以巨金购得旧印本一部，视如拱璧。此次新印之本，每部实费二十元。虽不如旧印者之美善，然尚朴素可观，在贵国人士当甚欢喜也。不宣。

附一纸，若托人至南普陀寺向苏居士领取者，须执此纸以为凭证。

弘一敬白

十一月十九日

附启者。贵国真宗曾在厦门鼓浪屿设立宣教所，由神田上人住持，每周间二次至南普陀寺佛学院教授日本文。或托彼代为接洽亦妥。乞酌之。神田上人与苏慧纯居士为善友。又白。

二

内山完造居士慧鉴：

顷奉惠书，并宽永寺寄赠之《普门品》十部，感谢无尽。此经洵为当代稀有之宝物，敬谨珍藏，传之不朽。今已另有函致宽永寺，陈述谢意。再致此函，奉复仁者，并谢介绍之劳。温州天气不甚寒，贱躯平安。谨复，不宣。

二月十日

弘一敬疏

三

内山完造居士慧鉴：

前复一函，想达尊览。此次邮送《华严经疏论纂要》于贵国各处，承仁者尽力，至用感谢！又屡荷惠赐各种书籍，愧无以报，谨邮奉拙书二十叶，聊供法喜，乞仁者随意赠送尊友为祷。再者，朽人不久即往他方参学，以后通讯之处，无有定所，倘荷惠函，乞寄上海兆丰路口开明书店夏丏尊居士转交弘一手收可也。谨达，不宣。

二月十六日

弘一敬白

溧阳路（狄思威路）1355 弄西侧的 1359 号鲁迅藏书室

四川北路 2050 号内山书店旧址

曾居住在溧阳路 1269 号花园洋房里的郭沫若，对弘一大师的人品僧格景仰有加，对大师墨宝亦恭敬备至，惋叹求之不得。为得大师之字，他于1942年春自重庆驰书弘一大师的弟子李芳远，请代求大师墨宝，弘一大师获悉后，遂抄录唐代诗僧寒山的诗句“我心似明月，碧谭澄皎洁；无物堪比喻，教我如何说。”相赠，上款署“沫若居士澄览”，弘一大师在 1942 年 5 月给李芳远的信中说：“附奉沫若居士书，乞为

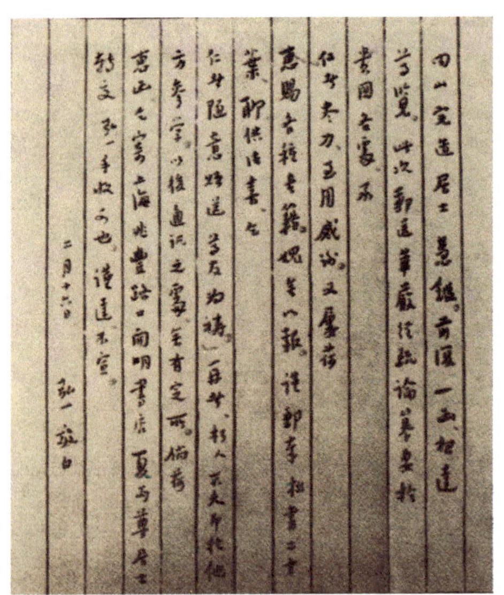

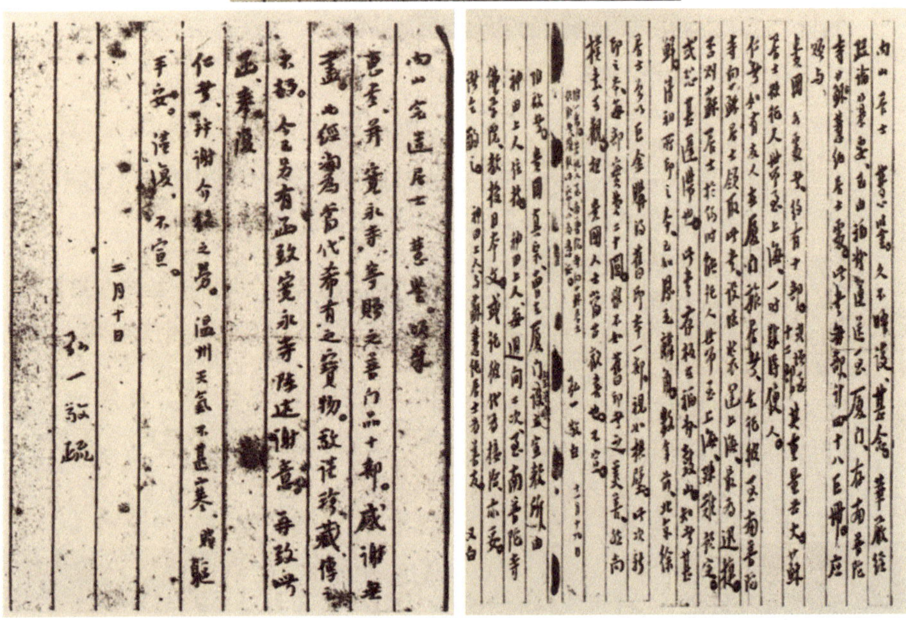

弘一法师致内山完造三通手札

转达，并代致虔仰之意”。收到书件后，郭沫若即于6月8日致信李芳远：“澄览大师言甚是：文章要在乎人，有旧学根底固佳，然仅有此而无人的修养，终不得事也。古人云：‘士先器识而后文艺’，殆见道之言耳。”表达对大师“应使文艺以人传，不可人以文艺传”之文艺观和教育理念的认同和赞赏。

位于溧阳路上的郭沫若旧居，是一座坐北朝南的两层楼花园洋房，建筑面积406平方米。抗战胜利后，郭沫若曾居住于此。

位于溧阳路（狄思威路）1269 号的郭沫若故居

而居住在溧阳路 1335 弄 5 号石库门里的曹聚仁，则是李叔同在浙一师时的门下学子，受教获益累累，师生交谊自当不浅，写过《李叔同先生》《弘一法师》《李叔同》等诸多文章回忆他所敬重的老师。

曹聚仁溧阳路旧居，占地面积 135 平方米，建筑面积 237 平方米，是一幢石库门式的二层建筑，抗战胜利后曹聚仁曾居住于此。

李圆净居士既是弘一大师的佛学道友，又是弘一大师与丰子恺师生共同创作的《护生画集》之编者，彼此信函往来以数十计。

20 世纪 30 年代初，弘一大师介绍他的得意门生刘质平去上海造访居住在狄思威路口宝安路永兴里底的李圆净，为了方便寻访，弘一大师特别写了

溧阳路 1335 弄 5 号曹聚仁旧居

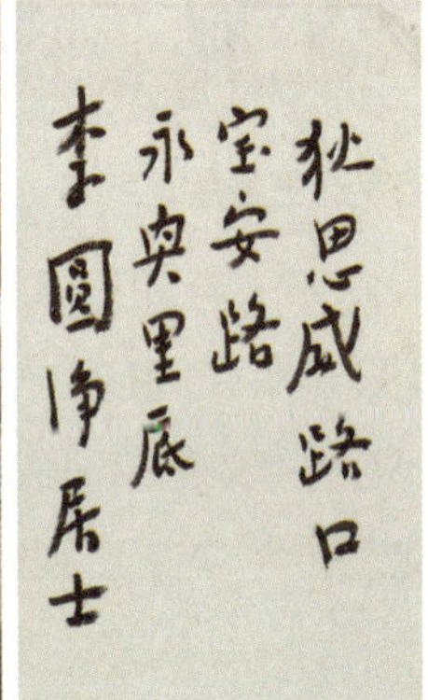

弘一大师笔录李圆净狄思威路住处

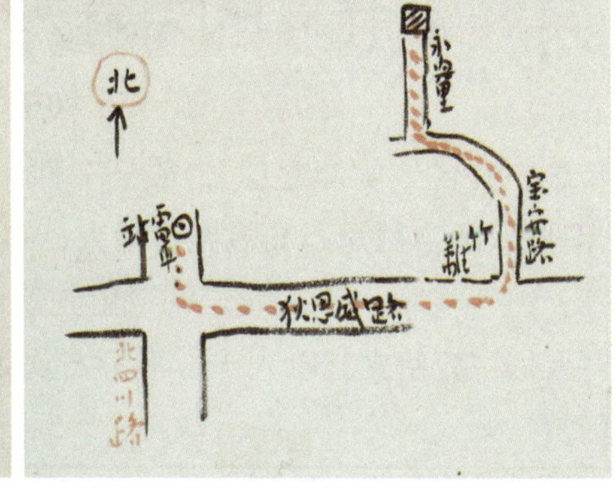

弘一大师手绘狄思威路附近交通图

一封介绍信，并绘画了一页交通示意图，详细注明狄思威路及李圆净家的周边路况和当时日人居住区修筑的竹篱，可见大师对此处环境甚是明了。

至于李叔同与夏丏尊之间，彼此更是有着30年交谊的至交好友，这从《弘一大师全集》中所收录的弘一大师致夏丏尊的103通信札之规模，便可知识。1925年，夏丏尊到上海，主持开明书店编辑，住今霍山路21号的人安里；1933年迁居东熙华德路汾安坊，即现在的东长治路894弄；1935年，夏丏尊迁居狄思威路麦加里12号，即今之溧阳路965弄。因弘一大师这些朋友宅居狄思威路的这份因缘，故我们在弘一大师信札手稿中常常可以看到狄思威路这几个熟悉的字眼。

海伦路

整条海伦路处在狄思威路以南，为东西走向，东起周家嘴路，横穿海拉尔路、沙泾路、四平路，西至邢家桥北路，全长约一千米，路宽约十二三米吧，按地图标示，这里应该属虹口区所辖。

从地铁十号线海伦路站出来，眼前的海伦路被四平路隔断成东西两段，彼此相交成十字路；在四平路与海伦路相交的西段转角处是一现代化的高楼大厦，环形的棕榈叶围着一个大写的S组成醒目的LOGO，那就是知名的喜来登大酒店。

海伦路以邢家桥北路为界，再往西走，就是海伦西路了。查资料知，当民国初期海伦路还名为欧嘉路时，现在的海伦西路，当时名为士庆路，所以在民国地图上既找不到海伦路，也寻不见海伦西路。等到海伦路延伸筑路后，原士庆路便成了今天的海伦西路。

若沿着海伦路由东向西一路走去，四平路以东一段的海伦路大半建筑现已被夷为平地了，被围墙圈起来的工地上工程车、打桩机正忙着，一个个新项目在繁忙地建设中。

据记载，日本在上海的商贸往来，始于1868年以后的明治维新时期，1870年上海道许可日本官商购进虹口黄浦江边地建造日本邮局码头，并在邮局码头西侧的扬子江路设日本驻沪领使馆，从此中日贸易逐渐兴旺，来沪定居之日商亦与日增多，并在日领使馆周边逐步扩张，开店经商，购地建房，虹口区渐成日本人聚集较多之住区。

欧嘉路西段，即现在四平路以西、靠喜来登大酒店一段的海伦路及附近，

至今还保留着一些典型的日式假三层洋房。一打听，居民们围上前来，你一言，我一语，言之纷纷。原来，这段海伦路（欧嘉路）还挺有名，此路及附近一带在民国时期曾是日本侨民的居住区，上海人俗称“东洋街”，日本人建的仏光寺也是在当时的欧嘉路上。

《虹口区志》第三编第二章《日本人》：“当时日本人在该街东起狄思威路，西至邢家桥北路这一地段南北两面共建砖木结构双开间假三层典型的日式楼房 33 幢，南面 8 幢，北面25 幢。以竹篱笆相隔，两头路口各留小门进出。中国人不得入内。当时习称为‘东洋街’。1953 年街道拓宽，篱笆拆除，遂成为今海伦路西段。楼房外观仍如旧，现为民宅。”附近居民还告诉笔者，以前“东洋街”路两头各立有一道木栅门，街口在狄思威路，街底以竹篱笆与邢家桥路隔开，留有小门进出。并介绍说，现在的海伦路 500 号左右一段，以前也都是日本人的住宅区，沿路两旁有不少日式洋房，内部装修结构也全是日式的，有兴趣可去一看。

海伦路上的日式建筑

在热心居民的指引下，笔者寻访了海伦路路北侧的 490～536 号，即当年属欧嘉路西段的一些典型的日式建筑。这些整排的沿街建筑，都是坐北朝南的两开间西式建筑，是面二内三的形制，人字坡顶，老虎窗，从外面看是两层楼建筑，其实内部是三层，外墙均为红灰相间的清水砖墙，保存得相当不错。

海伦路 504 号沈尹默故居

在海伦路 504 号日式建筑的围墙上嵌着一块牌，走近细看，上有沙孟海所书“沈尹默故居”，门楣上挂有赵朴初题写的“沈尹默先生故居”匾额，原来抗战胜利后沈尹默移居上海后的居所也在这海伦路上。

如今，仅凭现有甚少的信息资料，我们已无从知晓和准确考证李叔同当年海伦路寓所具体到哪一幢、哪一号的详细地址；我们也无法知道李叔同和他的日籍夫人曾经在这里演绎过多少未为人知的故事，但海伦路和他的日籍夫人在李叔同的记忆中一定被深深烙记着，刻骨铭心。以至于二十年后他在给刘质平绘画此地的交通示意图时，对东洋街周围日本人居住区用竹篱阻隔华人这一细节依旧清晰可记，并在图上以文字“竹篱”特别注明。而海伦路上遗存的这一幢幢承载着百年历史信息的民国旧居，同样也会勾起我们的绵绵思绪。

在今天的海伦路上，去放飞遐想的翅膀，李叔同曾经的前尘影事仿佛可见。路的这头，似乎可听到李叔同走在欧嘉路上那重重的脚步声；路的那头，踩着浅浅小碎步的东洋丽人，着一袭和服，正依稀飘逸而至。

小　结

李叔同的学生李鸿梁为我们留下的李叔同沪上旧居的又一居址所在：虹口区海伦路。1917 年春后，李叔同携日本夫人曾居于此，这也是李叔同出家前在沪上的最后一处住址。

第十章 结 语

综合以上九章种种调研考证，可以得出这样的结论：李叔同 1898—1918年在上海期间，曾经居住过的寓所旧居或有八处，出现的住址共有十处。若按先后时间来排列的话，分别是：

1.1898 年秋—1900 年春，李叔同携母亲王太夫人、妻子俞氏和保姆王妈居住在法租界法大马路卜邻里第三弄，即现在的黄浦区金陵东路 389 弄区域。

2.1900 年春—1905 年春，李叔同携母亲王太夫人、妻子俞氏、长子李准、次子李端以及保姆王妈居住在小南门外青龙桥南堍城南草堂，即现在的黄浦区薛家浜路与青龙桥街交会处的青龙桥街南段之青龙桥街 100 号。

3.1901 年—1902 年，李叔同就读南洋公学特班，妻儿、母亲和保姆仍居住在城南草堂，自己则居住在徐家汇南洋公学校内上院三楼特班宿舍，地址即现在的徐家汇华山路 1954 号上海交通大学徐汇校区新上院；1902 年底从南洋公学退学后，仍回城南草堂与家人同住共处。

4.1911 年夏—1912 年，李叔同日本留学归国后，携日本夫人租居西门外宁康里，即现在的黄浦区方斜支路 35 弄区域。其时李叔同任教职于天津，居天津粮店后街 60 号李公馆，假日来沪与日籍夫人相聚于西门外宁康里。

5.1912 年春夏间，李叔同来沪任职于《太平洋报》，与日本夫人仍居沪上西门外宁康里。因忙于报业，其时，李叔同时常居住在山东路望平街黄字 7 号《太平洋报》报馆三楼工作室，即现在的黄浦区福州路与山东中路相交会处的福州路 318 号浦汇大厦北侧地块。

6.1913 年前后，李叔同携日妻从西门外宁康里搬至海宁路南林里四弄底张寓居住，即现在的闸北区海宁路 1132 弄 26 号。

7.1913 年前后，李叔同携日妻居住在华兴坊一弄底海盐张寓，也就是现在的闸北区华兴路 64 弄 89 号（海宁路南林里四弄底张寓，两处居址实为同一处居所之不同叙述）。

8.1916 年前后，李叔同携日妻搬迁至沈家湾海能路太安里廿号居住，即现在的虹口区海南路 82 弄太安里。

9.1916 年前后，李叔同携日妻居住在海宁路太安里廿号，也就是现在的虹口区海南路 82 弄太安里（沈家湾海能路太安里廿号，两处居址实为同一处居所之不同叙述）。

10.1917 年春—1918 年夏，李叔同携日本夫人居住在欧嘉路，即现在的虹口区海伦路。

参考文献

《醒狮》，晚清期刊
《北洋官报》，晚清期刊
《笑林报》，晚清上海报纸
《消闲录》，晚清上海报纸
《游戏报》，晚清上海报纸
《春江花月报》，晚清上海报纸
《图画日报》，晚清上海期刊
《新民丛报》，晚清期刊
周炳城，《朗圃吟草》晚清自订本
许幻园，《城南草堂笔记》著易堂，1901 年版
《音乐小杂志》，上海公益社，1906 年版
《申报》，晚清民国上海报纸
《时报》，晚清民国上海报纸
《中外日报》，晚清民国上海报纸
《天铎报》，晚清民国上海报纸
《东方杂志》，晚清民国上海期刊
《女学生》，晚清民国上海城东女学报刊
《太平洋报》，民国上海报纸
《教育周报》民国浙江省教育会
《觉有情》，民国上海报纸
《大众》，民国上海期刊
《小说世界》，民国上海期刊
李叔同，《断食日志》，自订本，1917 年 1 月
《白阳》，浙江省立第一师范学校校友会，1913 年 4 月版
黄宾虹，《贞社题名》，民国自订本
《南洋》，上海南洋公学同学会，1915 年

《重订南社姓氏录》，南社，1916年11月刊印

《交通部上海工业专门学校原名南洋公学二十周纪念》，交通部上海工业专门学校，1917年

周玲荪编：《中等学校唱歌集第二编——歌曲集》，上海商务印书馆，1924年出版

周玲荪编：《新时代高中唱歌集》，上海商务印书馆印，1933年2月出版

《弘一大师全集》，福建人民出版社，2010年版

林子青：《弘一法师年谱》，宗教文化出版社，1995年8月版

《严修手稿》，天津古籍出版社，2012年1月版

《官报》，国家图书馆出版社，2009年9月版

《经亨颐集》，浙江大学出版社，2011年3月版

穆家修等编著：《穆藕初先生年谱》，上海古籍出版社，2006年5月版

王世儒编：《蔡元培日记》，北京大学出版社，2010年9月版

王中秀编著：《王一亭年谱长编》，上海书画出版社，2010年8月版

《上海县志》，上海人民出版社，1993年7月版

《黄浦区志》，上海社会科学院出版社，1996年4月版

《南市区志》，上海社会科学院出版社，1997年3月版

《徐汇区志》，上海社会科学院出版社，1997年12月版

《上海地名志》，上海社会科学院出版社，1998年12月版

《闸北区志》，上海社会科学院出版社，1998年3月版

《虹口区志》，上海社会科学院出版社，1999年2月版

《上海公用事业志》，上海社会科学院出版，2000年1月版

《上海新闻志》，上海社会科学院出版社，2000年12月版

《上海租界志》，上海社会科学院出版社，2001年11月版

《上海文化艺术志》，上海社会科学院出版社，2001年12月版

《上海通志》，上海人民出版社、上海社会科学院出版社联合出版，2005年4月版

《交通大学校史资料选编》，西安交通大学出版社，1986年5月版

上海图书馆编：《上海图书馆藏盛宣怀档案粹编》，上海古籍出版社，2008年11月版

附录　老上海地图

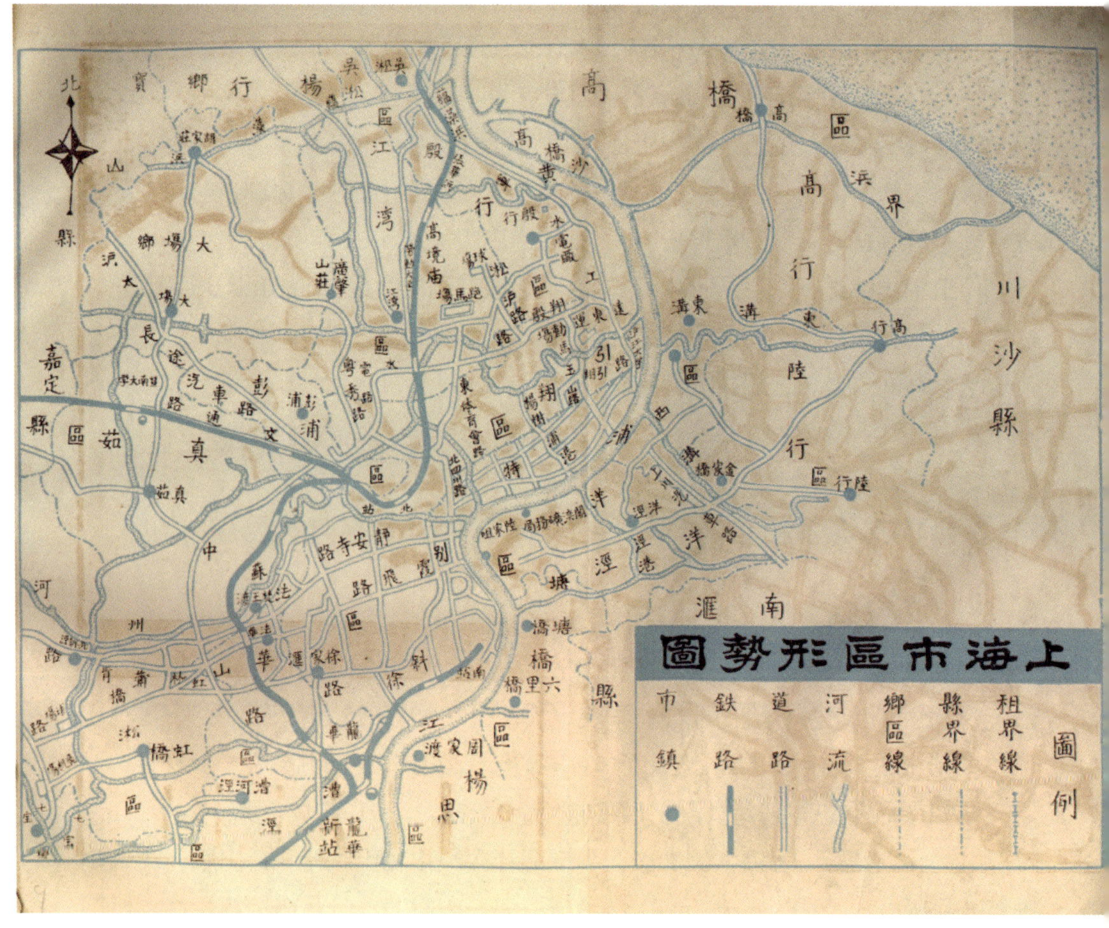

民国上海市区形势图

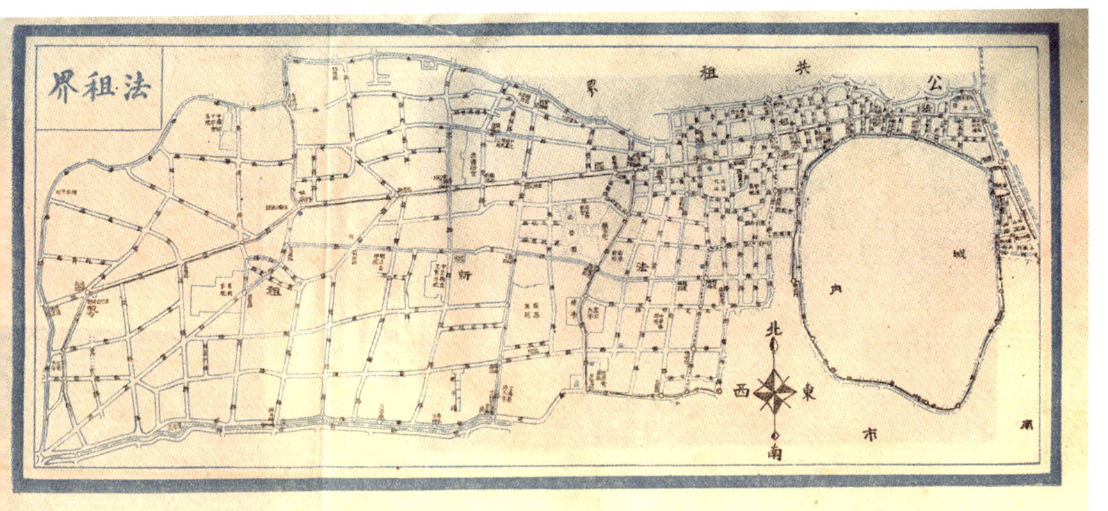

民国沪上法租界图

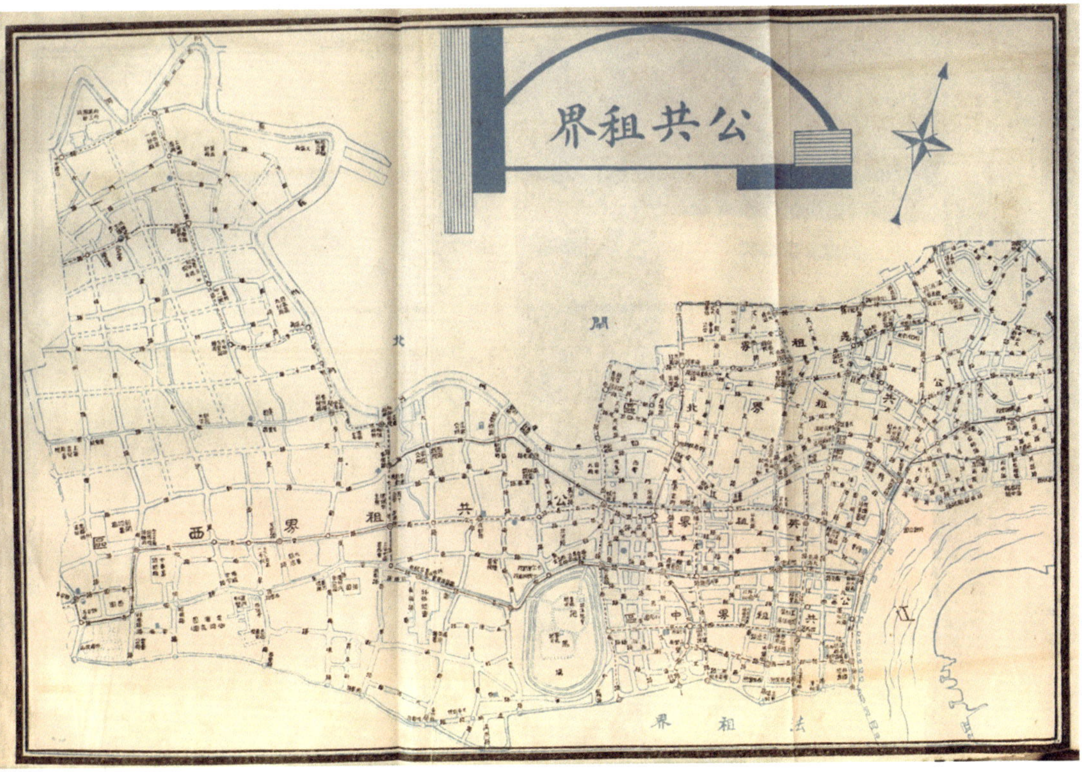

公共租界

民国沪上公共租界图

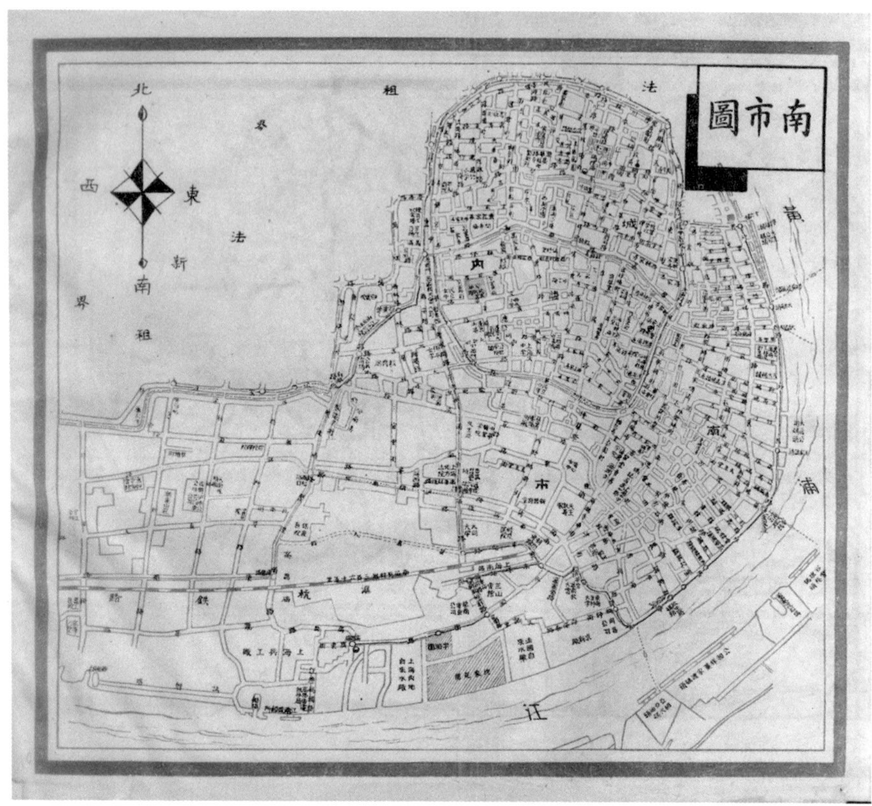

民国沪上南市图

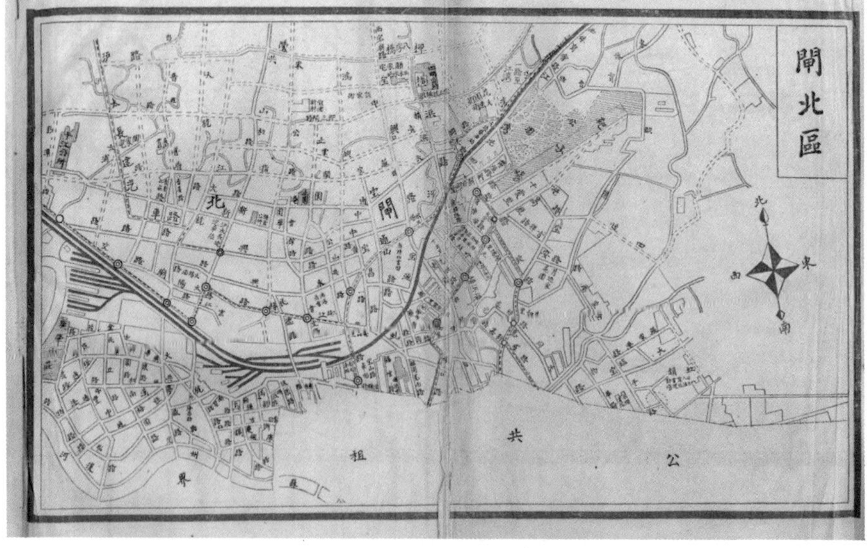

民国沪上闸北图

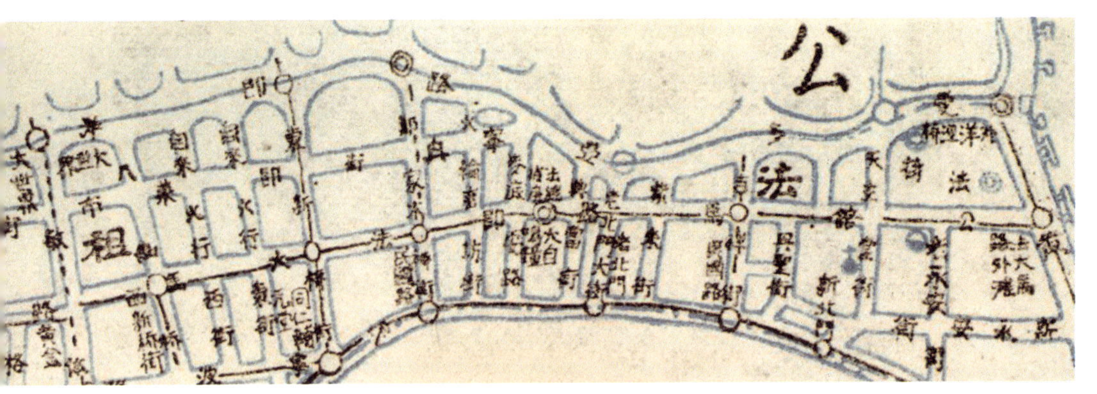

法马路卜邻里附近图

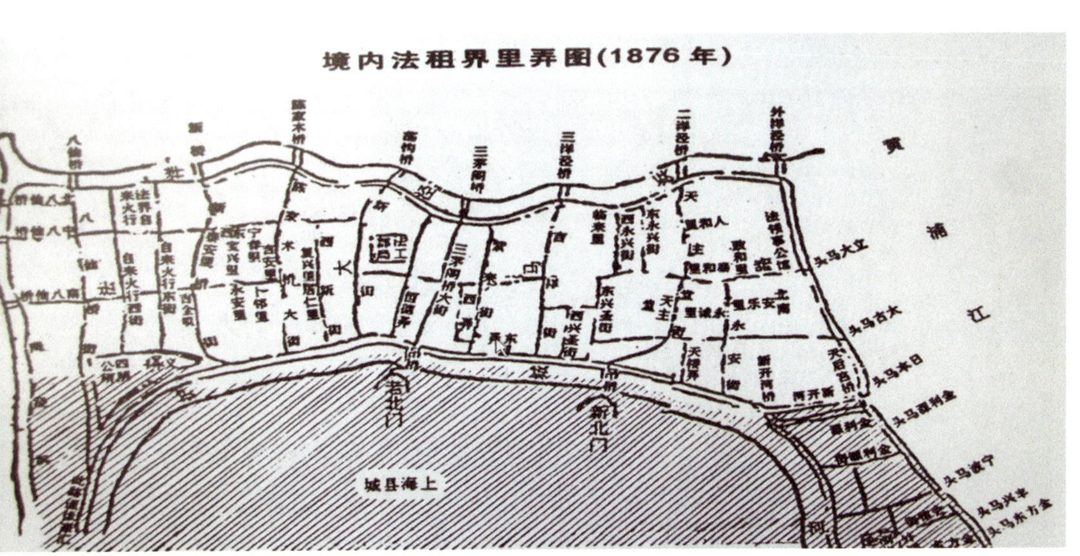

卜邻里附近图

小南门外青龙桥街城南草堂附近图

英徐家汇路南洋公学附近图

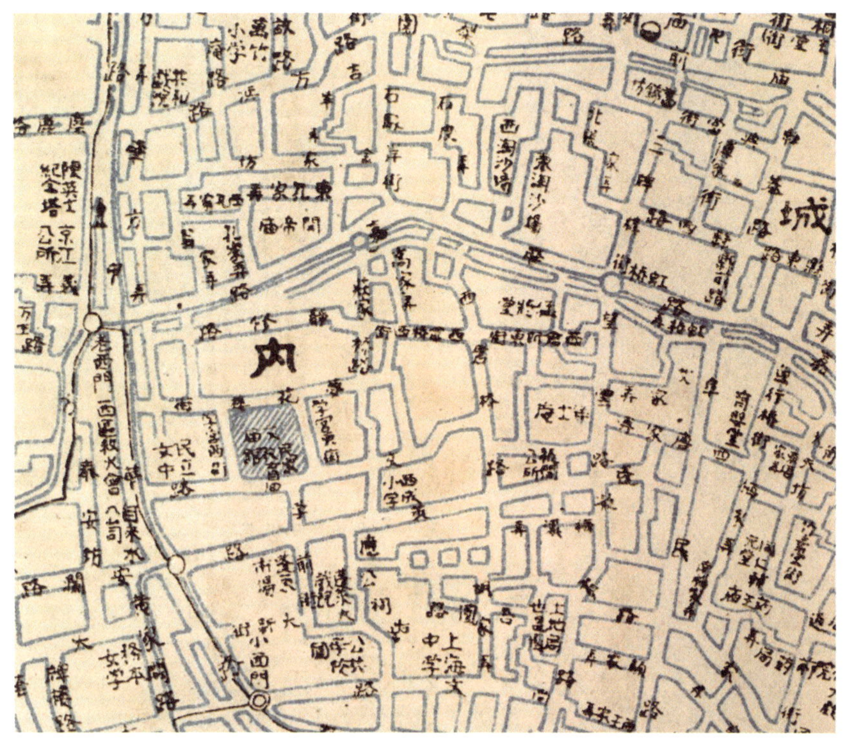

西门外宁康里附近图

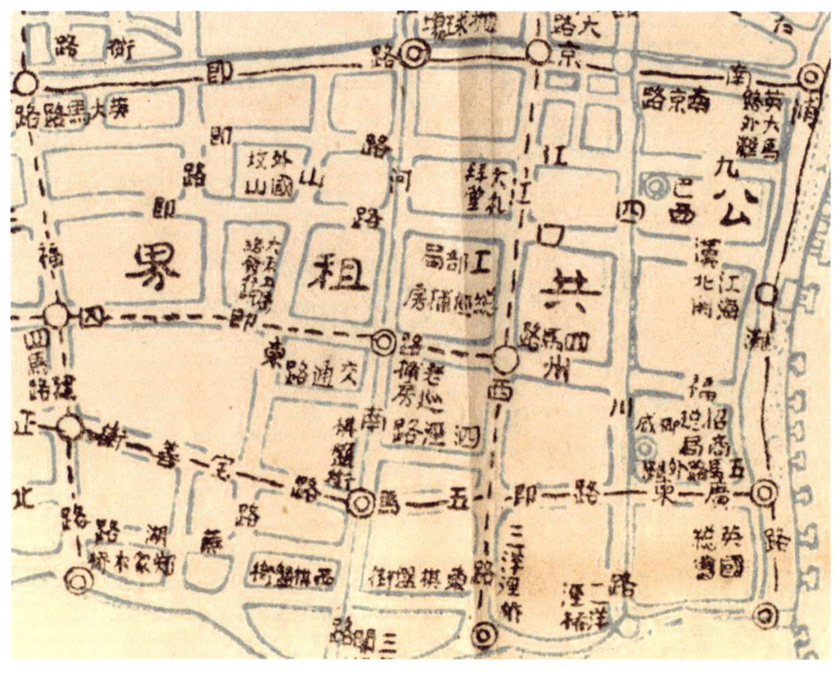

望平街附近图

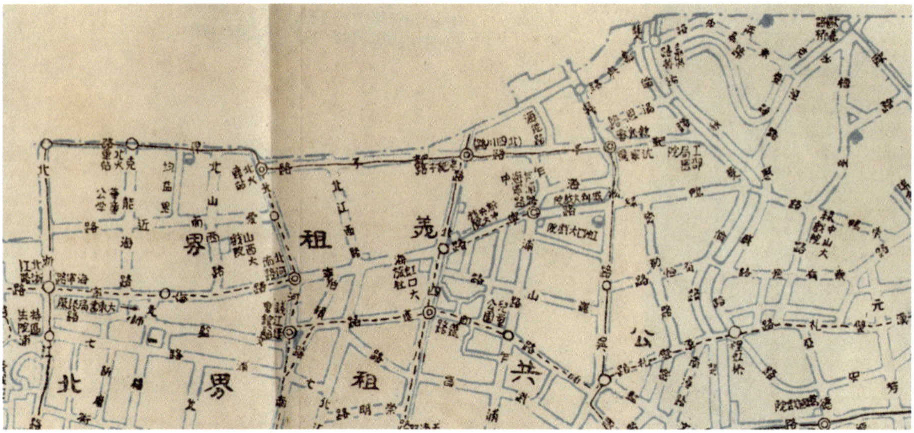

海宁路南林里、华兴坊、海能路太安里附近图

海伦路附近图